南昌律师
二十年

徐建章◎著

江西人民出版社
Jiangxi People's Publishing House
全国百佳出版社

图书在版编目（CIP）数据

南昌律师二十年 / 徐建章著 . — 南昌：江西人民出版社，2022.12
ISBN 978-7-210-14382-6

Ⅰ . ①南… Ⅱ . ①徐… Ⅲ . ①律师业务—概况—南昌
Ⅳ . ① D926.5

中国版本图书馆 CIP 数据核字（2022）第 254589 号

南昌律师二十年 徐建章 著
NANCHANG LÜSHI ERSHINIAN

责任编辑：陈　茜
封面设计：上尚设计

江西人民出版社 Jiangxi People's Publishing House 全国百佳出版社 出版发行

地　　址：江西省南昌市三经路 47 号附 1 号（330006）
网　　址：www.jxpph.com
电子信箱：95254804@qq.com
编辑部电话：0791-88677352
发行部电话：0791-86898815
承 印 厂：长沙超峰印刷有限公司
经　　销：各地新华书店

开　　本：720 毫米 ×1000 毫米　1/16
印　　张：19
字　　数：288 千字
版　　次：2022 年 12 月第 1 版
印　　次：2022 年 12 月第 1 次印刷
书　　号：ISBN 978-7-210-14382-6
定　　价：98.00 元
赣版权登字 -01-2022-693

20世纪50年代的江西省律师协会筹备会公章和南昌市法律顾问处公章

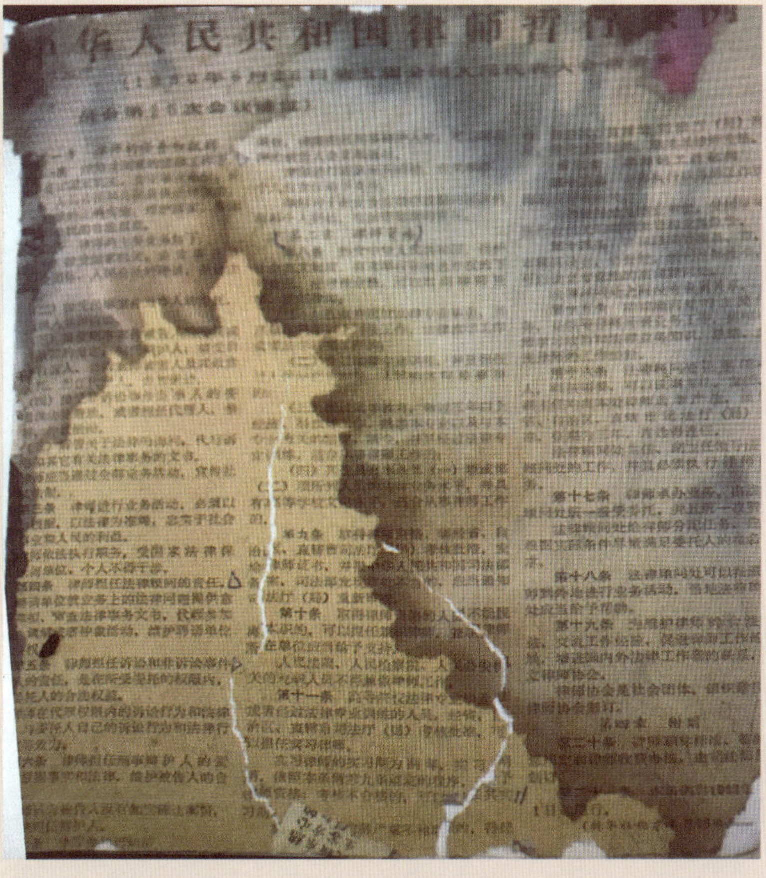
中华人民共和国律师暂行

1980年8月26日《中华人民共和国律师暂行条例》颁布

律师学习三百题

汤忠赞编

江西省律师协会

一九八六年五月·南昌

汤忠赞为当年参加律师资格考试者编写的资料

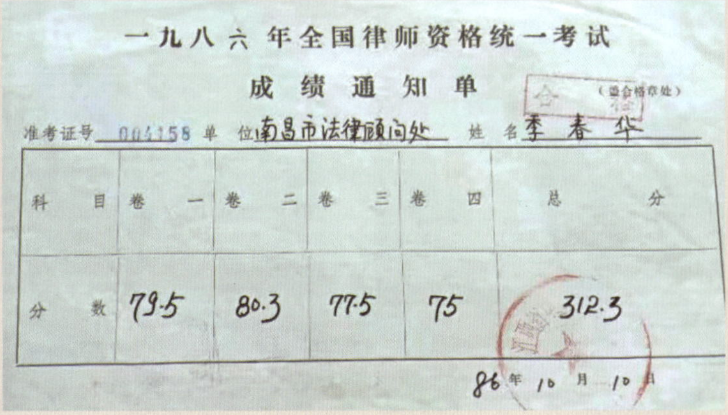
一九八六年全国律师资格统一考试

成绩通知单

合格 (盖合格章处)

准考证号 004158 单位 南昌市法律顾问处 姓名 李春华

科目	卷一	卷二	卷三	卷四	总分
分数	79.5	80.3	77.5	75	312.3

86年10月10日

20世纪80年代的全国律师资格统一考试成绩通知单

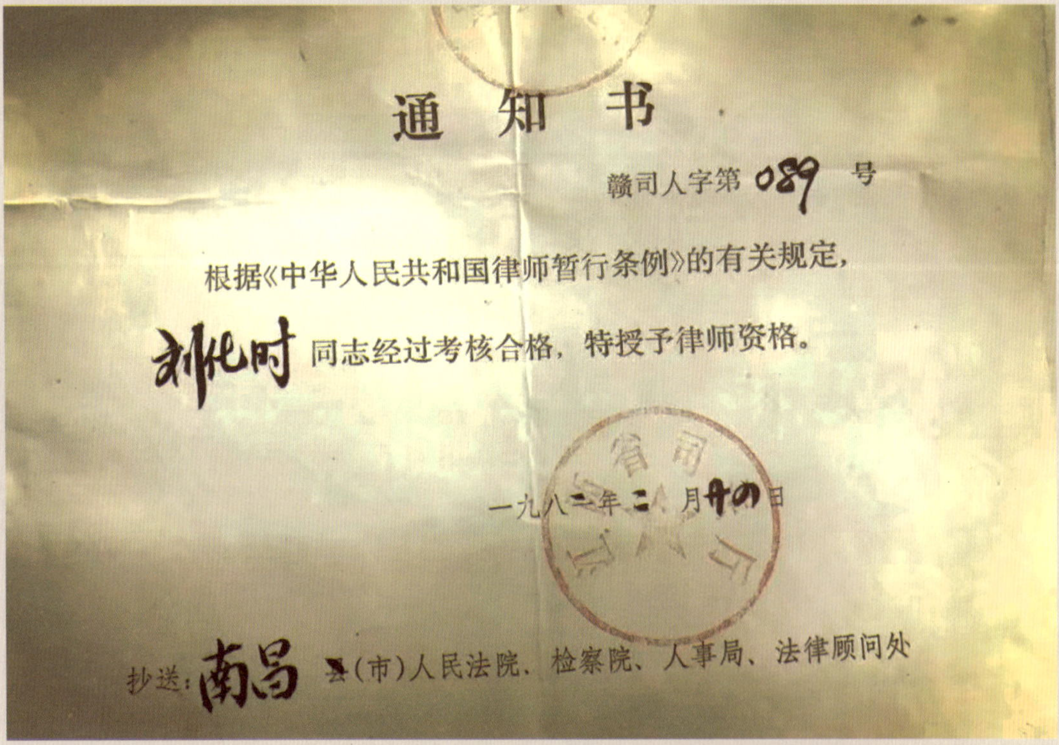
通知书

赣司人字第 089 号

根据《中华人民共和国律师暂行条例》的有关规定，

刘化时 同志经过考核合格，特授予律师资格。

江西省司法厅

一九八二年二月廿四日

抄送：南昌 县(市)人民法院、检察院、人事局、法律顾问处

刘化时通过律师资格考核收到的《通知书》

20世纪80年代的律师资格证书

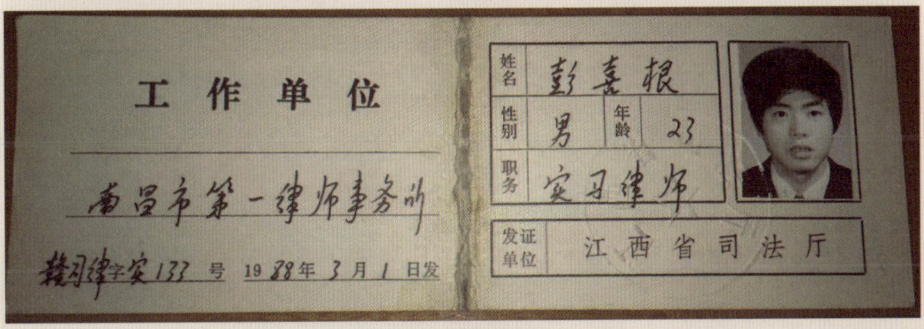

20世纪80年代的律师工作证，后被律师执业证取代

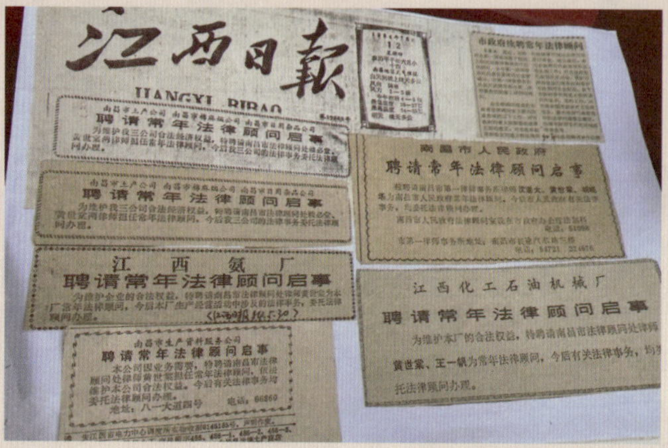

20世纪80年代报纸登载的聘请法律顾问启事

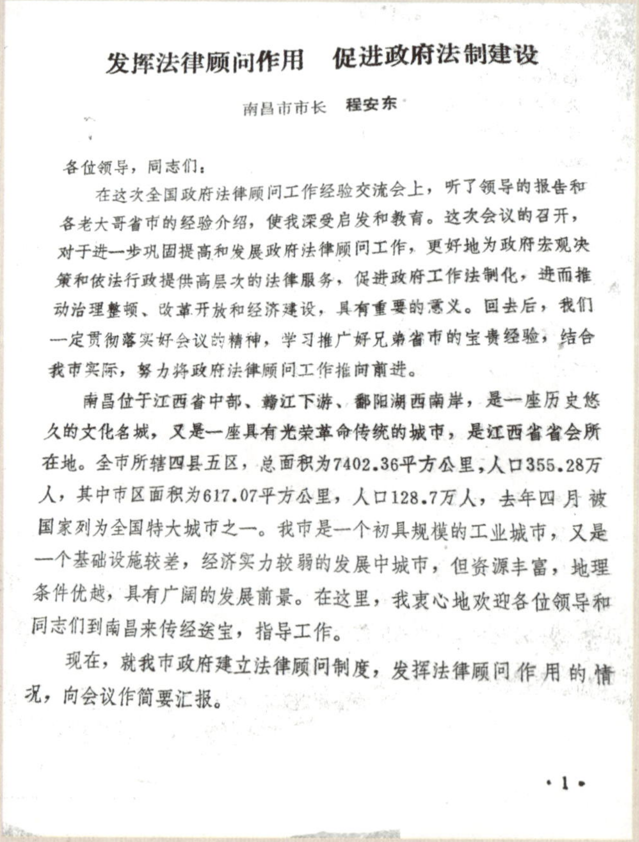

发挥法律顾问作用　促进政府法制建设

南昌市市长　**程安东**

各位领导，同志们：

在这次全国政府法律顾问工作经验交流会上，听了领导的报告和各老大哥省市的经验介绍，使我深受启发和教育。这次会议的召开，对于进一步巩固提高和发展政府法律顾问工作，更好地为政府宏观决策和依法行政提供高层次的法律服务，促进政府工作法制化，进而推动治理整顿、改革开放和经济建设，具有重要的意义。回去后，我们一定贯彻落实好会议的精神，学习推广好兄弟省市的宝贵经验，结合我市实际，努力将政府法律顾问工作推向前进。

南昌位于江西省中部、赣江下游、鄱阳湖西南岸，是一座历史悠久的文化名城，又是一座具有光荣革命传统的城市，是江西省省会所在地。全市所辖四县五区，总面积为7402.36平方公里，人口355.28万人，其中市区面积为617.07平方公里，人口128.7万人，去年四月被国家列为全国特大城市之一。我市是一个初具规模的工业城市，又是一个基础设施较差，经济实力较弱的发展中城市，但资源丰富，地理条件优越，具有广阔的发展前景。在这里，我衷心地欢迎各位领导和同志们到南昌来传经送宝，指导工作。

现在，就我市政府建立法律顾问制度，发挥法律顾问作用的情况，向会议作简要汇报。

·1·

时任南昌市市长程安东聘请法律顾问的经验总结

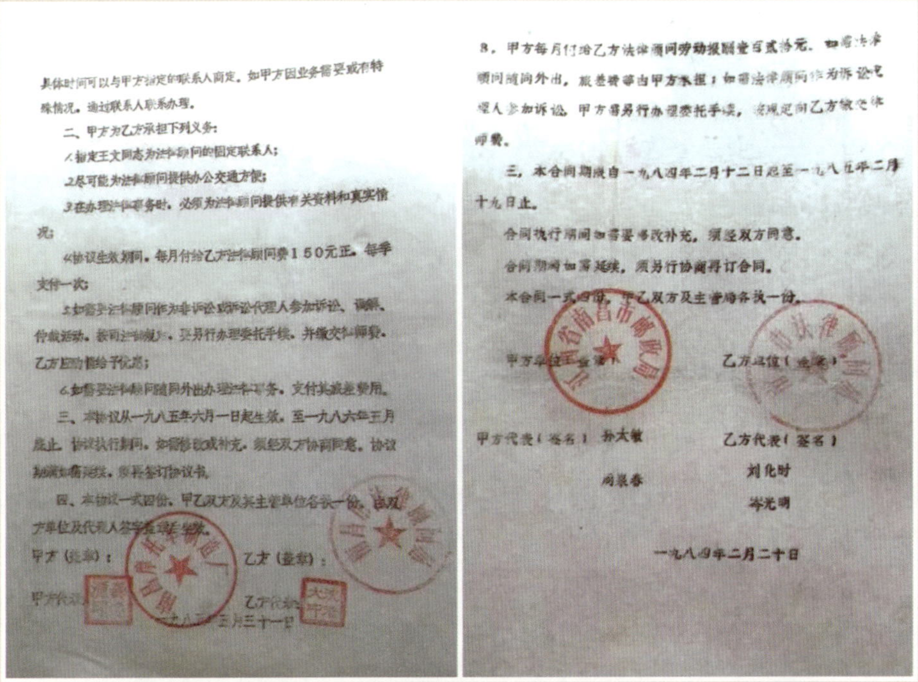

具体时间可以与甲方指定的联系人商定。如甲方因业务需要或有特殊情况，通过联系人联系办理。

二、甲方为乙方承担下列义务：

1.指定王文同志为法律顾问的固定联系人；

2.尽可能为法律顾问提供办公交通方便；

3.在办理法律事务时，必须为法律顾问提供有关资料和真实情况；

4.协议生效期间，每月付给乙方法律顾问费１５０元正，每季支付一次；

5.如需要法律顾问作为非诉讼或诉讼代理人参加诉讼、调解、仲裁活动，……，要另行办理委托手续，并缴交律师费。乙方……给予优惠；

6.如需要法律顾问随同外出办理法律事务，支付其旅差费用。

三、本协议从一九八五年六月一日起生效，至一九八六年五月底止。协议执行期间，如需修改或补充，须经双方协商同意。协议期满如需延续，另行签订协议书。

四、本协议一式四份，甲乙双方及其主管单位各执一份，由双方单位及代表人签字盖章后生效。

甲方（盖章）：　　　　乙方（盖章）：

甲方代表：　　　　乙方代表：

一九八……五月三十一日

3．甲方每月付给乙方法律顾问劳动报酬壹百贰拾元。如需法律顾问随同外出，旅差费等由甲方承担；如需法律顾问作为诉讼代理人参加诉讼，甲方需另行办理委托手续，按规定向乙方缴交律师费。

三．本合同期限自一九八四年二月十二日起至一九八五年二月十九日止。

合同执行期间如需要修改补充，须经双方同意。

合同期满如需延续，须另行协商再订合同。

本合同一式四份，甲乙双方及主管局各执一份。

甲方单位（公章）　　　　乙方单位（公章）

甲方代表（签名）　孙大敏　　　　乙方代表（签名）

周景春　　　　刘化时

岑光明

一九八四年二月二十日

南昌市法律顾问处签订的受聘法律顾问的协议

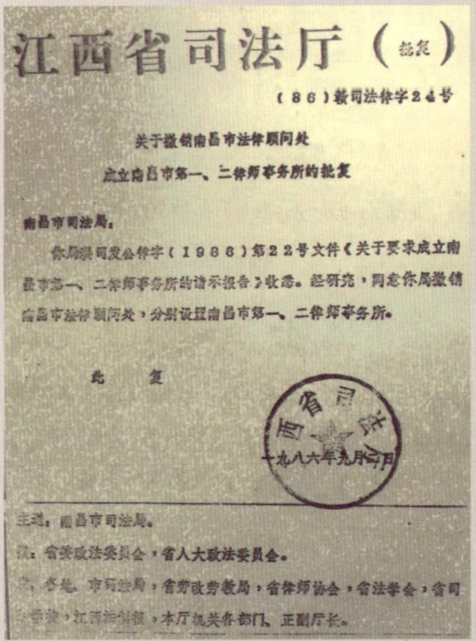

江西省司法厅（批复）

（８６）赣司法律字２４号

关于撤销南昌市法律顾问处
成立南昌市第一、二律师事务所的批复

南昌市司法局：

你局洪司发公律字（１９８６）第２２号文件《关于要求成立南昌市第一、二律师事务所的请示报告》收悉。经研究，同意你局撤销南昌市法律顾问处，分别设立南昌市第一、二律师事务所。

此　复

一九八六年九月……日

主送：南昌市司法局。

……：省委政法委员会，省人大政法委员会。

……、各地、市司法局，省劳改劳教局，省律师协会，省法学会，省司……学校，江西法制报，本厅机关各部门、正副厅长。

江西省司法厅关于成立南昌市第一、二律师事务所的批复文件

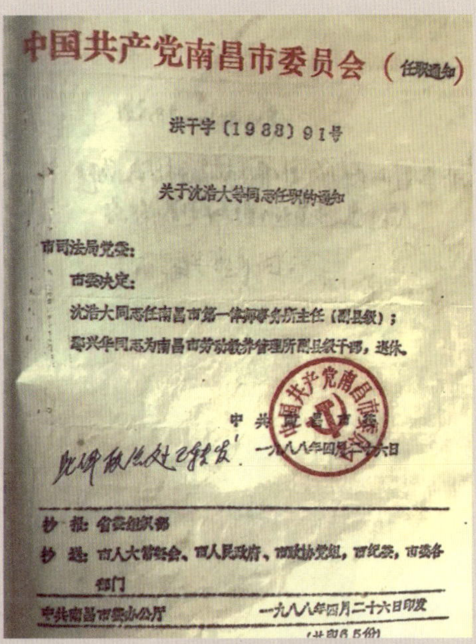

中国共产党南昌市委员会（任职通知）

洪干字〔１９８８〕９１号

关于沈浩大等同志任职的通知

市司法局党委：

市委决定：

沈浩大同志任南昌市第一律师事务所主任（副县级）；

……兴华同志为南昌市劳动教养管理所副县级干部，退休。

中共南昌市委

一九八八年四月二十六日

抄　报：省委组织部

抄　送：市人大常委会、市人民政府、市政协党组，市纪委，市委各部门

中共南昌市委办公厅　　一九八八年四月二十六日印发

（共印65份）

沈浩大同志就任南昌市第一律师事务所主任的通知

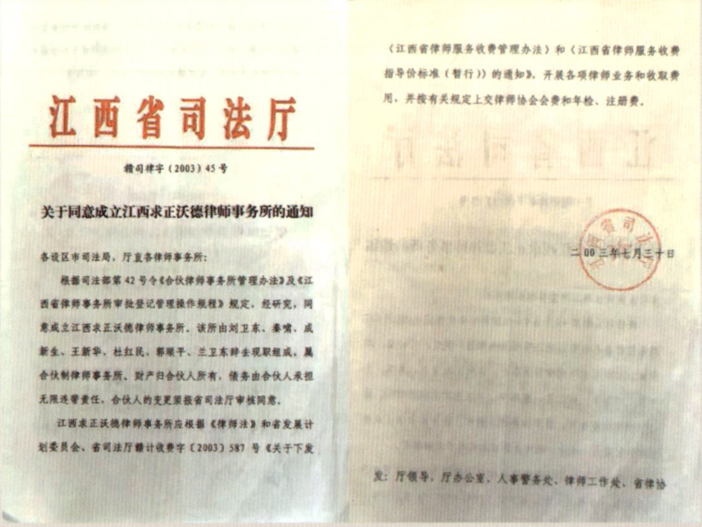

江西省司法厅

赣司律字（2003）45号

关于同意成立江西求正沃德律师事务所的通知

各设区市司法局，厅直各律师事务所：

根据司法部第42号令《合伙律师事务所管理办法》及《江西省律师事务所审批登记管理操作规程》规定，经研究，同意成立江西求正沃德律师事务所。该所由刘卫东、秦啸、成新生、王新华、杜红民、郭顺平、兰卫东辞去现职组成，属合伙制律师事务所，财产归合伙人所有，债务由合伙人承担无限连带责任。合伙人的变更须报省司法厅审核同意。

江西求正沃德律师事务所应根据《律师法》和省发展计划委员会、省司法厅赣计收费字〔2003〕587号《关于下发《江西省律师服务收费管理办法》和《江西省律师服务收费指导价标准（暂行）》的通知》，开展各项律师业务和收取费用，并按有关规定上交律师协会会费和年检、注册费。

二〇〇三年七月三十日

发：厅领导、厅办公室、人事警务处、律师工作处、省律协

江西省司法厅关于同意成立合伙制的江西求正沃德律师事务所的通知

南昌市司法局（请示）

签发：邓兴国

洪司字[1997]63号

关于申请成立江西阳光律师事务所的请示

江西省司法厅：

为适应律师体制改革，加速我市律师事业的发展，更好地为社会提供优质的法律服务，我市律师周兴武、郑建平、赵永云、徐建章、杜红民、姜建民拟开办合伙制律师事务所。合伙人的条件符合《律师法》及《律师事务所登记管理办法》的规定。合伙所的开办经费由合伙人出资。合伙所的财产归合伙人共同所有，合伙所的债务由合伙人承担连带责任。

合伙所的名称拟定为：江西阳光律师事务所。

特此请示，请予批复。

南昌市司法局

一九九七年十一月二十四日

主题词：律师　机构　阳光律师事务所　请示

南昌市司法局办公室　一九九七年十一月二十六日印发

共印5份

申请成立合伙制的江西阳光律师事务所的请示文件

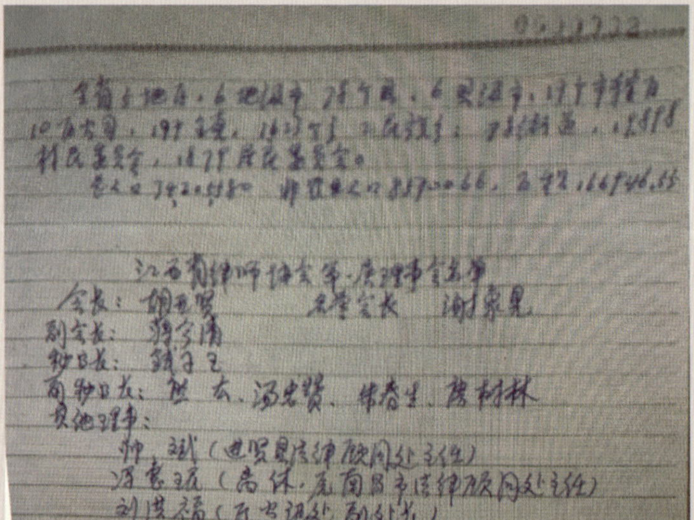

[illegible]

江西省律师协会第一届理事会名单

会长：[illegible]　名誉会长　[illegible]

副会长：[illegible]

秘书长：[illegible]

副秘书长：[illegible]

其他理事：

[illegible]

早期江西省律师协会资料

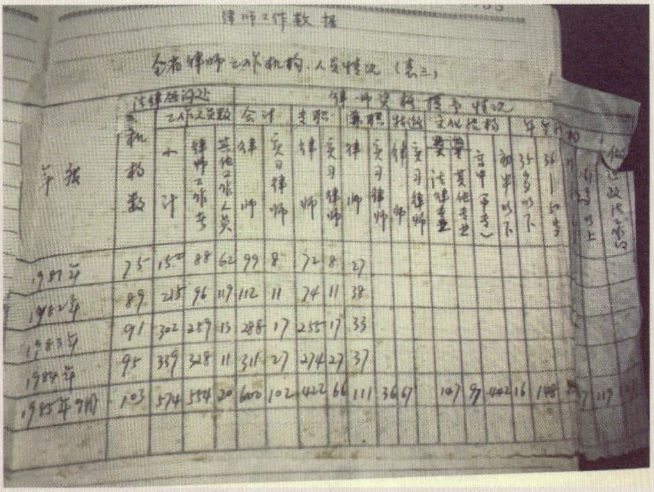

早期全省律师工作有关数据

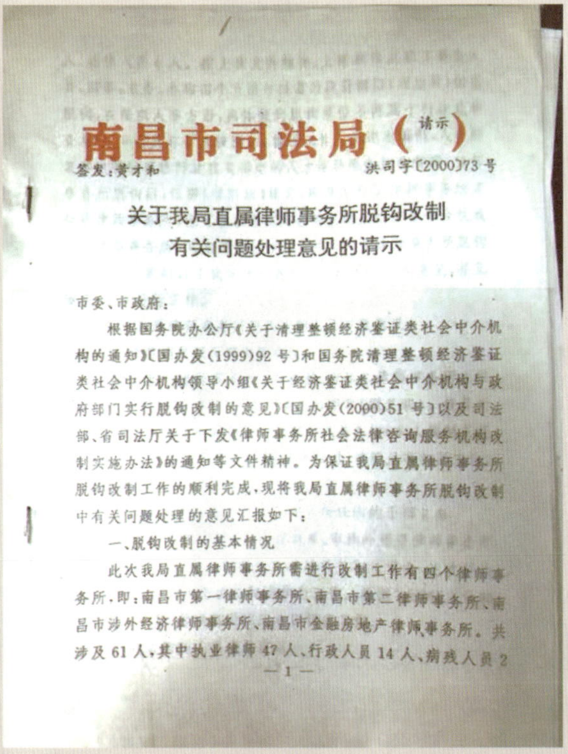

南昌市司法局（请示）

签发：黄才和　　　　洪司字〔2000〕73号

关于我局直属律师事务所脱钩改制
有关问题处理意见的请示

市委、市政府：

根据国务院办公厅《关于清理整顿经济鉴证类社会中介机构的通知》〔国办发（1999）92号〕和国务院清理整顿经济鉴证类社会中介机构领导小组《关于经济鉴证类社会中介机构与政府部门实行脱钩改制的意见》〔国办发（2000）51号〕以及司法部、省司法厅关于下发《律师事务所社会法律咨询服务机构改制实施办法》的通知等文件精神。为保证我局直属律师事务所脱钩改制工作的顺利完成，现将我局直属律师事务所脱钩改制中有关问题处理的意见汇报如下：

一、脱钩改制的基本情况

此次我局直属律师事务所需进行改制工作有四个律师事务所，即：南昌市第一律师事务所、南昌市第二律师事务所、南昌市涉外经济律师事务所、南昌市金融房地产律师事务所。共涉及61人，其中执业律师47人、行政人员14人、病残人员2

—1—

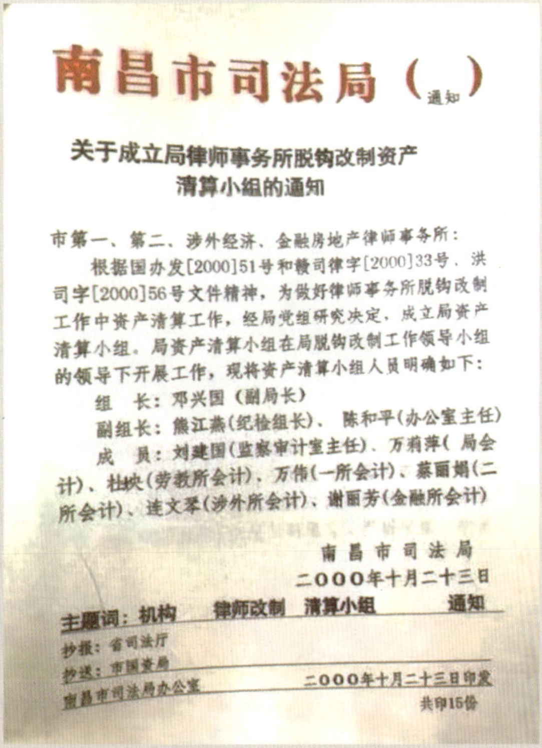

南昌市司法局（通知）

关于成立局律师事务所脱钩改制资产
清算小组的通知

市第一、第二、涉外经济、金融房地产律师事务所：

根据国办发[2000]51号和赣司律字[2000]33号、洪司字[2000]56号文件精神，为做好律师事务所脱钩改制工作中资产清算工作，经局党组研究决定，成立局资产清算小组。局资产清算小组在局脱钩改制工作领导小组的领导下开展工作，现将资产清算小组人员明确如下：

组　长：邓兴国（副局长）

副组长：熊江燕（纪检组长）、陈和平（办公室主任）

成　员：刘建国（监察审计室主任）、万莉萍（局会计）、杜映（劳教所会计）、万伟（一所会计）、蔡丽娟（二所会计）、连文琴（涉外所会计）、谢丽芳（金融所会计）

南昌市司法局

二〇〇〇年十月二十三日

主题词：机构　律师改制　清算小组　通知

抄报：省司法厅

抄送：市国资局

南昌市司法局办公室　　二〇〇〇年十月二十三日印发

共印15份

南昌市关于律师脱钩改制文件

20世纪80年代末江西省律师工作会议在南昌召开。会后时任江西省司法厅厅长范佑先（前排左七）、副厅长高登霄（前排右五）与律师管理处人员、部分律师合影

豫章律师事务所最初的8位合伙人合影

序一

一滴水可见太阳的光辉

2021年7月，我随樊崇义教授一行到南昌参加红谷滩区检察机关举办的交流活动，一次偶然的机会认识了江西豫章律师事务所徐建章律师。交谈中了解到他从事律师工作已30多年，对律师职业特别是南昌律师行业有着很深的感情。此时，身为南昌律师协会副会长的他，基于对“南昌律师制度恢复初期不平凡经历”的认知和“南昌律师前辈希望有人记录这段历史”的殷殷嘱托，正在撰写《南昌律师二十年》一书。我对此表示了浓厚的兴趣，希望能成为这部书的第一批读者。最近徐律师发来了《南昌律师二十年》书稿，告诉我不久将正式出版，并请我写一篇序文。斟酌再三后我向他表示，写“序”不敢当，但愿写一篇“读后感”，权作“代序”吧。

其实，我与南昌律师乃至江西律师结缘已有20多年的历史。最早认识的是时任江西省司法厅律管处处长，同时也是兼职律师的汤忠赞先生。通过他了解到江西省律师制度和律师行业恢复发展时期在全国律师界取得的多个第一。1997年一个特殊的刑事案件则使我和近10位江西律师共同工作、并肩出庭辩护10余天时间。该案的原委是，江西省某县法院的多名法官、执行人员远赴内蒙古集宁市（现集宁区），对一起拒不执行民事判决的企业负责人执行拘捕，由于措施不当，造成对方突发死亡，此时当地群众已向公安部门报案。公安机关沿路布控，他们驾车冲卡，一部分人被拦截，另一部分人冲破两道关卡，逃至山西大同。此事惊动中央高层，要求江西方面将有关人员送回内蒙古接受司法审判。江西省律师协会根据有关方面的要求，从全省抽调近10名刑辩律师界精兵强将组成辩护律师团赴蒙参加诉讼活动。汤忠赞先生作为负责人，邀请我加入辩护团，一方面为全案辩护工作充当顾问，另一方面安排我担任被告人中唯一来自中院执行庭的一位法官的辩护人。该案庭审过程乃至庭后离开当地的经历，可谓惊心动魄，终生难忘！庭审安排在一个大礼堂。开庭首日，当我们一行进入礼堂时，二三十名被害人的亲友站在大门两侧，高呼“血债要用血来还”！庭审期间控辩双方唇枪舌剑，充满对抗。不仅如此，控审双方也发生激烈冲突。公诉人一组证据举证、辩护人质证后，审判长表示已充分听取双方意见，庭后再对证据进行评议认证。但公诉人反复、执意要求审判长当庭认证，被审判长拒绝后，3名公诉人起身走出法庭，表示抗议，致使庭审不期中断。还有庭审第一天上午，当我们走出礼堂时，有人冲到第一辩护人汤忠赞律师身后对他推打，幸被他人拦住。其后，经有关方面协调，当地警方给我们调整了住处，并安排警察全程护卫，保证了庭审的顺利进行。庭审结束当晚，出于安全考虑，我们在当地租了一辆中巴车，连夜驶往北京。不料，司机犯困撞上路边一个标志杆，虽没有发生大事，但车前挡风玻璃全被撞碎，就是在这样的车况下继续行驶，次日凌晨5点左右抵达北京。这个案件距今已25年之久，但回想起来仍历历在目。

这段经历使我结识了周兴武、刘明和、何秋英、胡木生等江西大律师，并获知他们大都是江西省第一届律师辩论大赛的选手或获奖者。不仅如此，与他们并肩出庭，让我充分感受到了各位大律师的法律功底、丰富经验、出庭风采。欣慰的是，在《南昌律师二十年》中，我看到了他们的身影，了解到他们大都是南昌乃至江西律师制度恢复重建后陆续进入律师队伍的中坚力量。透过《南昌律师二十年》，我也看到了南昌乃至江西律师在1979—2000年这20年间蓬勃发展并成为全国律师界中一道亮丽的风景线。

《南昌律师二十年》不是官方机构编写的正史，而是一位亲身参与、见证南昌律师制度恢复重建20年的资深律师，对这段特殊历史过程包括发生的事件、经历的人物，以自由、生动、形象的笔法写作而成的一部信史。通过这本书，读者可以对40多年前南昌律师机构如何恢复重建，律师队伍如何从四面八方、不同职业汇聚壮大有所了解。据说目前南昌市已有律师事务所210多家，执业律师 3500余人，其中上百人的律师事务所达11家，拥有自购办公楼的律师所30余家，35岁以下的青年律师占52.8%。应该说这一切都是从前辈们写一份代书5元、办一起刑案20—30元，十几个人挤在一间简陋的平房里办公的条件下一步一步发展起来的。正是老一辈律师们艰苦奋斗、无私奉献、言传身教，为日后南昌律师的发展壮大奠定了坚实基础。我们今日之律师应当发自内心地向他们学习，向他们致敬。

《南昌律师二十年》虽然写的只是南昌市范围律师制度与律师行业从1979年恢复重建到后来蓬勃发展的20年，但由于我国是单一制、法律统一的国家，《南昌律师二十年》其实也是20世纪后20年我国律师制度、律师行业恢复发展的缩影。南昌律师制度、律师行业恢复发展的每一关键时刻，同样也是新中国律师制度、律师行业恢复发展的重要时刻。

新中国律师制度和律师行业起步于20世纪50年代，是伴随我国第一部宪法应运而生的。一批与《南昌律师二十年》作者访问过的于巾魁先生具有同样经历的老一辈法律人充实到这一队伍，开启了新中国律师制度和律师队伍建设的大门。虽然出于历史的多种原因，这扇大门只开启了两年多就被关闭，但它的历史地位不仅在于辉煌而短暂的两年多时间，更在于它被撤销之后直至1976年“文化大革命”结束之前，举国上下“无法无天”因而也无律师制度，以致国民经济濒临崩溃、民主制度遭受严重破坏、公民权利肆意被践踏的沉痛历史教训。正是在此背景下，党的十一届三中全会深刻总结历史经验教训，创造性地作出"以经济建设为中心，实行改革开放"的历史性决策，明确提出发扬社会主义民主、健全社会主义法制。其后才有了 1979 年 7 月包括《中华人民共和国刑法》《中华人民共和国刑事诉讼法》等 7 部重要法律和 1980 年 8 月《中华人民共和国律师暂行条例》的出台，标志着社会主义法制进入新的历史发展阶段。律师制度的恢复重建、律师队伍的复兴发展则是其中不可分割的重要组成部分。

律师制度的"恢复重建"既有重要的历史意义，也有一定的局限性，最突出的问题是如何对律师职业属性进行定位。按照《中华人民共和国律师暂行条例》的规定，"律师是国家法律工作者"，亦即"国家工作人员"。记得 1986 年春夏之交，我作为中国政法大学教师带领大三一个班的学生到内蒙古呼和浩特市的司法机关实习。其中有一个小组被安排到新城区法律顾问处，我带学生报到时看到律师们穿着统一的制服，戴着"司法"徽章，甚至顾问处主任还配有手枪，我感到非常意外。今天回首这段历史，应该说律师制度恢复重建初期，把律师定性为"国家法律工作者"，既有时代的烙印，也有一定的合理性，一方面可以解除人们对 20 世纪 50 年代律师业不幸遭遇的担心、顾虑，另一方面也有利于吸收优秀人才进入律师队伍。但当社会以及律师业发展到一定程度后便暴露出不少问题：一是"国家工作人员"的帽子戴在头上，使广大律师的思想和行为受到过度的束缚，难以调动其内在积极性；二是"国家工作人员"的身份，使其与国家机关特别是公安司法机关及其工作人员难以区分，容易使律师失去社会的信任和独立地位；三是"国家工作人员"的身份，使得中国律师与世界各国特别是发达国家律师的职业属性格格不入，对于国家贯彻对外开放政策，吸引外资企业进入中国并由中国律师为其提供法律服务易于受到质疑。质言之，对律师的职业属性以"国家工作人员"定位，不利于律师制度和律师行业的长远发展，也与法治国家法治发展普遍规律对律师职业属性的基本要求相脱节，需要对此改革创新。

对律师制度和律师行业改革的时代呼唤，在 1992 年邓小平同志南方谈话精神的鼓舞下成为现实。从 1993 年开始，"国办所"的一统天下被新生事物"合伙制律师事务所”打破，一大批敢为天下先的法律人，从原来的国办所、法学院校、事业单位甚至法院、检察院辞去公职，“下海”从律，创办合伙制律师事务所。此举使中国律师制度和中国律师与国际社会律师制度和律师行业相接轨，也使我国律师制度和律师行业的发展进入崭新的发展时期。目前在全国范围具有广泛影响力，在业内具有良好口碑、受到充分认可，在业务上具有独到领域，并拥有稳定客户资源的一大批知名律师事务所，大都是在1993年之后的若干年内创办的合伙制律师事务所。从《南昌律师二十年》可以看出南昌甚至江西也是如此。就连我本人也受到这股风潮的影响。1993年我正在美国做访问学者，不时从国内传来母校某某老师“下海”当律师的消息，以致我也跃跃欲试，先是与同在美国的几位研究生同学沟通交流，年底回到国内后又与多位同事摩拳擦掌，最终于1994年10月辞去教职，转做专职律师。如今，我已有28年专兼职律师的执业经历。

阅读《南昌律师二十年》，回首我国律师制度恢复重建20年，可以说只有人数不同、空间有别，所走过的道路，历经的发展阶段，乃至今日的现状，应该说本质上是同步调、共发展的。从这个意义上讲，《南昌律师二十年》虽然只是一地之见，但一滴水可见太阳的光辉，它折射出我国律师制度和律师行业的昨天、今天和明天。

党的二十大即将召开。习近平总书记关于“人民群众对美好生活的向往，就是我们的奋斗目标”的深刻论述，在二十大以后将更加发扬光大，对此我们深信不疑。在我看来，人民群众向往的“美好生活”，不只是物质的，还包括政治的、法治的。律师作为中国特色社会主义法治工作队伍的组成部分，必将在法治中国建设的宏伟事业中发挥不可或缺的重要作用。

最后，我由衷祝贺《南昌律师二十年》正式出版！

顾永忠

2022年10月12日

◎顾永忠　中国政法大学教授、博士生导师

序二

从南昌律师看中国律师

提起南昌，您会想到什么呢？

在我看来，提起古代南昌，您可能会想到滕王阁；说到当代南昌，您或许会想到英雄城。但是，如果您是律师，又读到了这本书，那么谈及当下南昌，您也许会想到南昌律师。

作为第一读者，我在这部名为“南昌律师二十年”的新书中，读到了南昌律师行业从恢复重建到改革创业的发展历程，看到了南昌诸多律所从国办国资到合作合伙的转折历程，听到了南昌几代律师从入门入行到辞职下海的选择历程。

那么，这到底是一部什么书呢？

其实，本书在结构框架上并没有什么稀奇特别之处。全书主要就是两个部分：第一部分是关于南昌律师从 1979 年底恢复到 2000 年之间，国办律师事务所脱钩改制期间所涉及的政策法律，以及相关律师变动和律所变迁等；第二部分是关于20位各具特色的资深律师的采访与对话。通过这些对话文字，展示了各位律师的人生经历，尤其是披露了他们选择从事律师职业的起因、动机，乃至他们在律师职业生涯中的所见所闻与所思所想。另外，还附录了作者此前几篇相关回忆文章。但是，通读本书之后，您会发现，这部新书又有诸多不同一般之处。

那么，这部书究竟又有哪些不一般呢？

首先，作者确实不一般。毫无疑问，来自江西豫章律师事务所的高级合伙人徐建章律师是本书的第一作者。当年，我第一次走访江西豫章律师事务所时见到徐建章律师，看到他的名字，我立即想到了“建章立制”这个成语。于是，我就跟他说，你是天生做律师的命。你这个命，既是命运，也是使命。所谓使命，就是做一名建章立制的好律师。现在看来，徐建章律师不仅是一位致力于建章立制的好律师，还是一位建章立志的大律师。这个“志”，不仅是远大志向的“志”，还是史志、方志的“志”。这部《南昌律师二十年》，几乎是徐建章律师凭一己之力完成的。作为南昌市律师协会副会长，徐建章律师其实可以将著书当成一项公差。所谓公差，他完全可以副会长的身份，牵头组织律协工作机构分工到人，开会布置律协工作班子一一落实。但是，徐建章律师既没有动用律协人员，也没有动用律协会费，而是自己联系采访，自己搜集资料，自己整理文字。如此勤勉尽责地对待这样一项既烦琐又漫长的工作，真正值得点赞与敬佩。所以，当徐建章律师向我提出请求，请我为本书写序时，我当即一口答应。这既是为了感谢徐建章律师给予的学习研究南昌律师历史的良机，更是以此向徐建章会长表达崇高的敬意。所以，我必须拿出实际行动。

其次，合作者同样不一般。俗话说，一个好汉三个帮。尽管本书基本上是徐建章律师一个人完成的，但某种意义上说，又不是徐建章律师一个人完成的。因为我从本书第二部分关于20位律师的文字对话中看到了一种动人的情景，更是一种感人的场景。可以说，这20位律师是徐建章律师完成本书的最佳合作者与最大支持者。其中既有新中国成立后江西省第一位女律师于巾魁、律师制度恢复时第一个调进南昌市法律顾问处的刘化时律师、“文化大革命”后第一个法律专业毕业分配到南昌市法律顾问处做律师的大学生周兴武律师、第一批成为南昌市政府法律顾问的黄世棠律师，也有从企业干部到刑辩大腕的汤忠赞律师、从机关干部到大所核心的刘卫东律师、从铁路干部到律所先锋的熊朗秋律师、从革命军人到人大代表的刘锡秋律师，还有从青年工人到知名律师的何大年律师、从保健医生到专业律师的王卿律师、从律所出纳到律师精英的徐一新律师、从体验生活到辞职下海的张海水律师，又有从人民教师到执业律师的杨爱林、万里鹏、季春华等律师，更有大学毕业直接进入律师行业且从未转行的行业风范方世扬、张工、成新生、杜红民、涂韵春等律师。可以说，每一位律师都有故事，每一位律师的故事都饱含着努力，每一位律师的努力都有借鉴参考意义。

最后，见证者必然不一般。所谓见证者，就是那些参与了南昌律师行业从恢复到创业、从探索到改制、从转折到发展全过程的律师们。作为第一读者，我看到了一串长长的名字:朱黎明、沈浩大、魏金荣、徐若英、赖必堂、张马力、兰卫东、何秋英、万艺娇、涂红兵、潘光荣、林美福、刘益敏、苑德闽、熊英、胡晓华……在我看来，他们既是南昌律师兴起探索的参与者，也是南昌律师改革发展的见证者，更是这部《南昌律师二十年》的支持者。他们的参与和见证，推动了南昌律师的成长和发展。尽管其中有些律师已经转行或者退休，但他们都是南昌律师改革发展的有功之臣。党的十八大以来，习近平总书记多次强调树立正确政绩观："有功成不必在我的精神境界、功成必定有我的历史担当，发扬钉钉子精神，脚踏实地干。"功成不必在我、功成必定有我，正是那些书中留下名字与未出现名字的南昌律师所体现的境界和担当。

诸多不一般，确实很非凡。从这个意义上说，这是一部令人感慨万千的律协史书，也是一部让人感动万分的律所志书，更是一部叫人感今怀昔的律师说书。

当年因为有了《滕王阁序》，才有了与南昌有关的传诵千古的名句"落霞与孤鹜齐飞，秋水共长天一色"；也因为有了青年王勃的才华横溢，才有了出自豫章的字字珠玑的20多个典故与30多个成语。同样，在《南昌律师二十年》中，我们尽管也看到了诸如"时运不济、命途多舛。冯唐易老、李广难封"的尴尬与窘境，但我们更多地读到了"君子见机，达人知命。老当益壮，穷且益坚"的境界与担当。

作为一项舶来品，律师制度的设立，对传统中国来说，显然是一件改变历史进程、促进社会进步的大事。如何总结整理、挖掘研究中国律师制度从兴起到夭折再到恢复重建乃至改革发展的历史，更是一件大事。但是，谁来做、怎么做，则是一件难事。正如徐建章律师所言，我国律师制度恢复重建以来，尤其是前20年的情况，专门整理和记录这段历史的文字确实不多。据我了解，即使有过整理和记录，也主要是由律协组织。如十几年前时任上海律协秘书长李海歌、副秘书长刘小禾曾经整理的老律师访谈，犹如本书中徐建章律师与20位律师的对话访谈。由执业律师独立完成此项工作，在全国律师界来说，既是第一次，也是第一例，更是第一个。

在我看来，徐建章律师的创举，既代表了南昌律协的安排，也代表了江西律协的支持。尽管江西律师的发展在全国相对处于下游，但江西律师却曾经为全国律师开了几个先例：最早通过律师资格考试录取律师，最早举办律师辩论大赛宣传律师。放眼全国，南昌律师乃至江西律师却一直是低调的，甚至是习惯沉默的。不过，从徐建章律师的创举来看，南昌律师有变化了，南昌律协有变化了，江西律协有变化了。

最重要的是，通过徐建章律师推出的新书，我们可以得到如下启示：

一是律师经历值得回顾。从我国43年前的212位律师到今天的60万大军，每一位律师的经历都有必要总结和回顾。尤其是律师制度恢复重建时，出于各种原因进入律师行业的律师，更有回忆价值和借鉴意义。当年我为什么做律师？当年我是如何进入律师行业的？当年我遇到了什么贵人、得到了哪位前辈的指点与帮助？诸如此类的问题，都可以在每一位律师的回忆中得到答案。更有趣的是，书中许多律师的特殊经历，比如两位律师吵架后为了找人评理而一人骑车一人坐后座前往的故事，又如两家所合并时因为律所名称互相谦让的场面，还如作为政府法律顾问成为市长座上宾的对话……所有这些经历，既与个人成长有关，也与业务提升有关，更与律师管理有关，都值得阅读与分享。

二是律所发展需要总结。本书以讲述20世纪50年代的南昌市法律顾问处为起源，从1979年恢复时期的南昌市法律顾问处切入，又从1986年前后南昌地区的国办律师机构即南昌市第一律师事务所与南昌市第二律师事务所的诞生，总结回顾了20世纪90年代南昌地区国办律师机构的演变。然后，以南昌市第一律师事务所、南昌市第二律师事务所及后来新增的国办律师事务所，总结描述了以江西省律师事务所为基础的国办律师事务所发展状况。此后，再从合作制律师事务所的兴起与衰退，总结分析了自收自支国办律师事务所的全面改制与新设合伙制律师事务所的蓬勃发展，如诞生了以江西省律师事务所为基础的江西华邦律师事务所、以江西省涉外经济律师事务所为源头的江西求正沃德律师事务所、以南昌市第二律师事务所为渊源的江西豫章律师事务所等多家合伙制律师事务所。这是一段值得记载的历史发展阶段，无论是南昌还是全国其他地方的律所发展,都需要认真总结当年从转制到转轨的独特经历。今大的规模化、规范化、专业化、品牌化发展之路，绝大多数都是从当年的转轨与转型开始的。

三是律师行业应该传承。常言说：国有史，地有志，家有谱。行业有什么呢？当年我在全国律协工作时，我们曾经组织整理了一年一度的全国律协年鉴。地方律协也是如此，也应该有自己的工作年鉴或行业志，也就是应该为律师行业立志。为什么要立志？因为律师行业需要前后传承、律师事业需要上下传接、律师专业需要老少传授。这就需要有人去挖掘与整理行业历史，需要有人去传颂与传播行业文化。随着近几年南昌经济的飞速发展，南昌律师的发展步伐明显加快，律师人数和律所品牌也在快速增加。从近几年诸多京沪大所前来南昌开办分所就可看出，南昌律师已经站到了一个从未有过的高度。

其实，很多年轻的律师尤其是近些年开始执业的律师不知道，南昌律师曾经在一些方面的创举甚至领先过全国律师。比如1984年与1985年在国内率先举办律师资格考试，又如1991年在全国最早举办全省律师辩论赛，还如江西在律师党建方面是最早得到司法部嘉奖的全国8个律师协会之一。但是，这段辉煌历史，在年轻律师的脑海中竟然都是空白的。怎么办？2018年，时任南昌市律师协会第五届理事会副会长的徐建章律师斗胆接下了记录南昌律师发展进程的任务。经过3年多的查阅资料、选择采访20个代表性律师，将其整理成文字，才有了这部不一般的律师志书。尽管本书只是截取了自1979年底律师制度恢复到2000年国办律师事务所改制20来年南昌律师的演变，但这已经是一个非同一般的创举了。“凡是过往，皆为序章”，因为有了那个20年的开端与过往，才有了今天南昌律师的蓬勃发展。至于2000年以后的更大发展，期待律师行业更多的后人来书写吧。

作为一段历史，“南昌律师二十年”已经成了现在完成时。我们如何从这段历史中汲取养分、提取精髓，应当是我们律师行业共同面对的问题。南昌律师是这样，江西律师也是这样，全国律师更是这样。

于是，翻开本书，我们从南昌律师的20年，看到了中国律师的20年；从中国律师的20年，看到了中国律师的40年；从中国律师的40年，看到了中国律师的100年。到那时，年轻律师们就会追问：那些年中国律师是怎么走过来的？当时发生了什么？他们后来怎么样？

于是，一种追问催生了一部非同一般的新书，一部新书展现了一个正在转型发展的律师行业，一个行业已经迎来一个伟大的新时代。

这部新书就是《南昌律师二十年》，一部值得阅读分享、关注研究的律师行业新作。

是以为序。

刘桂明

2022年11月5日于北京千鹤家园

◎刘桂明　中国民主法制出版社《法治时代》编委会副主任（执行总编辑）、法宣在线总编辑、桂客学院院长

目录

引言

《南昌律师二十年》说的是什么

中国有几千年的文明，但体现政治文明的律师制度，直到民国建立后才有，算是西风东渐的产物。

有人说，中国古代也有“律师”，只不过被称为讼师。看过香港电影《审死官》和《状王宋世杰》里塑造的宋世杰，很多人误以为古代的讼师可以像他一样堂而皇之在公堂充当辩护人。其实，这不过是现代香港人的艺术虚构，把香港的现代法庭移植到古代的公堂而已。中国的历朝历代，像“宋世杰”这样的讼师不可能像律师一样出现在公堂为当事人辩护。真实情况是，官老爷坐在公堂审案，原被告战战兢兢跪在下面陈述理由和冤屈。语言稍有不慎，就要被站立两边的衙役呵斥，哪还有人为他们辩护？

讼师是些什么人？讼师又能为当事人做些什么？在以诉讼为耻的朝代，讼师往往是那些郁郁不得志的文人充当。中国自古，讼师代人诉讼是禁止的，构成犯罪。让讼师在诉讼活动中稍有余地的就是书面诉状制度，即代书。但即使代书，稍加不慎，也有风险。“状钞中紧切处不得揩改”，“不得添借语言、多入闲辞及论诉不干己事”，否则，就会认为是“颠倒是非”，动辄以“包揽讼词、挑拨是非”惩处。因此，讼师无法融入主流社会，民间也跟着官府鄙视，贬之为“讼棍”“刀笔吏”等。

律师制度的出现，则颠覆了以往讼师的概念。“律师与讼师，绝对不同，律师根据法律，保障人权，讼师则歪曲事实，于中取利”（曹汝霖语）。此话虽然有失偏颇，但道出了两者的某些区别。其实，在我看来，讼师和律师的根本不同，在于所处体制是否有对人权的制度保障，对人权有制度保障的，则律师的存在就变得必要和合法。否则，只能通过歪门邪道钻空子，律师就变成讼师了。

律师制度在民国出现后，其发展超出了现代人的认知。当时涌现出一批著名律师，如伍廷芳、章士钊、沈钧儒、吴经熊、吴凯声、施洋、史良等。这些律师，有的后来成为新中国的栋梁之材。

中华人民共和国成立后，一度建立律师制度，但由于政治运动，很快就被废止。十一届三中全会以后，党中央拨乱反正。1979 年，律师制度得以恢复。

恢复后的律师制度，经历了几个阶段。从律师执业机构的形式上看，自一开始单一的法律顾问处，到国办律师事务所，再到合作制律师事务所，最后是合伙制或个人律师事务所。同时，作为制度保证，也从《中华人民共和国律师暂行条例》的颁布，到《中华人民共和国律师法》（以下简称《律师法》）的出台和几次修改。律师的角色定位也不断变化，先是定为“国家的法律工作者”，接着被定为“依法取得律师执业证书，为社会提供法律服务的执业人”。到 2001 年，新修订的《律师法》将律师称为“依法取得律师执业证书，接受委托或者指定，为当事人提供法律服务的执业人员”。

律师制度的设立，是社会生活的一件大事，其意义无人质疑。我国律师制度恢复以来，尤其是前20年的情况，专门整理和记录这段历史的文字不多。江西律师的发展在全国处于下游，但江西律师却为全国律师开了几个先例：最早通过律师资格考试录取律师，最早举办律师辩论大赛。 对于律师制度恢复早期的这段不平凡经历，部分南昌律师前辈希望有人记录这段历史。那么，由谁来做这个工作呢？

2018年，我正出任南昌市律师协会第五届理事会副会长，感觉应当为行业做一些什么，于是，斗胆接下了这个任务。当我提出写一本关于南昌律师的书时，得到了许多南昌同行的支持，有人甚至认为我是最适合写的人。此话也许有一些道理。1988年，我大学毕业后即从事专职律师工作，刚好有机会与恢复律师制度后最早那批律师共事，经常听他们讲述律师事业开始的那些往事。此后律师业的发展，我也刚好是参与者与见证人。因此，我对南昌律师事业的情况是相对熟悉的。2000年律师改制后，律师事业的发展日新月异，无论律师人数还是律师事务所人数都呈井喷状增加。但随着新人的进入，他们对律师的来历越来越陌生，这正是我想整理以往历史的原因和动力，我想让年轻律师了解那段过往，知道律师制度发展的不易。因此，这本书，我只写了自1979年底南昌律师制度的恢复到2000年国办律师事务所改制20来年南昌律师的演变。虽然说，“凡是过往，皆为历史”，但时间太近，有些事不好叙述。因此，我把2000年作为一个截止的时间节点。至于2000年以后的发展，就留待以后吧。

经过三年多的查阅资料、选择采访20个代表性律师，将之整理成文字，才有了这本书。由于各种因素的制约，我深知，资料挖掘还不够，人物采访也缺少深度。故，本书难免有不少缺点。

本书内容主要有两个部分。一是整理了南昌律师从1979年底恢复到2000年国办律师事务所脱钩改制期间，所涉及的政策、法律，发生的律师人员变动、律师事务所变迁等；二是对20个代表性资深律师的采访，通过他们的经历，包括选择从事律师职业的起因、动机，及在职业生涯中所遇所思，反映律师职业给社会、个人带来的改变。另外，附录了几篇相关回忆文章。

自2018年下半年开始，我以“南昌律师简史”名义，把写成的大部分文章在“豫章律师事务所”公众号发出，引起不少人的关注。这些关注的朋友，主要是本地律师，也有部分外地的律师朋友，其中不少人联系我，给我鼓励。当然，还有一些朋友，虽然不从事律师工作，但同样对我表现出热情的支持。公众号文章发表以后，有些被兄弟律师事务所和律师协会网站、公众号转载，其中对徐一新律师的采访文章还被《民主与法制》这样著名的杂志刊登。

我把上述文章整理后，取名“南昌律师二十年”结集出版，谁知好事多磨，出版过程一波三折。但好在得到许多好心人的帮助，让这本书最终得以与读者见面。

第一部分

2000年以前的南昌律师

新中国的律师制度，经历了两个阶段：一是20世纪50年代短暂的几年，二是1979年开始恢复律师制度直到今天。

1949年中华人民共和国成立后，国民党时期的律师制度随着“废除国民党反动派一切压迫人民的法律、法令和司法制度”（见《中国人民政治协商会议共同纲领》第十七条）而被新政权取消。旧中国从事律师工作的人员被改造成会计、翻译和私营企业的董事、文书等。因此，在1949年至1955年期间，以及自反右运动后到1978年期间，中国大陆是没有律师的。

中华人民共和国成立后先是把律师当作“讼棍”严格禁止。50年代中后期又为什么要设立律师制度？对于这个问题，并没有看到权威的解释。但有人说，50年代设立律师制度是因为1954年通过了《中华人民共和国宪法》，宪法中有“被告人有权获得辩护”的规定。这个说法应该可信。但宪法的规定本身只是结果，问题是为什么宪法中又要设立已经被废除的被告人辩护权制度呢？这还是一个疑问。有一个说法是，因为苏联是有辩护制度的。据说50年代初莫斯科有逾1000名律师。1954年，苏联法律专家鲁涅夫应邀来我国访问讲学，司法部在他讲稿的基础上编印了《关于苏联律师制度和公证制度——苏联法学专家鲁涅夫讲》。该书成为当时研究社会主义律师制度的权威依据。

无论什么原因，50年代我国的确设立了律师制度。当时，在全国的大中城市成立了律师执业机构，统一称为“法律顾问处”。但全国律师人数差不多只有2000人。

笔者就中华人民共和国成立后，南昌市律师的起源与发展作一简单的回顾与梳理。

20世纪50年代的南昌市法律顾问处

无疑，中华人民共和国成立后，南昌市的律师是从南昌市法律顾问处的设立开始的。

根据笔者查阅到“南昌市法律顾问处报告”，南昌市法律顾问处是于1956年的“4月2日起正式开始办公”的。办公地点“暂设中山路18号南昌市司法局内”，并自即日起开始启用“南昌市法律顾问处”印章。

从上述报告中我们得到不少当时的信息：南昌市法律顾问处是经过“江西省人民委员会”（江西省人民政府的前身）批准成立的，也即通过省级政府直接批准的。

南昌市法律顾问处的印章要报“同级国家行政机关、上级机关（司法厅）和司法部备案”。由此可以推测出，当时对设立法律顾问处是十分重视的。

上述报告是打给“南昌市人民委员会”（南昌市政府前身），同时“抄报：中共南昌市委、江西省人民委员会、江西省司法厅、中华人民共和国司法部”，还抄送“南昌市人民法院（应该是南昌市中级人民法院的前身）、南昌市公安局、南昌市人民检察院”。

南昌市法律顾问处设立后，有哪些律师在法律顾问处工作？他们当时是如何办案的？办理过哪些重要案件？他们遵循的是什么样的程序？他们当时依据的是什么法律法规？……这些问题，对我们今天来说都充满了好奇和疑问。岁月沧桑，时过境迁，谁来证明这些？要将这段历史的原貌呈现给现今的人们，似乎已经十分困难了。

笔者打听到，50年代曾经在南昌市法律顾问处执业过的律师中，至今仍然健在的有一位叫于巾魁的老律师。她已经年逾九旬，据说双目已经接近失明。我多次联系她，但机缘不巧，总是各种原因未能相见。最近一次联系，又因为老人身体不适，需要住院，我不敢惊动，所以希望等待她康复后再访。

在现有的资料中，查询到1956年9月，南昌市法律顾问处有一次办公地址迁移的情况。南昌市法律顾问处在1956年9月10日向有关单位发出“南昌市法律顾问处函”，称“我处已于一九五六年九月二日迁至本市中山路15号新址办公，电话（3796）”。从中山路18号迁移到中山路15号，应该相距不远。在这份文件上有个叫“李勋”签署的“阅”字,他与当时的法律顾问处有何关系？

关于南昌市法律顾问处人数，笔者在1956年12月7日《南昌市法律顾问处函》（为函请增发“法院工作简报”等内部刊物份数）中得出，刚成立时，南昌市法律顾问处的人数为5人，但到发该函时人数已经增加到11人。人数的增加成为要求同意增订内部刊物份数的理由。这份函是直接发给最高人民法院研究室和司法部“司法工作通讯”编辑委员会的。函中表示:“‘法院工作简报’、‘法院工作参考资料’、‘司法工作通讯’等内部刊物，对我处的工作，在政策、业务等方面起了实际的指导作用。从这些内部刊物上，我们获得了许多知识。这些知识丰富了我们的认识，帮助我们提高了工作效率，并帮助我们解决了许多工作中遇到的困难问题。”由此我们不难推测，当时律师工作刚刚起步，从事律师工作手头资料奇缺。可见当时执业时的困难。

当时的律师是否收费？如果收，那又是如何收的？这是笔者另一个疑问。我没有查阅到南昌市法律顾问处的收费记录资料。但根据有关资料反映，可以肯定的是，当时的律师也是允许收费的。收费的依据是司法部发布的《中华人民共和国司法部关于发布施行律师收费暂行办法》。

在这里，附带要说明的是，当时，江西省除了设立南昌市法律顾问处外，还设立有景德镇、赣州、上饶、九江、吉安、抚州共7个市的法律顾问处。

除7个市法律顾问处外，江西省还设有“江西省律师协会筹备会”，算是有半个律师协会。

南昌市法律顾问处后来被撤销。那又是什么时候撤销的呢？是什么原因撤销的？是由什么机构来撤销的？这些问题也一直是让我感兴趣的。

我一直以为，1957年是全国法律顾问处撤销的时间。现有的文章似乎都这么说。不过，有些具体事实与推测还是有出入的。我查阅《江西省司法厅关于撤销法律顾问处的报告》（以上简称《撤销报告》）显示，向江西省人民委员会请示撤销的时间是1958年12月4日，而批准同意撤销的则是南昌市人民委员会。该委员会在同年12月17日以“江西省南昌市人民委员会关于撤销南昌市法律顾问处的通知”批准同意。因此，真正撤销时间是该年12月17日。

法律顾问处撤销后，有关人员是如何处置或安排的？在《撤销报告》中，对于法律顾问处的人员安排也有交代，即“法律顾问处的人员由各地党政领导统一分配”。至于具体“分配”到哪了，则得看各自的命运。据说有的人去了法院，有的人被下放劳动，其他人也都各奔东西。在历史的大背景下，每个人都是一粒尘埃。

南昌市法律顾问处撤销后，其财产处置也有交代，即“顾问处的所有财产、档案资料全部移交给各市人民法院处理”。这个确实有点让我感觉惊奇！法律顾问处不是归属司法行政部门管的吗？为什么财产和资料要移交到人民法院去呢？

当时的省司法厅在法律顾问处撤销后也处理了部分东西，即“律师人员的工作证和顾问处的印章报送我厅注销”。

20世纪50年代，南昌市法律顾问处从设立到撤销共经历了20个月零15天。

1979年恢复时期的南昌市法律顾问处

1978年12月18日至22日，中国共产党十一届三中全会在北京召开。这次具有重大历史意义的会议作出了把党和国家的工作中心转移到经济建设上来、实行改革开放的历史性决策。

正是在这种背景下，1979年9月，司法部恢复重建（司法部在1959年被撤销）。1979年12月19日，司法部发出恢复律师制度的通知，明确要求抓紧时间把大中城市的法律顾问处建立起来，并迅速开展工作。

刚恢复律师制度时，律师的组织形式只有“法律顾问处”一种。

这样，新的南昌市法律顾问处应运而生。

南昌市法律顾问处由南昌市中级人民法院负责成立

新的南昌市法律顾问处是由南昌市中级人民法院负责成立的。

按我们现在的理解，南昌市法律顾问处应当由南昌市司法局成立。但现实与想象还是有差别。因为，南昌市法律顾问处成立时，南昌市司法局尚未成立。直到1981年1月31日，根据南昌市革委会《关于成立南昌市司法局的通知》："经市委会研究决定成立南昌市司法局，人员编制暂配备十名干部，以利于工作开展"，南昌市司法局才正式成立。

1981年3月6日，根据南昌市革委会《关于改变市法律顾问处和市公证处领导关系的批复》，南昌市法律顾问处转归南昌市司法局领导。由此，我们得出，南昌市法律顾问处是由南昌市中级人民法院"托管"了一年有余。

南昌市法律顾问处成立的时间

1979年下半年，南昌市中级人民法院开始筹划恢复南昌市法律顾问处。遗憾的是，新的南昌市法律顾问处设立批文笔者一直未能找到，所以无法确定准确的恢复日期。

但据刘化时先生回忆，在1979年八九月间，当时南昌市中级人民法院负责人事的孔宪瑞主任找到他，称现在公检法都恢复了，律师制度也要恢复，问他愿不愿做律师？ 12月初，他的人事关系和党组织关系已经转到南昌市中级人民法院。刘化时先生生于1934年，今年已经85岁，但身体健康，头脑十分清醒，记忆力非常好。他的回忆应该是可靠的。

如此说来，在1979年八九月，早于司法部成立和司法部通知，有关部门已经委托法院在筹备成立南昌市的律师组织了。

综合刘化时先生和其他人的回忆，南昌市法律顾问处正式成立应该是在1979年12月。

南昌市法律顾问处初期的办公地址

南昌市法律顾问处刚成立时设在南昌市中级人民法院里，由于南昌市中级人民法院当时的办公地点位于南昌市阳明路（原江西省公安厅对面，儿童医院隔壁，一度成为南昌市人民检察院办公楼），南昌市中级人民法院在自己办公楼的三楼提供了一间约40平方米的办公室给法律顾问处办公所用。

1981 年春天，大概在转归南昌市司法局领导后，南昌市法律顾问处将办公场所搬到阳明路的团结旅社的二楼（南昌市第十中学旁），办公室由原来的一间房变成两间房。

成立初期的律师

南昌市法律顾问处从事律师工作的人员自 1979 年到 1981 年开始陆续调入。最早的有刘化时、徐若英、冯惠珉、赖必堂、廖明、潘光荣、于巾魁、王秀芝等。

其中，刘化时 1959 年毕业于华东政法学院法律系，毕业后在南昌市委党校当老师。做律师前，系政经教研室副主任。他是第一个调进南昌市法律顾问处的。徐若英于湖南大学法律系毕业，“文化大革命”前在江西省高级人民法院工作。他算是第二个调进南昌市法律顾问处的。廖明也是学法律出身，调到南昌市法律顾问处前在南昌市物质局开车，是一名汽车司机。来顾问处不到半年就调到江西政法学校（后江西省司法学校，今江西司法警官职业学院）当老师了。赖必堂与徐若英一样毕业于湖南大学法律系，曾经在南昌市西湖区人民法院工作过。在调到南昌市法律顾问处前在一个废品收购单位工作。潘光荣则是刘化时的大学同学（同年级不同班），从华东政法学院毕业后分配到甘肃天水地区工作。因适应不了那边的环境，他回到南昌，在一个塑料厂当工人。于巾魁曾经在 50 年代是老南昌市法律顾问处的律师。她也是科班出身，毕业于北京大学法律系，这次算是归队。

1980 年上半年，南昌市中级人民法院将胡佐章调到法律顾问处作为临时负责人。但下半年他就调回法院了。接替胡佐章的是民事庭庭长冯惠珉。冯惠珉是南下干部，因此她在南昌市法律顾问处前期一直是负责人，并在这里工作到退休。从南昌市中级人民法院过来的还有王秀芝，来之前，她在法院负责接待工作。

1981 年，又有一批律师陆续来到南昌市法律顾问处工作。这其中包括张马力、汤忠赞、刘益敏、林美福、李云龙等。

张马力是北京人，与冯惠珉一样也是南下干部。调到法律顾问处后，张马力便任副主任。张马力后来在南昌市法律顾问处拆分后到南昌市第一律师事务所任副主任，直到离休。

汤忠赞 1979 年从部队干部转业，在南昌市饮食服务公司做保卫科科长。由于酷爱法律，他参加了南昌市司法局组织的律师资格考试，并取得律师资格。1981 年，他到南昌市法律顾问处开始做兼职律师，年底就调到省律师协会，之后又调到司法厅律师管理处。从此他在律师界成就了一番事业。

刘益敏和林美福是 1981 年学校分到南昌市法律顾问处的毕业生。刘益敏是南昌人，毕业于江西政法学校。林美福是外省人，毕业于厦门大学中文系，分到南昌市法律顾问处似乎是用非所学。两个不同专业的人毕业后都分在南昌市法律顾问处从事律师工作，这是那个年代的一种特有现象。

也许是因为专业不对口的原因，林美福最终还是离开了南昌。刘益敏在 1986 年南昌市法律顾问处拆分后被分到南昌市第一律师事务所工作。再后来，他负责组建在南昌市第一律师事务所基础上改制的江西洪城律师事务所。一直坚守的刘益敏后来回忆，那时，南昌市法律顾问处是“七八个人，五六条枪”，这大概反映了当时南昌市法律顾问处的真实境况。

李云龙在南昌市法律顾问处不久，也调离了。

根据南昌市革委会《关于改变市法律顾问处和市公证处领导关系的批复》记载，当时南昌市法律顾问处有人员 8 人。这与刘益敏的回忆是吻合的。

1982年后的人员变化

1982 年，岑光明、熊火根两位部队军官转业后被分到南昌市法律顾问处工作。岑光明是广东阳江人。1982 年 7 月，他成为南昌市法律顾问处党支部副书记（见 1982 年 7 月 19 日中共南昌市直属机关委员会关于《成立中共南昌市司法局机关支部委员会、公证处支部委员会、法律顾问处支部委员会的报告》的批复），书记由冯惠珉主任兼任。1993 年 3 月，岑光明调回老家广东阳江工作。

熊火根后来在南昌市法律顾问处分家后，成为新成立的南昌市第二律师事务所负责人。

1983 年，毕业于西南政法学院的周兴武被分配到南昌市法律顾问处工作。他是“文化大革命”后第一个法律专业毕业被分配到南昌市法律顾问处做律师的大学生。后来，他先后做过南昌市第一律师事务所、南昌市第二律师事务所的副主任。2016 年，他任南昌市律师第五届律师协会会长，这是南昌市第一次由专职律师出任律师协会会长。

1983 年后，以各种身份进到南昌市法律顾问处的还有黄世堂、欧阳荣军、李定禄、熊朗秋、田英、罗克难、孙恒太等。其中，欧阳荣军后来任江西省司法厅律师管理处处长。熊朗秋以自己名字成立了“江西朗秋律师事务所”。黄世堂、李定禄以资深律师身份做到退休。田英调到外地工作，孙恒太律师因为身体原因较早退出律师行业。

根据李定禄律师的回忆，1983 年 8 月，南昌市法律顾问处的人员构成是：主任冯惠珉、副主任张马力，老律师刘化时、汤忠赞、徐若英、于巾魁、王秀芝、赖必堂、黄世堂、潘光荣，中青年律师熊火根、岑光明、周兴武、刘益敏、李定禄、熊朗秋、欧阳荣军、林美福、田英、尹蓉蓉、罗克难，有一个已经退休而志愿继续工作的老律师徐干生负责法律顾问处的接待，行政人员为裘伟平，出纳蔡丽娟，打字员程莉，负责打杂的临时工李辉。

1984 年，南昌市法律顾问处迎来了一批年轻人，顿时显得朝气蓬勃。这批年轻人有一个共同的特点，就是他们都是来自政法院校的毕业生。他们是张工、苑德闽、邬建平、付华讯。张工、苑德闽、邬建平后来都成为江西省的知名律师。毕业于华东政法学院的张工先后做过南昌市金融房地产律师事务所、南昌市第二律师事务所主任，现为江西豫章律师事务所高级合伙人、江西省律师协会会长；苑德闽先后做过南昌市第一律师事务所副主任、南昌市涉外律师事务所主任、南昌市律师协会副会长，现为江西豫章律师高级合伙人、南昌市律师协会监事会监事长；邬建平参与创办江西阳光律师事务所，做过南昌市第二律师事务所副主任，现为江西豫章律师事务所高级合伙人。

1984 年开始，除上述毕业生外，还有一批富有理想和才华的青年从其他行业转到南昌市法律顾问处做律师。事实证明，在这个行业他们都做得风生水起。其中 1984 年进到法律顾问处的何大年是典型代表。他先后做过南昌市金融房地产律师事务所负责人，连任两届省律师协会副会长，现为江西豫章律师事务所高级合伙人。这一年，还有一个身份特殊的人调进南昌市法律顾问处，他就是已经年逾五十，此前为青云谱区人民法院民事庭庭长的王一帆。南昌市法律顾问处拆分后，他被分到南昌市第一律师事务所工作，后又调到南昌市涉外律师事务所，直到退休。

1985 年，从法学院校毕业的有赖莉、熊英两位美女律师。毕业于华东政法学院的赖莉后来从南昌市第一律师事务所调到安徽，现为一家律师事务所的高级合伙人。熊英现在江西洪城律师事务所执业。

同年，在江西农业大学工作的季春华也调到南昌市法律顾问处。在南昌市法律顾问处拆分后他被分在南昌市第一律师事务所。后来，律师体制改革后，他与刘益敏一起创建江西洪城律师事务所。现为江西洪城律师事务所党支部书记。这一年，还有非法律专业的崔丽萍也进入法律顾问处。

1985 年，优秀青年陈卫、任琪、许念玲、张凯德、陈爱生等到法律顾问处实习并成为兼职律师。后除陈爱生外，其他人都在南昌市法律顾问处拆分前后陆续调进,从事专职律师工作。陈卫从南昌市第一律师事务所调到广东农业银行，离开了律师行业。许念玲曾任南昌市第一律师事务所副主任。张凯德先在南昌市第一律师事务所工作，后在江西创源律师事务所执业。陈爱生在西湖区人民法院工作过一段时间，再回到南昌市第二律师事务所工作，现在江西豫章律师事务所继续执业。

1986 年，赵永云、彭喜根、郑耀武、姜建明从法学院校毕业后分到南昌市法律顾问处。赵永云毕业于西南政法学院，后参与创办江西阳光律师事务所。彭喜根毕业于华东政法学院，做过南昌市金融房地产律师事务所副主任，后到上海执业至今。郑耀武从南昌市第一律师事务所离开去北京，创办了自己的公司。姜建明曾在南昌市第二律师事务所工作，也参与创办江西阳光律师事务所，现在自己办的一家律师事务所执业。

可能尚有一些曾在南昌市法律顾问处的律师，由于资料和信息短缺暂未能写到。

县区法律顾问处的成立

区县法律顾问处的成立稍晚于南昌市法律顾问处。比较有影响的是南昌县法律顾问处、进贤县法律顾问处。

1982 年，南昌县法律顾问处成立。当时南昌县法律顾问处的主任是徐金恩，律师有胡学锦、胡晓华和伍东宝。胡晓华后来调到南昌市第一律师事务所，现为北京大成律师事务所合伙人。伍东宝当年是以农民身份考取律师资格并破格调到法律顾问处的律师，一时成为新闻人物。

进贤县法律顾问处的成立缘于帅斌律师。帅斌 60 年代毕业于武汉大学法律系，是那个年代少有的名牌院校法律系毕业的老法律人。

《中华人民共和国律师暂行条例》的颁布与南昌律师的创新和探索

1979 年开始恢复律师制度后，关于律师的定位、律师可以做些什么、律师执业有哪些权利、律师资格的取得等问题都亟待有个可以操作的规范。1980 年 8 月 26 日，全国人大常委会发布了《中华人民共和国律师暂行条例》(以下简称《暂行条例》)，定于 1982 年 1 月 1 日起实施。这部法律，及时解答了律师执业的相关问题，并对律师执业行为进行了规制。

《暂行条例》共 21 条，分别规定了律师的性质、律师资格的取得、律师的权利、律师的工作机构等。

律师的性质和任务

《暂行条例》在第一条就明确了律师的性质，即“律师是国家的法律工作者，其任务是对国家机关、企业事业单位、社会团体、人民公社和公民提供法律帮助，以维护法律的准确实施，维护国家、集体的利益和公民的合法权益”。从该条例不难看出，在制度初期，是明确将律师定位为“国家的法律工作者”的。这意味着，律师的身份既不是自由工作者，也不是后来的“为当事人提供法律服务的执业人员”。既然是国家的法律工作者，那就意味着律师与公务员身份相似。律师的“任务”，即律师的工作目的，对国家、集体与公民个人还是有细微区别的。条例规定，律师要“维护国家、集体的利益”，而为公民维护的则是“合法权益”。

这与当时时代背景是相吻合的。

律师资格的取得

《暂行条例》第二章对律师资格有专门规定。

其中，第八条规定，律师资格不是通过考试而是通过考核取得。这是因为当时法律人才奇缺，亟须将具备一定条件的人员纳入律师队伍。符合 4 类条件的人，经过考核都可以授予律师资格：①在高等院校法律专业毕业，并且做过两年以上司法工作、法律教学工作或者法学研究工作的；②受过法律专业训练，并且担任过人民法院审判员、人民检察院检察员的；③受过高等教育，做过三年以上经济、科技等工作，熟悉本专业以及与本专业有关的法律、法令，并且经过法律专业训练，适合从事律师工作的；④其他具有本条①项或第②项所列人员的法律专业水平，并具有高等学校文化水平，适合从事律师工作的。从上述四类条件看，当时对律师资格的授予相比较而言，确实是比较松的。但即使是这样的条件，真正符合的人也并没有想象的那么多。因此，律师制度恢复初期，进入律师队伍的人员数量并不是很多。

按条例规定，律师资格考核和授予的机关是司法厅（局），不是司法部。因此，早期律师资格证书盖的都是司法厅（局）的印章。

在《暂行条例》中，有几个非常有特色的规定。其一，规定了兼职律师。谁可以充当兼职律师？条例第十条规定：“取得律师资格的人员不能脱离本职工作的，可以担任兼职律师。兼职律师所在单位应当给予支持。”兼职律师的确立，显然是以此弥补专业律师的不足。其二，实习律师的实习期为两年。尽管当时人才奇缺，但条例对律师的实践经验还是很重视的。只有实习两年以后，才能授予正式的律师资格。这条规定，后来被改了。目前是毕业生实习一年就可以取得正式律师执业证。其三，对不称职律师资格的取消权。条例第十二条规定：“律师严重不称职的，得经省、自治区、直辖市司法厅（局）决定，报司法部批准，取消其律师资格。”这样规定，大概是因为，当时对律师资格与律师执业证没有作出区分的原因。

律师的工作机构是法律顾问处

《暂行条例》第十三条规定："律师执行职务的工作机构是法律顾问处"。如此一来，当时的律师工作机构法定的只有一种，即法律顾问处。在"必要时"，可以设立"专业性的法律顾问处"。总之，不管如何设，都只能称"法律顾问处"。《暂行条例》不但明确规定律师的工作机构是法律顾问处，而且对法律顾问处的领导机构都有规定，即设主任 1 人，根据需要设立副主任。主任，副主任由"律师选举产生"，但要报省、自治区、直辖市司法厅（局）批准。这一方面，法律顾问处要改变行政机关存在的外行领导内行现象，强调内行领导，另一方面，法律顾问处的主任由厅（局）批准，似乎是对律师自己的选举进行把关。

《暂行条例》提到了律师协会。将建立律师协会的目的定为"为维护律师合法权益，交流工作经验，促进律师工作的开展，增进国内外法律工作者的联系"。

总之，《暂行条例》的颁布，是当时特殊历史背景下出台的临时性规定。尽管有明显的局限性，但无疑在客观上奠定了新中国的律师制度，为律师事业的发展起到了重要作用。由于当时全国正处于改革开放的伟大时代，没有思想僵化的限制。条例中的局限性，很快就被新形势下的创新所突破。

1984 年以前南昌市律师资格的取得

由于《暂行条例》对授予律师资格的相对宽松，如何把握授予的分寸，各地的做法不尽相同。

南昌市司法局从成立后，通过组织参加局里命题的法律知识考试来授予律师资格。据有关人员回忆，当时出的题目很简单，就是回答几个常用法律名词和概念。比如"权利与义务""法人""故意""过失"等。

但南昌市的律师人数发展很缓慢。根据汤忠赞先生亲笔记录，1981 年，江西省全省被授予专职律师资格的为 72 人，实习律师 8 人，兼职律师 27 人；1982 年，被授予专职律师资格的为 74 人，实习律师 11 人，兼职律师 38 人；1983 年，被授予专职律师资格的为 255 人，实习律师 17 人，兼职律师 33 人。南昌市的律师人数包含在其中，具体数字和占比不详。

1984 年开始的江西省全省律师资格统一考试

1984 年，汤忠赞律师被任命为省司法厅律师管理处副处长。时任江西省司法厅厅长范佑先与他谈起江西律师人数太少，不能满足社会发展需要的问题，提出要通过法律知识考试和素质考核选拔更多律师，以尽快壮大江西省的律师队伍。这次谈话，是江西开始举行全省律师资格考试的由来。

这样，自 1984 年到 1985 年，江西共组织了 4 次律师资格选拔考试，授予 633 人律师资格。通过考试公开选拔律师，吸引了众多有志从事律师工作的各行各业人员的参加。在这些参考人员中，还包括当时江西省妇联主任、后来成为江西省委书记的万绍芬。

江西省组织全省律师考试，首开全国的先河，引起了司法部的高度关注。为此，司法部专门派人到江西省来考察。考试选拔显然优于考核，1986 年，司法部组织了第一次全国律师资格统一考试。从此，由律师资格考试过渡到国家统一司法考试，再过渡到国家统一法律职业资格考试，成为法律从业者的必由之路，规模宏大的考试也成为每年一次的盛事。

活跃的“兼职律师”队伍

南昌市法律顾问处成立不久，就有了“兼职律师”这个活跃的法律人群体。到 1986 年，据不完全统计，这支“兼职律师”队伍，收集到名字的就有高登霄、汤忠赞、姚宣东、熊朗秋、罗克难、李定禄、谭淦良、熊义馍、龙承先、王兆昌、孙太敏、候江平、刘和平、陈爱生、黄晓凡、薛嵩、成回、宋国彬、饶银保、段允勋、伍东宝、陈卫、尹蓉蓉、任琪、许念玲、张凯德、邓南生、王人松等。其中汤忠赞转到省律师协会，再转到司法厅，熊朗秋、陈卫、尹蓉蓉、任琪、许念玲、张凯德等后来陆续调进南昌市法律顾问处，饶银保调到南昌市中级人民法院，等等。

除“兼职律师”外，还有一些人被授予“特邀律师”。这些“特邀律师”都是公、检、法、司的离退休人员。

关于“兼职律师”和“特邀律师”，司法部在 1984 年 10 月 7 日发布《兼职律师和特邀律师管理办法（试行）》作为管理依据。特邀律师存在的时间比较短。1997 年 1 月 1 日前述办法废止，从此“特邀律师”成为历史。而“兼职律师”

制度则一直保留下来。

专职律师需要事业编制

法律顾问处是事业单位，进来的人需要事业编制。法律顾问处每增加一个编制都需要通过相关编委批准。

因此，当时要成为法律顾问处的专职律师是很难的。专职律师都要有事业编制。南昌市法律顾问处的人数由南昌市中级人民法院划归南昌市司法局时只有 8 人，意味着有 8 个事业编制。到 1986 年时，南昌市法律顾问处的在编人员接近 40 人，意味着编制也随之增加。

要取得编制一般有 5 种途径：

一是机关编转事业编。比如冯惠珉于 1980 年下半年从南昌市中级人民法院调到南昌市法律顾问处当主任。后 1985 年沈浩大从南昌市中级人民法院调到南昌市法律顾问处接任冯惠珉当主任。他们都是从机关调到事业单位。机关编转事业编基本没有障碍。

二是本身有事业编调进来的。比如季春华律师调进之前在学校，任琪、许念林调进之前在某设计院，都是有事业编的。在原事业编单位调新事业编单位，相对比较容易。

三是院校学生毕业分配。这些毕业生一进来就有编制。刘益敏、周兴武、张工、苑德闽、邬建平、赖莉、熊英等都是这种情况。

四是部队军官转业到地方。他们在部队都是干部编制，转业后分到法律顾问处是有事业编制的。比如熊火根、岑光明等。

五是企业编转事业编。这是较难的。要调进法律顾问处，首先要看法律顾问处有没有空出的编制，其次要看法律顾问处要不要，第三要经过市长会议讨论通过，市长签字放行。1985 年时，当时的南昌市法律顾问处编制不够，许多希望调进来的律师都因此受限。南昌市法律顾问处主任沈浩大向市长汇报工作时，提出了法律顾问处律师需求多、人员发展快，但事业编制不足，希望增加编制的要求，得到市长的支持。1986 年，调进南昌市法律顾问处的陈卫、尹蓉蓉等都是这种情况。其中尹蓉蓉、陈卫在企业还是干部编制，但仍然受到限制。他们就是经过当时的程安东市长签字才调进南昌市法律顾问处的。

法律顾问处期间的工作证

当时的律师执业证件管理比较宽松。律师执业时，只需要一本由法律顾问处手工填制并加盖钢印的“工作证”或“律师工作证”。在“职务”一栏填上“律师”，也有些尚未取得律师资格的则填“律师工作者”。由于证件管理的宽松，有些未能取得律师资格的人往往也得到这样的证件，并以律师身份参加办案。

那时到法院办案，律师可以随便带一个助手。到看守所会见被告，2个法律顾问处的工作人员中有一个是律师就行，有的律师甚至会带上行政人员凑数。看守所只要见到一个律师的证件和法律顾问处的会见介绍信就行。

这种证件一直使用到全国律师资格统一考试后，司法部开始正式统一颁发“律师执业照”为止。

法律顾问处期间的案件集体讨论制度

法律顾问处期间，在律师办案中有一个非常好的做法，那就是案件集体讨论。

这种讨论制度从法律顾问处成立起就开始了。追问原因，有的说是源于律师人数较少，担心案件把握不准；有的称是因为当时公检法办案人员的观念尚未转过来，总把律师当成为坏人辩护、帮坏人脱罪的恶人，所以法律顾问处希望每个案子都不能办错。

案件集体讨论制度到现在都未过时。很多负责任的律师事务所，对疑难案件不但集体讨论，还有的通过自设模拟法庭进行庭前演练。这些方法对提高办案质量有明显的效果。

法律顾问处期间的律师收费

法律顾问处一开始是不收律师费的。南昌市法律顾问处从成立到1980年期间不收取当事人一分钱费用。律师作为“国家法律工作者”，由政府发工资。1981年开始，象征性地向当事人收取一定律师费。以后，才慢慢放开。

当年办案的流程是，由当事人填写一张聘请律师登记表，然后由法律顾问处主任或副主任审批指定律师，并在审批表上审批律师费。律师和律师费都是由法律顾问处领导确定，领导根据律师的特长和能力分配案件。

律师费刑事辩护案件一审收20—30元，二审则只收15元。民事案件一般一件也只收 15—30 元。

根据汤忠赞先生提供的他当年记录的全省律师业务工作情况表可以看出，1981 年开始，全省律师才有办理案件和收费记载。这一年，全省律师办理民事案件 158 件，刑事辩护案件 1133 件，刑事自诉案件和公诉案件代理均为 24 件，解答法律咨询 3438 件，代书法律事务文书 897 件，收费 22925 元。1982 年的数据是，办理民事案件 523 件，刑事辩护案件 1795 件，刑事自诉和刑事公诉代理分别为 98 件和 13 件，解答法律咨询 12714 件，代书法律事务文书 3062 件，收费 89356 元。以后数据逐年增加。

从中可以看出几个特点，律师制度刚恢复时，律师的业务以刑事辩护为主。而律师们很认真地提供法律咨询和代写法律文书，法律咨询和代写法律文书数量增加很快。这代表了当时的法律服务需求。

关于当时的法律咨询和代书业务，从汤忠赞先生记录的另一份“1985 年业务收费（元）”表中可以看出占有不少分量。这份表记录的是 1985 年全省律师业务收费情况。当年刑事辩护业务收费是 62923 元，而解答法律咨询收费是 37032 元，代书收费是 47446 元。咨询和代书加起来的收费超过刑事辩护收费，可见那时这项业务的重要。

当时，只有超过半小时以上的咨询才收费 5 角，半小时以下的咨询则是免费。因此，每个法律顾问处都很重视法律咨询和代书业务，几乎每个法律顾问处的接待室都会安排一位老律师专门负责咨询和代书。一段时间，南昌市法律顾问处负责接待的是一个叫徐干生的退休老律师。

法律顾问处期间，慢慢开展了常年法律顾问这项业务。当时一家法律顾问单位的收费，一般情况下在每月 100—200 元。根据岑光明律师提供的资料，1985 年，南昌摩托车制造厂聘请他担任常年法律顾问，每月顾问费为 150 元；1984 年，南昌市邮政局聘请刘化时和他共同担任常年法律顾问，每月的顾问费为 120 元。当然，顾问费也有例外。据李定禄律师回忆，洪都集团聘请高登宵（司法厅副厅长）、汤忠赞、朱黎明和他四人担任法律顾问，每年顾问费为 4800 元，可能算是当时最高的收费。

法律顾问处以老带新的律师传承

南昌市法律顾问处一直注重办案质量，除了案件集体讨论外，为提高年轻或刚入行的律师的办案能力，防止出差错，每个进入法律顾问处的律师都要找到“师傅”，让“老”律师带新律师。

据汤忠赞先生回忆，他刚进入南昌市法律顾问处时，第一个案子就是刘化时律师带他办的。开庭那天刘律师坐在身边鼓励他，让他敢放开来发言。这一战也让他出了名。

当年的以老带新还可以找到不少例子：周兴武师承张马力，张工、苑德闽、邬建平等师承刘化时，等等。

法律顾问处期间律师的报酬和出差补贴

当年是免收费和低收费时代，办案律师专职的都是拿工资，后来慢慢会有一些办案奖金，数额不大。而对兼职律师会根据案件收费情况支付一部分办案费。这种模式一直沿袭到 80 年代末期，专职律师的办案奖金也只有律师费的 5% 左右。

律师收入不高，而且还有严格的纪律。律师们不得接受当事人的吃请，不得接收当事人的烟酒和其他财物。据李定禄律师回忆，接受法律顾问处指派担任当事人的律师后，与委托人只能在法律顾问处办公室内谈案件，不得在法律顾问处之外谈。岑光明律师记得，1983 年他和汤忠赞律师在会昌县办案，看案卷材料到很晚。晚上当事人煲好鸡汤送到他们办案律师住宿的房间，以表示感谢和慰问，但被他们婉言谢绝。

律师出差会有一些补贴，但也不高。从南昌下到附近的县区，每天的出差补贴为 8 角。

1981 年成立的江西省律师协会

有资料显示，江西省律师协会成立于 1981 年 5 月。

汤忠赞先生保存了一份“江西省律师协会第一届理事会名单”。结合各方信息，记录这份名单的时间在 1985 年左右。

从这份名单可以看出，当时江西省律师协会会长是胡亚贤、名义会长是谢象晃、副会长是蒋今清、秘书长是钱子玉。副秘书长有熊厷、汤忠赞、朱春生、唐树林。其他理事包括帅斌、冯惠珉、刘洪福、李庆轩、李维俊、李志、邱健、邹怀应、余寄生、胡映相、龚春生、曹剑仁、董殿生、曹良瑜、谭成祖和冯镇勋，共16人。记录时冯镇勋已经去世。而常务理事有冯惠珉、刘洪福、朱春生、邱健、李庆轩、胡亚贤、蒋今清、董殿生、唐树林、钱子玉、熊太和汤忠赞，共12人。

在上述名单中，胡亚贤是“文化大革命”后江西省司法厅第一任厅长。而谢象晃是1929年参军的老红军，是第五、六届江西省人大常委会副主任兼法制委员会主任。蒋今清是民革会员，后来当过政协南昌市副主席和南昌市副市长。其他理事也都是法律界的资深人士。可见，当时律师协会行政色彩很浓厚，但江西省律师协会规格很高。

1986年前后南昌地区的国办律师机构

按照《暂行条例》的规定，律师的工作机构只能称为法律顾问处。但法律顾问处的局限性非常明显。最主要表现在律师在与外商打交道时，外商对律师的国家法律工作者的身份无法理解和接受。而法律顾问处与国际通行的称呼“律师事务所”也不合。

最初打破这个叫法的来自改革开放最前沿的深圳。1983年3月15日，深圳市司法局向广东省司法厅提交关于成立蛇口工业区律师事务所的报告。此事层层上报到了司法部。3月21日，广东省司法厅根据时任司法部部长刘复之的批示意见，批准了深圳市蛇口律师事务所。该律师事务所对外开张则是在1983年7月15日。因此，这成为全国第一家称为律师事务所的律师工作机构。

有了第一个吃螃蟹的人，后面则纷纷仿效。到1989年，全国超过一半的法律顾问处改名为律师事务所。

南昌的律师工作机构称为律师事务所最早的，应该是1984年成立的江西省律师事务所。接着，原来的法律顾问处改为律师事务所逐渐成为潮流。

1986年是南昌市律师机构发生重大变化的一年。这一年，南昌市法律顾问处一分为二，变成南昌市第一律师事务所和南昌市第二律师事务所。在南昌市法律顾问处变成两个律师事务所的同时，南昌市的区属法律顾问处也纷纷更名为律师事务所。所属各县法律顾问处也在稍晚变更。

上述律师机构性质上均属国办事业单位，只是隶属关系不同。隶属关系根据创办主体不同而分属不同的机关管理。在南昌，这些律师机构分属省司法厅、南昌市司法局、各区县司法局。正因为律师机构是分属各级司法行政机关的国办事业单位，因而在国办的前提下，无论是最初的法律顾问处，还是后面改名的律师事务所，都有不同的行政级别。省厅所属的以正处级为主，如江西省律师事务所等。南昌市司法局所属的以副处级为主，比如南昌市法律顾问处，及分拆后的南昌市第一、第二律师事务所。也有正科级的，如后来成立的南昌市涉外经济律师事务所、南昌市金融房地产律师事务所。而隶属县区司法局的，则是副科级事业单位。行政级别的划分，反映的是当时的时代特征。

南昌市第一律师事务所与南昌市第二律师事务所的诞生

1986 年 8 月 6 日，南昌市司法局向江西省司法厅提交《关于要求成立南昌市第一、二律师事务所的请示报告》。该报告的全文是："江西省司法厅：为适应目前我市经济体制改革和经济建设发展的需要，更好地方便群众和有利于工作，经局长办公会研究，我们的意见，撤销南昌市法律顾问处，将现有 40 名事业编制分别设置南昌市第一律师事务所，编制 20 人；南昌市第二律师事务所，编制 20 人。各配正、副主任 2 人，这两个所现有专职律师 3 人以上。特此报告，请速批示。南昌市司法局，一九八六年八月六日。"该报告抄报市政府和市编办、市政法委。这份报告明确了将南昌市法律顾问处拆分为二，将 40 个编制分成每个新设律师事务所各 20 个编制，即南昌市第一、第二律师事务所均分得 20 个编制。有意思的是，在该份报告中，提出了"请速批示"的请求，让我们仿佛看见了当时拆分时的急迫性。

江西省司法厅在 1986 年 9 月 2 日发布《关于撤销南昌市法律顾问处成立南昌市第一、二律师事务所的批复》批准同意，这与南昌市司法局的报告距离不到一个月，可见当时的司法厅办事效率很高。

接到江西省司法厅的通知后，南昌市司法局在 1986 年 9 月 27 日即下发《关于成立南昌市第一、二律师事务所撤销南昌市法律顾问处的通知》。

这样，南昌市第一、二律师事务所在当年的 10 月 6 日分别挂牌。与此同时，南昌市乃至江西省最早成立的律师机构，即南昌市法律顾问处完成了其历史使命，成为南昌法律人的一段难忘的记忆。

新设的南昌市第一律师事务所的负责人是原南昌市法律顾问处负责人沈浩大；新设的南昌市第二律师事务所负责人是熊火根。1988 年 4 月 26 日，中国共产党南昌市委员会发布《关于沈浩大等同志任职的通知》，决定由沈浩大任南昌市第一律师事务所主任（副县级）。熊火根先是以副主任、负责人身份领导南昌市第二律师事务所，正式任职南昌市第二律师事务所正主任时间还更晚些。

根据南昌市司法局《关于南昌市第一、第二律师事务所人员编制分配的意见》，原南昌市法律顾问处分在南昌市第一律师事务所的人员除沈浩大外，还有张马力、王一帆、黄世堂、刘益敏、周兴武、季春华、岑光明、赖莉、熊英、付华讯、陈卫、尹蓉蓉、任琪、彭喜根等。同年，从南昌县法律顾问处调进第一律师事务所的有胡晓华，此后进入的还有 1986 年大学毕业的郑耀武。原南昌市法律顾问处分在南昌市第二律师事务所的除熊火根外，还有刘化时、赖必堂、潘光荣、张工、苑德闽、何大年、熊朗秋、邬建平、赵永云、姜建明、田英、裘伟平等。

南昌市第一律师事务所成立时，办公地址设在江西饭店一楼和南昌市长途汽车站三楼。江西饭店为一部，南昌市长途汽车站三楼的两间办公室为二部（又称三科）。1989 年，南昌市司法局在南昌市阳明路 79 号的办公大楼落成，南昌市第一律师事务所总部搬迁到该大楼的六楼整层办公，南昌市长途汽车站的二部仍然保留。1991 年，南昌市第一律师事务所在南昌市广场东路 121 号的江西画报社所在地购买了自己的办公楼，全部成员又集中搬到该地办公，司法大楼六楼归还司法局。广场东路的办公楼直到 2000 年国办律师事务所改制售出。

1984 年，南昌市法律顾问处在南昌市花园角 11 号购买了一栋独立的旧屋，是从一个工程师手中花 2.3 万元买下的。该栋旧屋有三间房间和一个独立的接待室，共 70 多个平方米的面积。南昌市第二律师事务所成立时，花园角 11 号成为该所办公室。1989 年，南昌市司法局在南昌市阳明路 79 号的办公大楼落成，该大楼的五楼成为南昌市第二律师事务所总部。2000 年国办律师事务所改制时，阳明路 79 号的办公大楼五楼归还司法局，花园角 11 号自购的房子出售给了私人。

律师机构的变化

南昌市各区县司法局在南昌市法律顾问处成立后，陆续也设立了各自的法律顾问处。

其中南昌市西湖区法律顾问处成立于1984年，当时没有专职律师，是由西湖区司法局干部罗健、吴仁宝以“兼职工作人员”身份开展工作。当时在该法律顾问处作兼职律师的有管波、向伯熊、熊慧英，还有揭富民、宗仁华等6人为实习律师（已经考取律师资格者），陈森林、邓明辉等9人为“兼职律师工作者”（未考取律师资格者）。

1986年开始，南昌市的区县法律顾问处陆续改名为律师事务所。如1986年8月30日，江西省司法厅作出《关于同意南昌市司法局成立三个区律师事务所的批复》，同意成立西湖区、青云谱区、湾里区3个区律师事务所。

上述改名后的律师事务所分别称南昌市西湖区律师事务所、南昌市青云谱区律师事务所、南昌市湾里区律师事务所。此外，当时的南昌市区还有南昌市东湖区律师事务所和南昌市郊区律师事务所。

1988年11月12日，江西省司法厅作出《关于同意“南昌市郊区律师事务所”改名为“南昌市环城律师事务所”的批复》，这样南昌市郊区律师事务所就成为南昌市环城律师事务所。

1991年11月12日，南昌市司法局作出《关于区律师事务所更名请示的批复》，对区属几家律师事务所进行了更名。该批复的具体内容为：“东湖、西湖、青云谱、湾里、郊区司法局：根据1990年5月3日东湖、西湖、青云谱、湾里、郊区司法局、律师事务所更名的联合报告，经局长办公会研究，报省司法厅批准：东湖区律师事务所更名为南昌市第四律师事务所，西湖区律师事务所更名为南昌市第五律师事务所，环城律师事务所更名为南昌市第六律师事务所、湾里区律师事务所更名为南昌市第七律师事务所、青云谱区律师事务所更名为南昌市第八律师事务所。上述各所更名后，隶属关系不变。南昌市司法局1991年11月12日。”

区属律师事务所都以数字作为律师事务所的名称，大概是与南昌市第一、第二律师事务所对应。当年，以数字顺序来称呼律师事务所在全国都一样。

但奇怪的是，为什么没有第三律师事务所呢？这其实是南昌市司法局有意埋下的伏笔。

上述法律顾问处名称更改为律师事务所，法律顾问处或律师事务所主任的任命，与《中华人民共和国律师暂行条例》规定并不完全相符，可见当年的思想是多么开放，不拘于形式的力度有多大。

江西省律师事务所的诞生

1984 年 7 月 25 日，江西省律师协会向江西省司法厅出具了“关于成立‘律师事务所’的请示报告”。该请示报告分两页，内容非常详细。

首先，该请示报告要求成立的律师事务所是“直属省律师协会的事业单位”，名称叫“江西省律师协会律师事务所”。

第二，成立的理由是“由于法制建设不断加强，各项经济建设事业迅速发展，机关团体、企事业单位和广大公民要求请律师给予法律帮助的越来越多，越来越强烈，请律师难的问题仍很突出。目前到省律师协会请律师提供法律帮助的人很多，仅就南昌地区而言，几年来，承办的刑事辩护案件只占南昌地区 12 个法院同期审结案的 8%—12%，民事代理案件不到同期审结案的 3%，还有大量的非诉讼事件得不到律师的帮助；南昌市区共有企事业单位 1270 余个，目前请到律师担任法律顾问的只有 14 个。实际情况表明，成立省的律师事务机构，有利于改善请律师难的状况，也有利于省厅有关部门、省律师协会取得指导律师业务和律师工作改革的直接经验；另外，从全国来看，据我们了解，北京、上海、福建、广东、陕西等省、市已经成立了省、市级的律师事务机构，其他省、市也在相继成立。据此，成立我省的律师事务机构势在必行”。

第三，关于律师工作人员及来源、数量，请示报告提出：“为使律师事务所能够尽快成立起来，本着因陋就简、边开办边创造条件逐步发展的原则，拟暂配律师工作人员 20 名。人员来源主要是 3 个方面：一是请省厅机关和下属单位抽调 3 人，负责组织领导工作；二是从省厅机关、南昌地区已退休的公安、司法人员中聘请 10 名同志到事务所担任特邀律师，他们是事务所的骨干；三是从省厅机关工作人员中的待业青年内面招聘 7 人。与此同时，充分吸收南昌地区的兼职律师，有关单位培训的法律工作人员参与各项业务活动。”

第四，关于律师事务所的劳动报酬、经费管理，请示报告提出：“实行定额包干、独立核算、自负盈亏。前三年的收入不上缴，由事务所自行支配。但要留足 30%—40% 积累，以便进一步扩大业务。抽调到事务所的机关干部、特邀律师其工资在原单位支配，但事务所给机关干部支付一级上浮工资，付给特邀律师按其所办业务收入的 40%—50% 的报酬（按每月办理三个刑事辩护、民事代理案件计算），待业青年每月支付基本工资 36 元（以后按其业务能力逐年递增工资）。承办业务的兼职律师按司法部的规定付给劳动报酬。所有工作人员都可以取得事务所发给的平均奖和年终奖。”

第五，关于律师事务所业务范围，请示报告提出：“主要开展法律顾问、重大民事案件和涉外民事案件代理，中、高级人民法院、专门人民法院审理的刑事案件的辩护和一些有影响的刑事案件的辩护业务，同时也开展一些重大的非诉讼事件代理和法律咨询业务。”

第六，关于开办经费，请示报告提出：“律师事务所的开办经费拟向银行贷款六万元。其中伍万元用于购买办公房屋，一万元为开办的其他经费。”

上述请示报告，包含了丰富的内容，深刻反映了当时的历史背景。

上述报告提交后，1984 年 8 月 20 日，江西省司法厅就作出了《关于同意成立“江西省律师事务所”的批复》，明确了拟成立的律师事务所叫“江西省律师事务所”。

该批复的主文是：“省律师协会：你会一九八四年七月二十五日《关于成立“省律师事务所”的请示报告》收悉。为了更好地为全省机关团体、企事业单位和广大公民提供法律帮助，促进经济建设事业的迅速发展，解决请律师难的问题，同时，也是为了充分发挥省直机关的兼职律师和南昌地区政法部门从一线退下来的老同志的积极作用，经厅党组研究决定，同意成立‘省律师事务所’，为事业单位，属省律师协会领导。望你们本着改革精神，尽快抓紧筹建。江西省司法厅，一九八四年八月二十日。”

这就是江西律师事务所最初的来历。

伴随着江西省律师事务所的成立，原先在南昌市执业的部分律师转到了该所，如汤忠赞、欧阳荣军、姚宣东、李定禄等。

在江西省律师事务所成立后，1985 年，依托江西大学（现南昌大学）法律系成立了江西省第二律师事务所。该所聘用了少量专职律师，部分法律系老师成为兼职律师。

直到 80 年代末期，在南昌地区提供法律服务的律师机构数量并不多，且都是国办事业单位。

20世纪90年代南昌地区国办律师机构的演变

1992 年，全国司法厅（局长）会议召开。江西省司法厅在《关于印发〈全国司法厅局长会议精神传达提纲〉的通知》中提出："律师工作改革要以经济建设和改革开放提供高效优质的法律服务为总体目标，进一步完善律师制度，发展和壮大律师队伍，逐步建立与社会主义商品经济和民主与法制建设相适应的、充满生机与活力的律师工作体制，形成多轨制、多功能的服务格局。（1）加快建立以国办所为主体，多种模式并存和共同发展的律师体制，走多轨制、多渠道发展的路子。（2）搞好国办所的改革，办好国办所。司法行政机关要简政放权，全面落实律师事务所的自主权，主要是用人权、工资奖金分配权。国办所要建立起激励机制、竞争机制和监督机制，调动积极性，把国办所搞活。（3）采取多种方法（包括法律院校培养、在职短期培训、招聘专业人才等）发展律师人员，壮大律师队伍。"

从这份文件中，我们不难看出，这里有邓小平南方谈话后全国正在掀起新一轮改革开放浪潮的大背景。这份文件，将律师事务所尤其是国办律师事务所的发展提到了前所未有新的高度。

如果说 80 年代是南昌地区律师机构初创和奠基时期，那么，90 年代则是南昌地区律师机构得到较快和较大发展的时期。其中，国办律师机构的发展又是主流。

回顾 90 年代初期，是国办律师机构最为辉煌的时期。某种程度上，90 年代初期的国办律师机构的发展为此后律师的改革和发展打下了坚实的基础。直到进入 2000 年，国办律师机构全面改制，国办律师机构才基本成为过去。

90 年代南昌地区的国办律师机构的演变分为 3 个部分，一是以南昌市司法局所属的南昌市第一、第二律师事务所为基础；二是以江西省律师事务所为基础；三是其他新设的国办律师事务所。国办律师事务所的发展和改革，主要体现在发展数量和简政放权方面。

以南昌市第一律师事务所、南昌市第二律师事务所为基础新增的国办律师事务所

南昌市涉外经济律师事务所的成立

1992 年 8 月 30 日，南昌市司法局向江西省司法厅提交《关于要求成立“南昌市涉外经济律师事务所”的报告》。

这份报告要求成立南昌市涉外经济律师事务所的理由是：“我市是全省政治、经济、文化中心。最近，党中央、国务院又批准南昌为内陆对外开放城市，这是历史的机遇，也是加快南昌经济发展步伐的历史转折。随着南昌对外开放的不断扩大，涉外经济纠纷的不断增多。因此，成立‘南昌市涉外经济律师事务所’是大势所趋。从我市现有的律师队伍状况看，是能够胜任办理涉外经济案件的。所以，根据律师暂行条例规定和最近省厅下发的‘汇报提纲’，经局长办公会议研究决定，请求省厅尽快批准成立‘南昌市涉外经济律师事务所’，以适应我市改革开放和发展经济的需要。”

1992 年 11 月 25 日，江西省司法厅作出了《关于成立南昌市涉外经济律师事务所的批复》。

这份批复，仍然可以看出，南昌市涉外经济律师事务所成立的过程完全体现了“国办”的性质。

首先，在得到省厅同意成立的批复后，南昌市司法局即于 1992 年 12 月 5 日向南昌市人民政府提交《关于申请批拨“南昌市涉外经济律师事务所”开办经费的报告》。在报告中，申请的开办经费是 10 万元。但似乎该申请的经费并没有批拨下来。这从 1993 年 1 月 6 日司法局下发给南昌市第一、第二律师事务

所的通知中可以推测出。在该份“关于给市涉外经济律师事务所调拨开办经费的通知”中，市司法局经局党组研究决定，从市第一律师事务所事业发展基金中调拨 2 万元，从市第二律师事务所事业发展基金中调拨 3 万元，共计 5 万元作为开办经费。可见，开办经费最终还是从市司法局下属的已有律师机构调拨的。

第二点可以体现“国办”性质的是，南昌市涉外经济律师事务所有关事业编制。在 1992 年 12 月 5 日同一天，南昌市司法局向市编制委员会提交《关于要求确认“南昌市涉外经济律师事务所”事业编制的报告》。在这份报告中，司法局拟定新设的南昌市涉外经济律师事务所编制为 10 名。这 10 个编制是从南昌市第一、二律师事务所各“调剂”了 5 个名额来的。

南昌市第一、二律师事务所被抽调编制后，各剩 29 个编制。

第三点体现“国办性质”的，是南昌市涉外经济律师事务所机构规格和领导职数。根据市司法局 1993 年 6 月 4 日给市编委提交的《关于要求解决市涉外经济律师事务所机构及领导职数的报告》，南昌市涉外经济律师事务所被定为正科级单位，内设秘书科、经济科、顾问科，这些科都定为副科级机构。同时，该所配主任、书记（正科级）、副主任各 1 人，各科配正、副科长各 1 人。

以上看出，新设的南昌市涉外经济律师事务所几乎是照搬行政单位的模式。

南昌市涉外经济律师事务所成立时，主任是从市委党校调来的祖铁军。祖铁军在调来前，一直为南昌市第一律师事务所的兼职律师。从南昌市第一律师事务所“调剂”来的有律师王一帆、尹蓉蓉、彭喜根等。吴豪也从南昌市第一律师事务所的兼职律师借调过来，之后成为该所有编制的专职律师；从第二律师事务所调进的有张辉、胡晓辉。行政人员有会计连文琴、出纳周洁。书记是从市司法局下派的林瑞兴。

南昌市金融房地产律师事务所的成立

几乎在南昌市涉外经济律师事务所设立的同时，南昌市金融房地产律师事务所也应运而生。

南昌市司法局在报告成立市涉外经济律师事务所后不到一个月，即 1992 年 12 月 9 日，就向省司法厅再次提交《关于成立南昌市金融房地产律师事务所的请示》。1993 年 4 月 7 日，司法局又向省厅“补充请示”，即《关于成立南昌市金融房地产律师事务所的补充请示》。

除了向省厅请示外，司法局还两次向市编委报告和补充报告，时间分别为1993年5月8日和1993年6月4日。目的当然还是编制问题。

上述请示和报告，都是为设立市金融房地产律师事务所。根据这些请示和报告，南昌市金融房地产律师事务所同样定为科级机构。但编制定位只有5人。配主任1名、书记1名（正科级），副主任1名。内设秘书科、金融科、房地产科，均为副科级。内设机构配正、副科长各1名。编制从市第一律师事务所抽调2个，第二律师事务所抽调3个。

南昌市金融房地产律师事务所开办时，组成人员只有罗来富、孙恒太和赵永云。

南昌市司法局所属律师机构主要领导的变化

自1986年到1995年底，南昌市第一律师事务所主任都是沈浩大。1996年沈浩大辞去主任职务。南昌市司法局任命原司法局干部戴晨出任该职务，直到2000年改制。

南昌市第二律师事务所主任自1986年起一直是熊火根，至1998年，熊火根主任正常退休，由张工接任，直到2000年改制。

南昌市涉外经济律师事务所设立时主任是祖铁军。1997年，由苑德闽接任，直到2000年改制。

南昌市金融房地产律师事务所设立时的负责人（副主任主持工作）是罗来富，此后由何大年主持工作。1995年由张工出任主任。1998年张工调到南昌市第二律师事务所后，负责人是何大年，直到2000年改制。

以江西省律师事务所为基础新设的律师事务所

江西省律师事务所成立以后，很快聚集了许多优秀的法律人才。除汤忠赞、姚宣东等外，毕业于西南政法学院的肖敏、朱黎明、刘卫东，毕业于华东政法学院的张大伟、战赢、秦啸，毕业于江西大学的方世杨、温向东，毕业于中国人民大学的成新生，从其他岗位转来的魏金荣、方正铎、刘明和、刘先波、胡海若等，陆续进入。此外，还有很多兼职律师，如李定禄、魏友援等。因此，江西省律师事务所精英荟萃，起点很高。一时间，江西省律师事务所成为南昌地区颇为耀眼和颇具影响力的律师事务所之一。

江西省涉外经济律师事务所分设

江西省涉外经济律师事务所最早成立于80年代，是在江西省律师事务所成立之后，为适应江西涉外法律服务而成立的。当时与江西省律师事务所是两块牌子、一套人马在一起办公。故，外界一直之称江西省律师事务所，而不太清楚江西省涉外经济律师事务所。

1992年9月18日，江西省司法厅向省编委请示，将江西省涉外经济律师事务所与江西省律师事务所分设。请示的主要内容为："省编委：为了适应改革开放的需要，为发展我省经济提供更多、更好的法律服务，根据中共中央、国务院关于大力发展包括法律服务在内的第三产业，为改革开放提供服务的精神以及关于律师事务所要实行专业化的要求。经我们研究：一、拟成立'江西省经济律师事务所'，为县处级全民所有制事业单位，实行自收自支的财务体制，独立核算，自负盈亏，并请求下达15个事业编制（正副主任3人，律师9人，其他人员3人）。二、拟将现在合署办公的江西省涉外经济律师事务所与江西省律师事务所分设，分设后的江西省涉外经济律师事务所和江西省律师事务所均为县处级全民所有制事业单位，仍实行自收自支的财务体制，独立核算，自负盈亏。现有的30个事业编制两个所各15个。"

这份报告，才将江西省涉外经济律师事务所分离出来，并逐渐为人所知。

江西省经济律师事务所的成立

江西省经济律师事务所的设立，与江西省涉外经济律师事务所的分设基于同一个报告。在此不再赘述。

从上述请示报告可以看出，省厅直属的律师事务所由1个变成3个。3个律师事务所都是国办事业单位，且都是县处级。这比南昌市所属的第一、第二律师事务所的副县处级级别高半级，比南昌市新设的南昌市涉外经济律师事务所和南昌市金融房地产律师事务所的科级高一级。同时，这3个所的编制都是15人。而南昌市新设的两个所人员分别为10人和5人。

分家后，江西省律师事务所的主任是肖敏。肖敏属西南政法学院1978级学生，毕业后先是分配在江西省司法厅机关，江西省律师事务所成立后再转入律师行业。后肖敏南下广东，在招商银行总部工作。分家后留在江西省律师事务所的有方世扬、刘明和、张大伟、刘先波、王卿等。后张大伟离开，创办公司，一度将某上市公司市值推到全国最高。刘先波南下深圳，参与创办广东华商律师事务所。

分立出来的江西省涉外经济律师事务所的负责人是朱黎明。与朱黎明一起过来的有黎拯民、成新生、秦啸、刘先波、薛建生、施明报、张保平等，刘卫东在1993年底加入。朱黎明不久离开，也去了外地。当时已是江西省司法厅律师管理处副处长的魏金荣下派出任主任，直到2000年后改制。

新设的江西省经济律师事务所的负责人是方正铎，一起过来的有战赢律师等。

此后，江西省律师事务所、江西省涉外经济律师事务所和江西省经济律师事务所都成为90年代南昌市法律服务市场的主流机构。

其他国办所的成立

90年代，除了上述原已有的国办所“裂变”外，许多法学教育机构和其他部门也纷纷参与到开办律师事务所的潮流中。

1992年9月，依托江西省司法学校成立了江西华昌律师事务所，直属于江西省司法厅管理。该校部分老师成为律师事务所的主力，如何秋英等。江西华昌律师事务所至今仍然存在，只是由原国办律师事务的性质变为合伙制律师事务所。

1994年，依托南昌高等专科学校法律系成立了南昌新华律师事务所。该所业务上隶属于南昌市司法局。发起人和负责人为万里鹏。当时在该所兼职的也是法律系的教师，如周云、罗时贵等。

大概在1993年至1994年期间，依托江西省委党校法律教研室成立了江西法正律师事务所。该所业务上隶属于江西省司法厅。法学教师王界凯、元小勇、魏春明等都成为该所兼职律师。

1995年，依托江西师范大学政法学院成立了江西司达律师事务所。该所业务上隶属于省司法厅。

1993年，南昌市司法局向省厅请示，申请成立国办的“进贤县第二律师事务所”。在这份请示中，明确为“事业法人单位”。

1993 年 4 月 6 日，南昌市司法局向省厅请示，要求批准设立“安义县第二律师事务所”。同年 5 月 5 日，省厅作出《关于同意成立“安义县第二律师事务所”的批复》，批准了请求。

1996 年，依托于南昌市法学会的振昌律师事务所成立，性质明确为国办所。该所业务上隶属于南昌市司法局。

1996 年，南昌县司法局向南昌市司法局申请，要求成立“宏业律师事务所”。南昌市司法局作出批复同意。

同一时期，还有依托江西公安专科学校（现江西警察学院）而设立的江西四海律师事务所。朱平山为负责人。

合作制律师事务所的兴起与衰退

在中国律师发展过程中，有一种特殊形式的律师机构曾经兴起并在一段时间内存在，这就是“合作制律师事务所”。合作制律师事务所的主要特征是律师不占国家编制，律师事务所人员一律实行合同制，律师事务所真正实现独立核算、自负盈亏。合作制律师事务所在司法行政内部被称为集体性质，对外也称事业法人组织。这种有点怪的组织形式与完全在体制内运作的国办律师机构早期是存在较大区别的。在后期的实际运作中，合作制律师事务所已经接近合伙制律师事务所，甚至与合伙制律师事务所相比，只有叫法的不同了。合作制律师事务所在国办律师事务所占主导地位的年代还是新鲜事物。

合作制律师事务所开始于 1988 年。1988 年的 6 月 3 日，司法部发布《关于〈合作制律师事务所试点方案〉的通知》（以下简称《通知》）。《通知》认为：“建立合作制律师事务所，是我国律师体制改革的一项重要内容，是改变国家包办律师事务所的重要一步。”

《合作制律师事务所试点方案》将合作制律师事务所仍然定位为“事业法人组织”，要求设立的合作制律师事务所必须由 3 名以上专职律师组成。规定律师会议为律师事务所最高权力和决策机构。文件突出合作制律师事务所实行“独立核算，自负盈亏”，但律师事务所的收益分配“必须兼顾国家、集体和个人的利益，坚持按劳分配”。具体是，“律师人员采取效益浮动工资形式，使工资与业务数量、质量、社会效益与经济效益挂钩”。这些现在看起来不可思议的规定，在当时与国办律师事务所的管理制度比较，则更接近市场化，律师个人也更具独立性。该项政策的出台，是司法行政部门顺应形势变化，希望突破国家包办律师机构的一种探索。其中最具革命性的是放开了律师收入的分配。在这个方案中，也规定了律师事务所须按一定比例设立“事业发展基金、社会保险基金、风险基金、福利基金和储备基金等”，但并没有说这些基金的归属不属于律师或律师事务所。实际上，合作制律师事务所除了上交司法行政部门一定比例的管理费和律师协会会费外，其他收入的支配权都是律师事务所或律师自己的。

按照《通知》中全国各省、自治区、直辖市司法厅在当年6月底前各搞一个试点的要求，江西省司法厅决定成立一家合作制律师事务所作为试点。其后，进入90年代，南昌地区相继出现好几家合作制律师事务所，成为当时南昌律师行业一道独特的风景线。

当然，合作制律师事务所存在的时间并不算久。随着中国改革开放力度的加大，尤其是2000年中国加入关税及贸易总协定后，中国律师进入合伙制律师事务所时代。与合伙制律师事务所相比，合作制律师事务所毕竟还是有其一定的局限性。故随着2000年全国律师机构的全面改制，合作制律师事务所也陆续变更成合伙制律师事务所。

合作制律师事务所最长的也不过20来年，但合作制律师事务所仍然是我们国家律师发展史上无法抹去的一段记忆。

江西华赣律师事务所

1988年上半年，江西省司法厅根据司法部发布的《合作制律师事务所试点方案》和《通知》要求，决定成立的合作制律师事务所名称为“江西华赣律师事务所”。这是江西省也是南昌地区第一家成立的合作制律师事务所。

当时，江西省司法厅把成立“江西华赣律师事务所”当作一件大事。第一，江西省司法厅为成立“江西华赣律师事务所”而特别设立律师招聘办公室，向社会公开招聘律师人员。第二，将拟成立合作制律师事务所向江西省人民政府报告，江西省人民政府办公厅以文件形式同意成立“江西华赣律师事务所”。这大概是江西省内由江西省人民政府直接批准成立的唯一一家律师事务所。文件规定，“江西华赣律师事务所”属于不要国家编制，不要国家开支工资和经费，实行独立核算、自负盈亏的合作制事业法人组织。第三，招聘办公室在当时的新闻媒体刊登招聘广告，全省符合条件的人都可以报名，吸引了众多学过法律，有志于律师事业的人踊跃参加。其中最亮眼的是北京大学法律系毕业，分配在江西省高级人民法院的欧阳南平（现为最高人民法院法官）的参加。第四，招聘办公室聘请知名专家、学者和律师做评委，组成评分组，在南昌市八一礼堂对参加招聘的人员现场评分，根据分数高低择优录取，真正做到了公开、公正、公平。

这次招聘最后共录取应聘人员 5 人。按分数高低分别为：肖军、欧阳南平、邓宜芳、裴斌、卢汉琳。其中肖军、裴斌均是来自江西省妇女保健院的医生；欧阳南平来自江西省高级人民法院；邓宜芳来自吉安地区的遂川县，学的也是医科；卢汉琳则来自进贤县。

有意思的是，当时招聘时并没有要求必须是已经取得律师资格的人员。故，录取的 5 个人，除欧阳南平和邓宜芳外，其他人当时并没有律师资格。不过当年举办第二次全国律师资格考试后，卢汉琳取得了律师资格，而肖军、裴斌一直没有考取。

1988 年 7 月 27 日，江西省司法厅作出《关于成立“江西华赣律师事务所”的批复》。该批复除引用了江西省人民政府办公厅文件主要内容外，还同意“江西华赣律师事务所”“暂由七人组成,其中有律师资格的三人”。批复最后称:“该所成立后，招聘办公室即行撤销”。

上述批复中所称的“七人”，实际上当时没有达到这个数。而招聘结束后，欧阳南平虽然领取了一套当时司法部统一定制的律师专用西服外，并未实际到江西华赣律师事务所正式上班，而仍然留在江西省高级人民法院工作。据说是太多人劝退的原因。

江西省司法厅对江西华赣律师事务所一直非常重视。为了规范运作，江西省司法厅在第二年即将“江西华赣律师事务所”进行了调整。省厅委派了律师管理处副处长魏金荣出任主任，同时招聘了具有律师资格的吴刚、魏委、宋国彬、成回等律师。而一直未取得律师资格的肖军、裴斌“折腾”了一段时间后，就离开了华赣律师事务所。

江西华赣律师事务所成立时，办公地址设在南昌市最繁华的八一大道服务大楼三楼（南昌市服务大楼当时是一个宾馆，俄式建筑，后拆除改建了丽华大厦），承租了不到50平方米的一间办公室。

江西华赣律师事务所人员变动较大。宋国彬、成回、卢汉琳、邓宜芳等陆续离开。等到魏金荣调到江西省涉外经济律师事务所后，省司法厅又委派了江西省律师事务所副主任刘明和出任主任。刘明和待了一段时间离开，主任变为吴刚。邓宜芳现为江西友达律师事务所合伙人；卢汉琳离开律师队伍考取了公务员，做过基层政府的乡长、镇党委书记，南昌市公安局湾里分局政委、局长，现为南昌市公安局督察支队支队长，算是专业对口；宋国彬出来后自己创办个人律师事务所，后因病去世；成回本身系《南昌日报》记者，是兼职律师。

江西华赣律师事务所直到2009年才改制为合伙制律师事务所。2009年5月12日，江西省司法厅作出《关于准予江西华赣律师事务所改制的批复》，“准予江西华赣律师事务所改制为合伙制律师所，朱玉钢、吴刚、曹建国、况新龙律师为合伙人”。

至此，江西省第一家合作制律师事务所成为历史。

南昌市第三律师事务所

1993年2月20日，南昌市司法局向江西省司法厅提交《关于要求批复成立南昌市第三律师事务所（合作制）的请示》。该请示称：“经研究，同意成立南昌市第三律师事务所。该所为合作所，由熊朗秋、李浪、刘平三人辞去现职自愿合作组成。该所自收自支、自负盈亏，为社会主义性质的事业法人组织，资产属集体所有，隶属我局领导和管理。筹办工作已基本就绪。现报请审查（材料附后）并给予审批。”

1993年3月15日，江西省司法厅即向南昌市司法局下发《关于同意成立南昌市第三律师事务所的批复》。批复中，除了同意南昌市司法局请示中的内容，另外要求"该所按照《中华人民共和国律师暂行条例》的规定，开展各项律师业务。按照司法部、财政部的规定收费，按业务总收入的2%向省厅交纳管理费。"

1993年3月17日，南昌市司法局向市编委提交《关于要求设置南昌市第三律师事务所机构的请示》。南昌市编委于1993年4月8日作出《关于成立南昌市第三律师事务所的批复》，内容是："为适应社会主义市场经济，改革完善律师制度，经研究，同意成立南昌市第三律师事务所。该所为合作制律师事务所，不给编制，不定级别，实行自收自支、自负盈亏，属社会主义性质的事业法人组织，财产集体所有，隶属南昌市司法局领导和管理。"

1993年3月26日，南昌市第三律师事务所举行盛大的开业典礼。

2001年4月6日，南昌市司法局发出通知，核定南昌市第三律师事务所更名为"江西朗秋律师事务所"。

2001年7月13日，南昌市司法局向南昌市编办报告，要求撤销南昌市第三律师事务所并得到同意。

2001年7月19日，江西省司法厅作出《关于为江西朗秋律师事务所记集体二等功的决定》，表彰该所在办理"德国牙医"章俊理一案中为维护受害群众权益所作出的贡献。2008年7月29日，江西省司法厅作出《关于同意江西朗秋律师事务所改制的批复》，同意江西朗秋律师事务所改制为合伙制律师事务所，合伙人为熊朗秋、刘平、龙承先、闽中林、宗人华、胡彬、吁斌。至此，江西朗秋律师事务所也不再为合作制律师事务所。

江西华兴律师事务所

1993年2月，江西省司法厅批准，同意成立一家合作制性质的律师事务所，即"江西华兴律师事务所"。该所直属江西省司法厅管理，律师完全按照省厅要求，均辞去公职，编制挂靠在江西省人才交流中心。

江西华兴律师事务所最初的合作人有5个，分别是魏友援、周继烈、朱庆海、王兆昌、胡问一。其中牵头人为魏友援律师。江西华兴律师事务所成立后，一度吸引了众多法律人的加入。在人数最多时，甚至达到上百人，成为南昌人数最多的律师事务所。这在当时成为“华兴律师事务所现象”。

进入江西华兴律师事务所的律师中，涌现出许多能够独当一面的律师人才，这些人离开江西华兴律师事务所后纷纷成立新的律师事务所。比如高翔律师成立了江西人民律师事务所，陈麟律师成立了江西心远律师事务所，曹印民律师成立江西博太律师事务所。缪建峰、黄楠律师南下广东，成立了北京王玉梅律师事务所虎门分所，等等。

1998 年，因为司法部要求，全国律师事务所不得重名，江西华兴律师事务所因与北京华兴律师事务所重名，故而被迫改名为江西华罡律师事务所。2005 年，北京华兴律师事务所注销，江西华罡律师事务所恢复改回江西华兴律师事务所。

2009 年，江西华兴律师事务所在由合作制改为合伙制之际，律师们选择了分立。该所主要律师分立了三个律师事务所，其中魏友援、朱如兵、王世前、万小平、赵韶平、王国良、孟宪芝、张赞宁成立合伙制的律师事务所，继续用江西华罡律师事务所名称；刘锡秋成立个人律师事务所，即江西刘锡秋律师事务所；朱庆海等成立了一个合伙制律师事务所，用的是老名称江西华兴律师事务所。这几个所在南昌律师界都相当有名气。至此，合作制性质的江西华兴律师事务所也成为过去。

上述三家名气大的合作制律师事务所是当时南昌地区具有代表性的合作制律师事务所。除此之外，还有成立于 1995 年的江西国风律师事务所，该所创办人为陈爱民律师。当然，还有一些其他合作制律师事务所，由于资料缺少的原因，暂时无法叙述。

合作制律师事务所现在虽然已经不复存在，但我们无法否定的是，在只有国办律师事务所的年代，那些合作制律师事务所的积极创办和参与者，是一群勇敢的法律人。合作制律师事务所曾经起到独特的作用，在我们国家的律师发展历史上有着其特殊的意义。

合伙制律师事务所的初渐崛起

1993 年 12 月 26 日，国务院原则通过司法部提交的《司法部关于深化律师工作改革的方案（送审稿）》（以下简称《方案》）。在《方案》中，律师工作改革的指导思想是：“认真贯彻党的十四大和十四届三中全会精神，以邓小平同志建设有中国特色社会主义理论为根本指针……进一步解放思想，不再使用生产资料所有制模式和行政管理模式界定律师机构的性质，大力发展经过主管机关资格认定，不占国家编制和经费的自律性律师事务所；积极发展律师队伍，努力提高队伍素质，建立起适应社会主义市场经济体制和国际交往需要的，具有中国特色，实行自愿组合、自收自支、自我发展、自我约束的律师体制。”《方案》中“采取多种形式，加速建立适应社会主义市场经济需要的律师组织机构”部分第（一）款是：“律师事务所是由执业律师组成的具有法人地位的自律性机构。在自愿结合、民主管理的前提下，鼓励律师事务所根据市场经济的需要，自行选择组织形式和内部管理及分配办法。”第（三）款是：“积极创造条件，鼓励占用国家编制和经费的律师事务所逐步向不占国家编制和经费的方向转变。允许经济欠发达地区的律师事务所继续实行原有的组织形式。”

在这种形势下，律师界那些“春江水暖鸭先知”的勇敢者率先迈出了创办私人性质的合伙制律师事务所的步伐。

1992 年 8 月，从美国留学回来的上海律师段祺华向有关部门打报告，希望成立一家像国外一样的合伙制律师事务所。这个突破性的请求，得到了司法部的同意。1993 年 4 月 8 日，上海段和段律师事务所，即全国第一家合伙制律师事务所在上海宣告成立。合伙制律师事务所的开放，无疑是对国办体制的冲击，是律师彻底地走向市场的标志。同时，律师们通过实践证明，合伙制不仅比国家包办的国资所有优势，就是与较早前开放的合作制律师事务所比，也更具优势，更有生命力。事实证明，那些最先开办合伙制律师事务所的律师尝到了这种机制的甜头。同时，他们的实践也为 2000 年开始的律师全面改制奠定了坚实的基础。从 1994 年开始，全国范围内，陆续有律师出来开办合伙制律师事务所。但大多数律师仍然囿于事业编制和对前途的难于看清等因素留在了国办所。因此，在当时国办所占主导地位的氛围中，一开始，真正辞去公职出来办合伙制律师事务所仍然需要勇气，也仍然是少数人。南昌律师开始创办合伙制律师事务所稍晚于发达地区。从全国范围来看，一直在往前将律师推向市场。

1996 年，《中华人民共和国律师法》（以下简称《律师法》）正式颁布，这是新中国第一部关于律师制度的正式立法。它在《中华人民共和国律师暂行条例》的基础上，有许多重大突破。第一，将律师的性质重新定义为“依法取得律师执业证书，为社会提供法律服务的执业人员”。律师不再是“国家的法律工作者”，这对律师走进市场，服务不同当事人是一个根本性的改变。如果律师仅仅是国家法律工作者，当其服务个体，尤其是服务外商时，就会出现违背立场问题的尴尬。第二，对取得律师资格有了学历限制。按照《律师法》第七条之规定，律师必须是“具有高等院校法律本科以上学历”，学历门槛对提高律师整体素质起到了重大作用。第三，律师的“执业机构”统称为“律师事务所”。第四，律师可以设立“合伙制律师事务所”，也可以设立“合作制律师事务所”。这些变化，对律师执业具有深远影响。

因此，《律师法》的出台进一步推动了合伙制律师事务所的崛起。下面介绍的是南昌市在 90 年代具有代表性的部分合伙制律师事务所。

南昌市大成律师事务所

南昌市大成律师事务所，是笔者查阅到的南昌市较早开办的合伙制律师事务所。1996 年 3 月由沈浩大、任琪和涂建华 3 位律师合伙成立。其中，沈浩大和任琪来自于南昌市第一律师事务所。沈浩大 1981 年前曾经在南昌市中级人民法院工作，之后调到南昌市司法局，1984 年末出任南昌市法律顾问处负责人。1986 年，南昌市法律顾问处分拆后，他出任南昌市第一律师事务所主任，直到 1995 年底。该年，已接近退休年龄的他，突然辞去公职，和其他两人共同创办了合伙制的南昌市大成律师事务所。任琪律师生于 50 年代，上海人，下放知青，做律师前在江西化工设计院工作。涂建华律师资料不详。

南昌市大成律师事务所主管部门归属于南昌市司法局。1998 年 3 月 4 日，由于涂建华律师退出合伙，南昌市大成律师事务所解散注销。同时，在此基础上成立南昌市浩大律师事务所，性质仍然是合伙制律师事务所。合伙人除了沈浩大、任琪外，新加入了姜国梁律师。姜国梁律师来自于企业，原系南昌市第一律师事务所的兼职律师。2000 年 8 月 12 日，南昌市司法局向江西省司法厅提交《关于同意解散浩大律师事务所的请示》，主要内容是 2000 年 7 月 15 日，接到浩大律师事务所《关于解散"浩大律师事务所"报告》，经局党组研究，同意解散。

浩大律师事务所之所以解散，主要原因大概是沈浩大主任不幸因病去世。

江西沃德律师事务所

1997 年 4 月，江西省司法厅直属的一家合伙制律师事务所成立，这就是江西旭日律师事务所（后改名为江西沃德律师事务所）。该所由涂韵春、郭顺平和涂红兵三人合伙成立。牵头发起人为涂韵春律师。涂韵春 1990 年 8 月毕业于武汉大学法律系，毕业后分在南昌市东湖区律师事务所（南昌市第四律师事务所）工作。在此期间，先后被东湖区司法局和政法委借调过一段时间。但他志在从事律师工作，故毅然回到了律师事务所。当时他不满所在国办所的种种弊端，决定离开，创办体制机制更灵活的合伙制律师事务所。郭顺平，毕业于江西省司法学校，毕业后先在遂川县人民法院工作。因热爱律师工作的自由，故辞职到南昌，先在合作制性质的南昌市第三律师事务所（即后来的江西朗秋律师事务所）做律师。1997 年，他从该所出来参与创办江西沃德律师事务所。涂红兵 1989 年毕业于西南政法学院，分在南昌市检察院工作，为做律师辞去公职。先是南下海南做律师，回到南昌后，共同参与了江西沃德律师事务所的创办。1999 年初，一直在国办律师事务所，即江西省涉外经济律师事务所做专职律师的成新生辞职出来，是第四个加入江西沃德律师事务所的合伙人。成新生 1989 年毕业于中国人民大学，毕业后先分配在江西省律师事务所工作。在江西省律师事务所与江西省涉外经济律师事务所分立后，他转到了江西省涉外经济律师事务所。1999 年 3 月，战赢律师也从国办所，即江西省经济律师事务所辞职，成为江西沃德律师事务所第五个合伙人。战赢，1989 年毕业于华东政法学院，毕业后分在江西省律师事务所。从江西省律师事务所分拆出来的江西省经济律师事务所设立时，他便到了江西省经济律师事务所做专职律师。2000 年，杜红民律师从江西阳光律师事务所转到了江西沃德律师事务所，成为该所第六个合伙人。杜红民，1989 年毕业于江西大学法律系。毕业后分在南昌市第二律师事务所做专职律师。1997 年底，杜红民从南昌市第二律师事务所辞职，参与创办合伙制的江西阳光律师事务所，成为该所创始合伙人。江西沃德律师事务所的上述六个合伙人，他们的共同特征是，均在 80 年代末到 90 年代初从政法院校毕业，都在当时的体制内浸润多年，都有突出的专业能力，都希望从当时的体制里挣脱出来，并有志于在律师事业上闯出一番自己的天地。"沃德"，是英文"world"（世界）的音译，从取名可以看出当时他们的远大志向。江西沃德律师事务所的成立，给当时的南昌律师界带来一股清新的味道。但 2000 年开始，随着律师体制的全面改制，江西沃德律师事务所经受了一番冲击。该年，合伙人战赢离开，参与创办合伙制的江西豫章律师事务所。2003 年，涂红兵决定南下深圳。随后，当时在江西省涉外经济律师事务所基础上改制而来的合伙所即江西求正律师事务所经过与江西沃德律师事务所协商，两所决定正式合并，成立江西求正沃德律师事务所。当初江西沃德律师事务所牵头创办人涂韵春决定离开，转到江西豫章律师事务所做合伙人。杜红民、成新生和郭顺平则作为创始合伙人，与江西求正律师事务所的刘卫东、秦啸、王新华、兰卫东共同创办了江西求正沃德律师事务所。江西沃德律师事务所的六名合伙人，除涂红兵去了广东外，两人去了江西豫章律师事务所，三人到了江西求正沃德律师事务所。而江西求正沃德律师事务所和江西豫章律师事务所都成为江西律师界最具盛名的大所。

江西阳光律师事务所

就在江西沃德律师事务所成立不久，南昌市司法局所属的国办律师事务所里，也有一群年轻的律师在摩拳擦掌。牵头人是周兴武律师。他 1983 年毕业于西南政法学院，是南昌律师界从政法院校毕业最早的科班生之一。其时，他已经是国办的南昌市第二律师事务所的副主任。1997 年 11 月，一家新的合伙制律师事务所得到南昌市司法局的批准，这就是江西阳光律师事务所。参与创办江西阳光律师事务所的有 6 名年轻律师。除周兴武外，他们分别是来自南昌市第二律师事务所的邬建平、赵永云、杜红民、姜建明，来自南昌市第一律师事务所的徐建章。江西阳光律师事务所与江西沃德律师事务所一样，参与创办的人员都是毕业于政法院校的学院派。如果说江西阳光律师事务所与江西沃德律师事务所有什么不同的话，就是参与创办江西阳光律师事务所的 6 名合伙人，都是从事律师行业已经十年左右的“老”律师，有的在业界已经相当有名气。尽管是从国办所到合伙所，但他们都是从律师到律师。正因为上述原因，江西阳光律师事务所成立时，引起了南昌律师界的强烈反响，并受到当地媒体的广泛关注。“打破铁饭碗，走向阳光道”，这是当时很多媒体报道的重点。江西阳光律师事务所成立的背景，是当时南昌市国办律师体制已经出现脱离市场、管理滞后等现象，并且影响到了律师的积极性。江西阳光律师事务所的成立，无疑是对这种状况的冲击。作为主管机关的南昌市司法局领导顺应了律师发展的要求，很快作出了反应，及时提出了对国办律师事务所的改革措施，并出台了具体的改革意见。1998 年 1 月 5 日，南昌市司法局作出《关于印发〈关于深化全市律师工作改革的意见〉（试行）的通知》。从这份文件可以看出，南昌市司法局对国办律师事务所的人事制度、民主管理，特别是对律师的收益分配制度进行了力度很大的改革。这无疑是江西阳光律师事务所成立所带来的改变。

与江西沃德律师事务所一样，江西阳光律师事务所在发展的过程中，也发生了重大变化。1999 年，邬建平被司法局调回南昌市第二律师事务所任副主任。2000 年杜红民离开转到江西沃德律师事务所。2000 年律师全面改制时，由张工、苑德闽、战赢、邬建平、何大年和吴豪 6 人在原南昌市第二律师事务所、南昌市涉外经济律师事务所、南昌市金融房地产律师事务所基础上创办江西豫章律师事务所。徐建章在 2002 年 9 月离开江西阳光律师事务所，成为江西豫章律师事务所成第七个合伙人。除周兴武外，参与创办江西阳光律师事务所的合伙人陆续离开，包括后面加入该所的合伙人陈四新也南下深圳。由于司法部下文禁止全国范围内律师事务所重名，江西阳光律师事务所被迫改名为江西红阳光律师事务所。在原大部分合伙人离开后，江西红阳光律师事务所后来吸收了万里鹏、涂亮、徐思勤、饶智华、陈高明、周云等律师为合伙人。该所现在已经发展成拥有 30 余名律师的中型律师事务所。

江西金凤凰律师事务所

1998 年，刚从江西省司法厅律师管理处处长岗位退休的汤忠赞律师，谋划筹办一家合伙制律师事务所。1999 年 3 月 14 日，合伙制律师事务所江西金凤凰律师事务所得到批准成立。合伙人有汤忠赞、万艺娇、韩平安。

汤忠赞先生从做律师开始，因个人才能而提拔到管理全省律师的司法厅律师管理处处长的重要岗位。现在，他又从处长做回律师，可谓终点回到了起点。这不得不说他的人生充满了戏剧性。

江西金凤凰律师事务所相比于前述几家来说开办稍晚了一点，但仍然是南昌 90 年代为数并不很多且具有影响力的合伙制律师事务所之一。江西金凤凰律师事务所一度吸引了不少年轻律师的加入。许多律师从这里出去后成为南昌律师界的骨干。在这里工作过的年轻律师也有不少进入公检法系统。进入 21 世纪，随着创始人汤忠赞律师年龄的增大，江西金凤凰律师事务所也在寻求新的出路。2012 年，江西金凤凰律师事务所与江西华昌律师事务所一度合并，成立江西金凤华昌律师事务所。但随后又分离。2015 年，江西金凤凰律师事务所最终选择融入江西求正沃德律师事务所，全部人员加入该所。汤忠赞先生成为江西求正沃德律师事务所首席顾问，万艺娇律师成为江西求正沃德律师事务所的高级合伙人。

其他合伙制律师事务所

除上述几家颇具代表性的合伙制律师事务所外，90 年代，南昌市还陆续成立了一些合伙制律师事务所，如：1996 年，万印云、张甲坤和熊隆坤律师合伙成立南昌市正宇律师事务所。1996 年 12 月 31 日，刘良欢、宁晓明、蒋敦俊 3 位律师合伙成立了江西中矗律师事务所。其中牵头人刘良欢律师本科毕业于江西师范大学历史系。该所自成立后发展较好。据刘良欢介绍，他们还在北京和深圳设立了办事处。1998 年 12 月，宋国彬、陈波和徐福森合伙成立宋国彬律师事务所。该所后因宋国彬的病逝而注销。除此之外，90年代成立的还有江西中律律师事务所、江西博太律师事务所、江西声远律师事务所、江西新华律师事务所、江西一达律师事务所，等等。

…………

鉴于资料的不详而无法一一介绍。

自收自支国办律师事务所的全面改制与新设合伙制律师事务所的蓬勃发展

2000年对于中国律师尤其还在自收自支国办律师事务所的律师来说，是一个非常重要的历史节点。为适应2001年即将加入WTO和市场经济的需要，2000年7月14日，国务院办公厅转发了《国务院清理整顿经济鉴证类社会中介机构与政府部门实行脱钩改制意见的通知》(以下简称《脱钩改制意见的通知》)。该脱钩改制意见主要有以下内容：

第一，脱钩改制的目标是建立、健全与社会主义市场经济相适应的中介机构管理体制和符合市场经济要求的自律性运行机制，促进中介机构独立、客观、公正地执业，使中介机构真正成为自主经营、自担风险、自我约束、自我发展、平等竞争的经济组织。

第二，脱钩改制的范围，即所有挂靠政府部门及其下属单位的经济鉴证类社会中介机构。这些社会中介机构包括利用专业知识和专门技能对经济组织或经营者的经济活动及有关资料进行鉴证，发表具有证明效力的意见，实行有偿服务并承担相应法律责任的机构或者组织。当时，律师事务所被国家定义为社会中介组织，故文件规定“已实现自收自支的国资律师事务所，应按本意见规定进行脱钩改制；未实现自收自支，仍依靠财政补贴的国资律师事务所暂不进行脱钩改制”。

第三，脱钩的内容包括人员脱钩、财务脱钩、业务脱钩、名称脱钩。

第四，改制的组织形式有合伙制、有限责任公司。

第五，脱钩改制的期限为2000年10月31日前。逾期未完成脱钩改制工作的中介机构，一律停止执业或注销其执业资格。

此外，还包括脱钩改制的步骤、有关资产的产权界定和处置、人员安置等。

《脱钩改制意见的通知》下发后，江西省各级司法行政机关很快行动起来，脱钩改制工作稳步推进：江西省司法厅下发了《关于〈律师事务所社会法律咨询服务机构脱钩改制实施办法〉的通知》；南昌市司法局在 2000 年 9 月 11 日发布了《关于全市律师事务所脱钩改制实施意见》。这两份文件的主要内容基本一致，都包括了律师事务所脱钩改制的目标和原则、脱钩改制的范围和内容、改制后的组织形式。特别强调了改制的步骤和时间、资产界定和处置、人员安排等。

关于脱钩改制的原则，其中强调："正确处理改革、发展和稳定的关系，在稳妥地推进改革的同时，又要做到队伍不散，业务不间断"；"鼓励律师事务所在脱钩改制中实行联合，力争组建一至两个规模化律师事务所"。

关于脱钩改制的范围，是针对已实现"自收自支的国资律师事务所"。这些国资律师事务所，省厅有 3 个，包括江西省律师事务所、江西省涉外经济律师事务所、江西省经济律师事务所。南昌市司法局所属的有 4 个，包括南昌市第一律师事务所、南昌市第二律师事务所、南昌市涉外经济律师事务所、南昌市金融房地产律师事务所。区县所属的符合条件的律师事务所当然也在脱钩改制的范围。

关于脱钩改制的内容，是指脱钩单位要在"人员、财务、业务、名称四个方面，与挂靠单位彻底脱钩"：不再属于行政或事业单位，不再具有行政级别；挂靠单位的投资全部撤出，不再享有投资者权益，不得以任何形式从脱钩单位谋取不正当经济利益；脱钩单位不得承担属于脱钩单位的任何职能；新设的律师事务所名称必须符合《律师事务所名称管理办法》的规定。

关于改制后的组织形式，要求改制为合伙律师事务所或合作制律师事务所。这个似乎与国务院《脱钩改制意见的通知》有所差异。

关于脱钩改制的步骤和时间，南昌市司法局安排的步骤分为动员、资产界定、实施阶段和验收、登记阶段。时间要求在当年的 10 月 31 日前结束。

关于资产界定和资产处置，这是脱钩改制中的重点。由于国办律师事务所的主要资产是律师创造的，所以如何处置是个难题。在上述文件中，对这个问题的界定和处置都有明确的规定：对律师事务所资产的界定是“谁投资，谁拥有产权”的原则，同时“适当考虑律师智力劳动积累的资产因素”。因此，“将律师事务所积累资产中的部分资产，界定为律师共有资产，用于扶持转制后的律师事务所”；“律师事务所的名称不能认定为律师事务所的无形资产，原则上由整体改制后的律师事务所无偿使用”。律师事务所提留的住房基金、医疗基金养老基金按国家的房改、社会保障有关政策处理。

关于人员安置，是脱钩改制的另一个重点。人员安置实质需要考虑的是原国办律师事务所（脱钩改制单位）的行政人员和部分快到退休年龄的老律师。上述文件规定“脱钩单位要在同等条件下，优先安排使用在编人员，特别要优先安排使用没有律师资格的在编行政、工勤人员……”，同时“大力鼓励被安置人员自谋职业，挂靠单位、司法行政机关要积极协助脱钩单位为被安置人员自谋职业创造条件；鼓励律师事务所发扬同业互助精神，积极吸纳被安置人员”。“脱钩单位工作人员的安置费用及各项社会保障统筹费用，原则上从脱钩单位资产中解决，不足的部分由脱钩单位与挂靠单位协商解决。脱钩单位和挂靠单位确实无力支付安置费用及各项社会保障统筹费用的，各有关部门应按照国家有关规定，妥善解决好被安置人员的基本生活和再就业问题。”

上述文件是江西省范围和南昌市所属自收自支律师事务所脱钩改制的基础性文件。在此后的改制过程中，律师事务所的脱钩改制十分顺利。这是因为，早在律师事务所在改制前若干年，律师事务所内部就已实行了多劳多得的取酬制度，律师们对按劳取酬已经习惯了。律师本身是一份凭个人能力吃饭的职业，律师们很容易融入和适应市场经济。因此，律师事务所的改制没有像有的国有企业那样，出现职工不满和闹事的现象。

南昌律师的脱钩改制分几种情况：一是省厅直属的 3 个律师事务所；二是南昌市司法局所属的 4 个律师事务所；三是南昌市各区县所属部分自收自支的律师事务所；四是部分高等院校开办的律师事务所。由于县区律师事务所脱钩改制资料缺少，故无法做深入叙述。

先从省厅所属 3 家律师事务所及在改制基础上新设律师事务所的脱钩改制说起。

江西省律师事务所的脱钩改制，在此基础上诞生了合伙制的江西华邦律师事务所

江西省律师事务所成立于 1984 年 8 月，最早隶属于江西省律师协会。

1989 年，江西省律师事务所（另一块牌子是江西省涉外经济律师事务所）人员构成为：肖敏（主任）、朱黎明、刘明和、方世扬、熊本祥、黎拯民、吴礼平、张大伟、刘海鸣、裘军、胡海若、刘先波、施明报、张宝平、薛建生、杨建刚、战赢、井凯、秦啸、贾建平、胡文洛、刘峰、黄轩、汤晓岚、李榕、钱琦、王学军、王陵、支娜、康志文、周俊辉、李锋。

1992 年，江西省律师事务所一分为三，即江西省律师事务所、江西省涉外经济律师事务所、江西省经济律师事务所。因为拆分，江西省律师事务所人员发生了较大变动。

1993 年，分家以后的江西省律师事务所人员构成为：肖敏（主任）、刘明和、方世扬、张大伟、熊本祥、裘军、胡海若、王学军、杨建刚、温向东、吴礼平、贾建平、李榕、刘锋、胡文洛、黄轩、邓宜芳、支娜、林凯、刘海鸣。

就在 1993 年，江西省律师事务所取得了从事上市公司法律服务的资质。

从 1993 年到 2000 年之间，江西省律师事务所的律师有出有进。张大伟、杨建刚等离开南昌去外地发展。熊本祥离开另外办所。杨爱林从江西法正律师事务所调进、王卿从鹰潭市调进、严少芳从南丰县调进。

2000 年，江西省律师事务所由方世扬主持脱钩改制。江西省律师事务所成为合伙制律师事务所。合伙人共 7 人，包括方世扬、刘明和、杨爱林、王卿、严少芳、胡海若、郝仕湖。

2002 年，江西省律师事务所正式更名为江西华邦律师事务所。

2004 年至 2015 年，方世扬出任江西省律师协会会长。

2006 年，江西华邦律师事务所在福州路奥林匹克大厦购置 1600 平方米办公大楼，并于 2007 年入驻。

2007 年，江西华邦律师事务所获得江西省律师协会颁发的“AAA 级信用律师事务所”。

2008 年，江西华邦律师事务所获得中华全国律师协会颁发的“全国优秀律师事务所”。

2017 年，江西华邦律师事务所经过整合，吸纳了不少年轻合伙人加入，合伙人人数发生变动，人员有方世扬、杨爱林、刘明和、王卿、胡海若、鲁鹏、万建雄、林文明、文青勇、廖胜勇、熊刚、刘菊明、罗小平、陆燕、朱金龙、王冬冬、涂国虎、谌文友、吴跃明、范建兴、毛斌。

2019 年 3 月，江西华邦律师事务所在南昌市八一桥头保利中心购置 3000 平方米办公大楼，并于 2020 年入驻。

2019 年 4 月，方世扬为首席合伙人，杨爱林被推举为江西华邦律师事务所主任兼管委会主任。

江西省涉外经济律师事务所的脱钩改制与江西求正沃德律师事务所的成立

江西省涉外经济律师事务所系在江西省律师事务所成立后，为适应涉外法律服务需求而设立的，与江西省律帅事务所合署办公，系一套人马、两块牌子。直到 1992 年 10 月 26 日，江西省司法厅发布《关于成立省经济律师事务所以及将省涉外经济律师事务所与省律师事务所分设的通知》，才将江西省律师事务所与江西省涉外经济律师事务所分设。从此，江西省涉外经济律师事务所独立出来。分设后，有 12 名律师分到江西省涉外经济律师事务所，他们是朱黎明、黎拯民、成新生、施明报、刘先波、秦啸、张保平、薛建生、汤晓岚、彭军、李雁、钱琦。朱黎明任副主任（副县级）主持工作。

自 1992 年成立到 2000 年改制，江西省涉外经济律师事务所发生多次人员变动。1993 年毕业于西南政法学院的刘卫东从江西省第九劳改支队（昌北监狱）调进来。陆续进来的还有从南昌市检察院辞职的涂红兵、从省教委过来的钟宁等。但刘卫东调进不久，黎拯民、刘先波则调离江西省涉外经济律师事务所去了深圳。1994 年，朱黎明也离开南昌到深圳招商银行工作。随后，薛建生也去了深圳。

朱黎明走后，江西省司法厅将魏金荣调到省涉外经济律师事务所任主任。其间陆续增加了魏委、万晓明、胡武、江历文、王共华等具有企业职工身份的律师，还有韩利民、邝运玉等兼职和特邀律师。1999年初，毕业于中国人民大学的成新生离开江西省涉外经济律师事务所，成为合伙制的江西沃德律师事务所合伙人。

2000年，江西省涉外经济律师事务所脱钩改制。此时，江西省涉外经济律师事务所人员流失很大，除了魏金荣主任外，年富力强的律师主要有刘卫东和毕业于华东政法学院的秦啸等。2000年11月27日，刘卫东与秦啸联合向江西省涉外经济律师事务所提出申请，请求申办合伙制律师事务所。魏金荣主任则因考虑自己年龄而回到厅里。

2000年12月8日，江西省司法厅作出《关于同意“江西求正律师事务所”脱钩改制的批复》。江西求正律师事务所是江西省涉外经济律师事务所在1997年左右的改名（该名称一直未正式启用）。批复的主要内容是同意江西求正律师事务所脱钩改制为合伙制律师事务所；同意刘卫东、秦啸、兰卫东、王新华4位律师“辞去现职组成”。

2003年，江西求正律师事务所与江西沃德律师事务所合伙人之间达成一致，两所合并，正式成立“江西求正沃德律师事务所”。江西省司法厅在2003年7月30日发布通知注销江西求正律师事务所、江西沃德律师事务所，同时发布通知成立“江西求正沃德律师事务所”。江西求正沃德律师事务所创始合伙人有刘卫东、杜红民、成新生、秦啸、王新华、郭顺平、兰卫东。除刘卫东外，王新华也毕业于西南政法学院，成新生毕业于中国人民大学，杜红民毕业于江西大学法律系，秦啸毕业于华东政法学院，郭顺平、兰卫东毕业于江西省司法学校。巧合的是，前五位均毕业于1989年。

从此，江西求正沃德律师事务所在江西法律界名闻遐迩：

2011年，江西求正沃德律师事务所获称全国优秀律师事务所；

2013年，江西求正沃德律师事务所团总支成立；

2016年8月4日，江西求正沃德（南昌县）律师事务所成立；

2017年6月14日，江西求正沃德（吉安）律师事务所成立，负责人是毕业于西南政法学院的资深律师周波冈；

2017年9月9日，江西求正沃德（赣江新区）律师事务所成立；

2018年10月26日，江西求正沃德律师事务所党总支成立。

江西求正沃德律师事务所自 2003 年至 2018 年期间，合伙人经过变动，具体为：

2011 年 4 月 1 日，创始合伙人秦啸退出合伙；

2013 年 8 月 29 日，创始合伙人兰卫东退出合伙；

2011 年 3 月 31 日，许龙江加入合伙；

2013 年 8 月 28 日，王袁生、邓小斌加入合伙；

2016 年 12 月 26 日，万艺娇加入合伙；

2017 年 11 月 3 日，章耀民、吴美珍加入合伙。

据此，江西求正沃德律师事务所到目前为止，共有注册合伙人 11 位，分别是刘卫东、成新生、杜红民、王新华、郭顺平、许龙江、王袁生、邓小斌、万艺娇、吴美珍、章耀民。

截至 2019 年，江西求正沃德律师事务所已经拥有各类律师和行政人员逾 200 人。

江西省经济律师事务所的脱钩改制

江西省经济律师事务所的来历前文已经交代，负责人为方正铎。

江西省经济律师事务所人员萎缩严重。1999 年，主要骨干律师战赢离开该所，成为合伙制律师事务所即江西沃德律师事务所的合伙人。

江西省经济律师事务所后改名为江西尚法律师事务所。

2000 年 11 月 13 日，江西尚法律师事务所脱钩改制。江西省司法厅作出批复同意改制。与绝大多数律师事务所改制为合伙制律师事务所不同的是，江西尚法律师事务所改制为合作制律师事务所。合作人为方正铎、胡晖、方昀。

最终，江西省经济律师事务所改制后，并没有像江西省律师事务所和江西省涉外经济律师事务所一样，发展成为知名大所。

南昌市所属自收自支国办律师事务所的脱钩改制与部分新设合伙制律师事务所

按照国务院《脱钩改制意见的通知》要求，对自收自支国办律师事务所的全面改制截止时间为2000年的10月31日止，否则“一律停止执业或注销其执业资格”。然而，南昌市相关律师事务所的脱钩改制，总的而言是成功的，只是其中部分问题的处理并不顺利。现有的文件显示脱钩改制工作一直拖到了2004年3月20日。

2000年10月18日，南昌市司法局提交报告，提请市国有资产管理局对南昌市第一律师事务所、南昌市第二律师事务所房屋进行评估立项；同日，南昌市司法局提交报告，提请市国有资产管理局对南昌市涉外经济律师事务所、南昌市金融房地产律师事务所整体资产进行评估立项。

2000年10月23日，南昌市司法局发布通知，成立“律师事务所脱钩改制资产清算小组”。组长邓兴国（副局长），副组长熊江燕（纪检组长）、陈和平（办公室主任），成员有刘建国（监察审计室主任）、万莉萍（局会计）、杜央（劳教所会计）、万伟（一所会计）、蔡丽娟（二所会计）、连文琴（涉外所会计）、谢丽芳（金融所会计）。

2000年10月30日，南昌市司法局向南昌市委、市政府发出《关于我局直属律师事务所脱钩改制有关问题处理意见的请示》，汇报了脱钩改制中几个问题的处理意见。从该报告中得知，有关人员的安置是中心问题。当时南昌市参与脱钩改制的四个律师事务所中，共涉及人员61人，其中执业律师47人，行政人员14人，残疾人员2人，退休人员6人（指的是1993年至1995年期间办理了退休手续的刘化时、王一帆、王秀芝、潘光荣、赖必堂、王训贤）。在这些人员中有2名副县级干部，一位是南昌市第一律师事务所主任戴晨，另一位是南昌市第二律师事务所主任张工。最后，戴晨因为编制本身在局机关，所以保留待遇回到局机关。张工则“表示放弃职务，不享受待遇，继续从事律师工作”。2名残疾人员，即第一律师事务所的徐高龙（脑瘤，53岁）、第二律师事务所的孙恒太（双目失明，52岁）提前退休，由财政拨发退休金。6名已经退休律师原工资在律师事务所发放，改制后转到了局机关由财政发放。行政人员除了个别提前退休、病退外，其他人员的安置以“不低于12个月的工资”解除劳动合同，律师事务所资产多的在此基础上可以多发。律师的安置是最简单的。当时“四个脱钩改制的律师事务所的资金几乎没有，但有些资产”。各律师事务所之间资产情况又不相同，“有的律师事务所资产很少，资产变现的资金难以支付安置费用”，因此，请求批准“同意在资产变现的同时并提取该单位的房改资金用于弥补安置人员的短缺”。

2000 年 12 月 27 日，南昌市司法局发出《关于成立局律师事务所脱钩改制资产变现处置领导小组及有关问题的通知》（以下简称《关于资产变现处置工作的通知》），主要内容为“资产变现处置工作”，司法局为主导单位，成立资产变现处置领导小组。组长黄才和，副组长邓兴国、周斌，成员陈和平、刘建国、闵武军、李思胜、邱焕权。

《关于资产变现处置工作的通知》作出规定：资产变现底价不得低于评估价，可以采取竞价的方式；资产变现原则上由原所老班子负责组织进行，但对不动产（含车辆）的变现定价必须征得局资产变现处置领导小组同意，并由领导小组派 2 名以上成员现场监督；变现的车辆必须过户；变现的资金由局设立账户集中统一代收管理。

据此，南昌市属有关律师事务所的资产得到了处置。

《关于资产变现处置工作的通知》只对国办律师事务所资产的处置作出了规定，涉及律师的其他问题并未全部解决。

2001 年 6 月 7 日，南昌市人民政府向南昌市司法局、人事局、劳动局、财政局和房管局印发《南昌市律师脱钩改制工作协调会议纪要》。根据该纪要记载，2001 年 4 月 18 日下午 4 点开始，南昌市常务副市长李小南在市政府第四会议室主持召开了南昌市律师脱钩改制工作协调会。市政府副秘书长李国根、市人事局何友德、市机关事业单位社会保险处王顺妹、市房管局白波、市财政局陈以荻、市社会保险事业管理处文瑞金、市司法局黄才和和邓兴国等参加会议。会议主要内容：

一是四个国办律师事务所撤销后的司法行政编制管理问题。南昌市第一律师事务所、第二律师事务所、涉外经济律师事务所和金融房地产律师事务所改制后自行撤销，73 个司法行政编制由市编制部门收回，统筹管理使用。

二是关于 2 名年初办理退休、工伤病退人员和 6 名 1993 年至 1995 年办理退休人员的待遇问题。同意刘化时、王一凡、王秀芝、潘光荣、赖必堂、王训贤6名律师和今年初办理了正常退休手续的连文琴、办理了工伤病退手续的胡永彬均按实行自收自支前事业单位干部享受退休待遇和市级公费医疗待遇。

三是关于在市机关事业单位社会保险处和市劳动局社会保险处办理了养老保险的4名律师事务所工作人员脱钩改制后养老保险续保问题及干部职工挂靠费用优惠问题。续保原则上实行“老人老办法，新人新办法”，即改制前属事业性质缴纳养老保险费的人员，仍然按事业性质续保，退休后按事业性质享受待遇；改制后新参加养老保险的人员按企业性质参保，退休后按规定享受企业职工退休待遇。考虑到市人才交流中心是自收自支的事业单位，对4名律师事务所干部职工挂编收费参照其他已脱钩改制单位做法给予优惠。

四是关于律师脱钩改制后市司法局律师业务管理经费缺口问题。由市财政局将律师业务挂管理经费单项列入每年财政预算，并视财力可能和律师业务管理工作开展需要逐步增加。

五是关于提取房改资金弥补律师事务所脱钩改制后安置经费不足的问题。4个脱钩改制律师事务所在市住房资金管理中心的房改资金475604.78元（含利息），其中售房款218017.81元，房屋维修基金257586.97元。该资金不能提取用于安置人员和办理养老、医疗、失业保险及解决有关遗留问题。住房维修基金必须留存在市住房资金管理中心，下一步用于物业管理和维修；由市司法局核定4个所中应享受住房补贴的人员后，再由市房改办匡算出应发住房补贴，从售房款中解决；剩余的房改款上交市财政住房补贴资金专户。市财政在实际上交款额度内拨付资金给市司法局，用于弥补4个律师事务所脱钩改制安置经费的缺额部分。

六是关于2名病残人员（徐高龙、孙恒太）的病退审批及待遇问题。按社保政策不能办理提前病退，但安置上可与脱钩改制律师事务所行政人员同等对待，一次性安置到位。脱钩改制后到55周岁期间的养老保险由市司法局妥善办理，如发生生活困难，本人可向市民政部门申请最低生活保障。55周岁后，再按程序申报病退，经劳动部门鉴定并获得有关部门批准，病退期间可不交养老保险金，同时也不能领取退休金，待达到正常退休年龄方可按病退的有关政策办理退休手续及到社保机构领取退休金。

七是关于编制在市司法局机关的两名律师事务所干部安置问题。南昌市第一律师事务所主任戴晨、涉外经济律师事务所副主任郭丽卿的编制在局机关，根据改制文件精神和2名同志的意愿，同意戴晨、郭丽卿回市司法局另行安排工作，其职务任免按规定程序报办。

八是关于4个律师事务所行政人员的安置问题。根据劳动部《违反和解除劳动合同的经济补偿办法》的精神和律师事务所的实际以及行政人员的具体情况，行政人员的安置费原则上不低于其12个月的工资，资产多的所安置费可酌情多些，费用从律师事务所资产处置变现经费中支付。

九是关于1993年前退休的2名律师和1993年以后退休的8名律师(笔者注：实际是6名律师和2名行政干部）的管理问题。1993年前退休的律师徐若英、黄世堂和1993年后退休的刘化时、王一凡、王秀芝、潘光荣、赖必堂、王训贤及连文琴、胡永彬在律师事务所脱钩改制后，挂靠市司法局管理，但不享受机关退休人员福利待遇。

南昌市国办律师事务所脱钩改制的最后一个文件

2004年3月20日，南昌市司法局向南昌市人民政府提交《关于要求解决市属律师事务所脱钩改制人员养老保险续保（投保）中几个问题的请示》。该请示主要内容有：关于要求减免27名脱钩改制人员养老金问题；关于要求给27名脱钩改制人员办理养老保险转移个人手续问题；关于请求解决周兴武等3名同志养老投保的问题。涉及周兴武等3人养老投保问题，市局建议，市政府协调有关部门解决周兴武等3人按照挂编前的待遇补办个人养老保险，免缴3人投保由单位需缴纳的养老金，个人部分由个人补缴。

南昌市第一律师事务所的脱钩改制与江西洪城律师事务所的设立

2000年10月，按照司法行政部门的布置，南昌市第一律师事务所开始脱钩改制。参加脱钩改制的在编律师人员有15人，分别是戴晨、万必闻、尹蓉蓉、刘益敏、季春华、裘宇桓、张凯德、陆向红、罗健、华光、蔡宇红、王人松、付华迅、焦平平、徐高龙；在编的行政人员有6人，分别是胡永彬、李辉、程俐、万伟、熊耀明、严志华。

南昌市第一律师事务所，全部在编人员的历次变动情况

在脱钩改制前，在南昌市第一律师事务所做过在编专职律师而又已陆续离开的有：陈卫调去广东省农行工作；赖莉调安徽合肥做律师；郑跃武辞职，追随其兄长、著名企业家郑跃文到北京工作；原来从南昌市委党校调入一所的祖铁军，很快被南昌市司法局调去组建南昌市涉外经济律师事务所，同时调去的还有王一凡、彭喜根，从司法局放到一所任副书记的林瑞兴也调去任了书记；黄雅宾参加完司法部涉外人才培训后离开一所，曾经担任联合利华上海总部法务总顾问，后移居澳大利亚；朱雷调南昌市政府办公厅从事法制工作，后提拔为副县级干部；周虹也从一所调到新成立的市政府法制局，现为南昌市司法局立法处处长；胡晓华离开一所到北京大成律师事务所执业至今；熊英调广东珠海执业；周兴武则从一所副主任调至二所继续担任副主任；岑光明在一所只待了几年，又调到了二所，后回广东珠海执业；苑德闽和许念林都在一所担任过一段时间的副主任。徐建章在1997年底离开一所，与周兴武等人创办合伙制的江西阳光律师事务所。

在一所办理退休的律师有徐若英、黄世棠、张马力、王一凡。

原一所主任沈浩大在距法定退休年龄只有两年多的情况下，辞去事业编制和副县级干部待遇，与一所在编律师任琪等一起创办了合伙制的江西大成律师事务所。

江西洪城律师事务所名称的由来

1995年1月13日，司法部经过部务会议通过《律师事务所名称管理办法》。当时的部长是肖扬。该办法第一次对律师事务所名称进行了规定，律师事务所名称应当由“字号加律师事务所”形成。名称中禁止使用“数字、中国、中华、全国、国际、中心、涉外、经济、金融、房地产”等内容和特定律师业务字样，也不得使用县（市辖区）以上行政区名称作字号。该办法自1995年5月1日起施行。1998年5月14日，司法部针对“少数地方的律师事务所未严格执行《律师事务所名称管理办法》的规定，仍在使用不符合规定的名称”，又下发《关于进一步规范律师事务所名称、律师名片的通知》，规定“各地根据需要可以在律

师事务所名称前冠以省、自治区、直辖市的地名……名称中不得出现‘省’、‘自治区’、‘市’的字样”。

根据上述规定，南昌市第一律师事务所在脱钩改制前几年，即已开始改名。当时在斟酌新的名称和字号时，“洪城”“洪都”“豫章”这些南昌市的历史名称就成为优先考虑的对象。南昌市第一律师事务所最终选择了“洪城”的字号；南昌市第二律师事务所则选择了“豫章”字号。这就是南昌市第一律师事务所更名为“江西洪城律师事务所”的由来。在2000年改制之前，尽管有司法部的规定，但全国各地的国办律师事务所几乎都在同时使用原名称，各地司法行政部门默认了这种过渡期的做法。因此，在脱钩改制前，南昌市第一律师事务所与江西洪城律师事务所是两个名称在同时使用，但仍是以南昌市第一律师事务所为主。

南昌市第一律师事务所脱钩改制和合伙制的江西洪城律师事务所成立的基本情况

南昌市第一律师事务所脱钩改制时，主任是戴晨。他在1995年8月由南昌市司法局委派到南昌市第一律师事务所，接替沈浩大任主任职务。南昌市第一律师事务所脱钩改制的方案为整体改制，改制后的名称司法局允许沿用江西洪城律师事务所。戴晨委派下来时，其编制仍然在司法局，故根据其意愿，改制时调回市司。徐高龙、胡永彬的情况在有关文件中已有叙述。

留在新设合伙制的江西洪城律师事务所的律师有刘益敏、季春华、陆向红、华光、裘宇桓、付华迅。除付华迅外，其他5人为合伙人。另外，还吸收了长期在南昌市第一律师事务所执业，但编制不在南昌市第一律师事务所的律师李学锋为合伙人。经过合伙人会议决定，法定代表人（主任）由刘益敏担任，聘请了退休老律师王一帆为执行主任。由于戴晨仍在江西洪城律师事务所执业，故聘请他为名誉主任。季春华任支部书记。原行政人员李辉、程莉留在江西洪城律师事务所。

南昌市第一律师事务所在编律师尹蓉蓉、张凯德、王人松、焦平平、罗健、蔡宇红等人，另外与他人创办了江西赣洪律师事务所和江西创源律师事务所；万必闻一个人去创办了江西中阳律师事务所。

改制完成后，再回江西洪城律师事务所做合伙人的律师有熊英、张凯德。华光则离开南昌去了深圳执业。

原南昌市第一律师事务所拥有的完全产权的位于南昌市广场东路121号的300平方米办公楼，包括一楼的1间店面、1间车库，被列为改制资产。改制时经评估，房产价值为80多万元，最终整体房产以90多万元被售出。

除了房产，南昌市第一律师事务所还有1辆桑塔纳轿车，也一并出售。

南昌市第一律师事务所资产售出款中，一部分以每人4万元的补偿款标准支付给了参与脱钩改制的行政人员，而在编律师没有获得补偿款。

合伙制的江西豫章律师事务所的设立

如果说江西洪城律师事务所承继的是南昌市第一律师事务所，江西豫章律师事务所则承继了南昌市第二律师事务所、南昌市涉外经济律师事务所、南昌市金融房地产律师事务所等多家原国办律师事务所。

原南昌市第二律师事务所，在编律师人员改制前变动情况概述

1986年，南昌市法律顾问处一变为二，即南昌市第一律师事务所和南昌市第二律师事务所。曾经在南昌市第二律师事务所工作过的在编律师有熊火根、刘化时、潘光荣、赖必堂、王训贤、张工、苑德闽、邬建平、何大年、熊朗秋、张辉、赵永云、姜建明、崔丽萍、肖志和、叶军华、沈亚群、秦贵明、孙恒大、欧阳泉文、裴武华、魏建勋、刘阳、周维峰、余克敏、邓小斌等。张工曾经调到南昌市金融房地产律师事务所当过一段时间的主任，随后调回二所当主任；苑德闽先是调到一所当副主任，后调到南昌市涉外经济律师事务所当主任；邬建平一度出来与他人一起创办合伙制的江西阳光律师事务所，后回二所当副主任；何大年从二所调到南昌市金融房地产律师事务所当副主任，后主持该所工作；熊朗秋从二所出来创办合作制的南昌市第三律师事务所；张辉从二所调到南昌市涉外经济律师事务所当副主任；孙恒太、赵永云从二所调到金融房地产所，之后赵永云从金融房地产所辞职参加创办江西阳光律师事务所；秦贵明也是从二所调到金融房地产所；姜建明从二所出来参与创办江西阳光律师事务所；叶军华从二所调到海南；沈亚群后转行从事房地产行业；余克敏转考省建设厅公务员。

刘化时、潘光荣、赖必堂、王训贤在 1993 年至 1995 年期间退休；熊火根在改制前退休。

原南昌市涉外经济律师事务所人员变动情况

南昌市涉外经济律师事务所成立时，其人员均来自原南昌市第一、第二律师事务所。成立时主任是祖铁军，成员有王一凡、彭喜根、吴豪、张辉、胡晓辉,行政人员有连文琴和周洁。后祖铁军离开,最终去了上海。苑德闽接任主任，郭丽卿和张辉为副主任。

原南昌市金融房地产律师事务所人员变动情况

在金融房地产律师事务所工作过的律师有张工、何大年、罗来富、彭喜根、孙恒太、赵永云、秦贵明等。罗来富系首任主任，1994 年 6 月调回司法局后，由张工接任。张工离开后，由何大年主持工作直到脱钩改制。彭喜根在律师脱钩改制后去了上海执业。

“豫章”字号的来历

正如“洪城”字号一样，“豫章”字号是在司法部《律师事务所名称管理办法》出台后，由南昌市第二律师事务所所起和拟使用的字号。脱钩改制时，司法局同意在南昌市第二律师事务所、南昌市涉外经济律师事务所、南昌市金融房地产律师事务所等部分律师自愿组合基础上新设合伙制律师事务所继续使用，合伙制的江西豫章律师事务所即诞生。

南昌市第二律师事务所、南昌市涉外经济律师事务所、南昌市金融房地产律师事务所脱钩改制基本情况

2000 年 10 月之后，南昌市第二律师事务所、南昌市涉外经济律师事务所、南昌市金融房地产律师事务所脱钩改制，留在江西豫章律师事务所（以下称豫章律师事务所）的律师有张工、苑德闽、邬建平、何大年、吴豪、崔丽萍、周维峰、邓小斌，同时，吸收了从江西沃德律师事务所过来的战赢和原二所律师艾建华、徐一新、邓国群、舒菁、喻国强、万全如、晏辉、陈爱生、毛源武和行政人员连文琴、文瑜。

张工、苑德闽、战赢、邬建平、何大年、吴豪 6 人为最初的合伙人。

原 3 个所的其他律师中，欧阳泉文、裴武华、魏建勋等人新设立了江西阳明律师事务所；张辉、胡晓辉等人设立江西赣江律师事务所；秦贵明等人设立江西皆成律师事务所；刘化时、王训贤、肖志和、刘阳等律师与他人一起创办江西创源律师事务所；郭丽卿回司法局安排；孙恒太病退。

在江西豫章律师事务所工作一段时间后，崔丽萍和周维峰离开，邓小斌调到市法援中心，毛源武去了江西创源律师事务所。

2002 年 9 月至 2003 年初，来自江西阳光律师事务所和江西沃德律师事务所的徐建章和涂韵春律师加入豫章律师事务所，并成为合伙人。至此，豫章律师事务所共 8 名合伙人。

2003 年，豫章律师事务所搬迁到抚河北路自购的超过 700 平方米的办公大楼，律师人数超过 30 人。

2005 年，豫章律师事务所律师人数超过 50 人。该年，豫章律师事务所获评全国优秀律师事务所。这是江西省首家也是江西当年唯一的一家全国优秀律师事务所。

2008 年，豫章律师事务所因管理的需要，设立行政管理岗位，原专职律师舒菁成为行政主管。

2010 年至 2013 年，豫章律师事务所先后吸收艾建华、张洪为高级合伙人。豫章律师事务所人员超过 80 人，并于 2013 年在红谷滩新区的浦发大厦购买了一层办公大楼。2014 年初，豫章律师事务所搬迁到红谷滩新区办公。

2015 年，豫章律师事务所加入“中世律所联盟”，这是一个旨在吸纳全国各省、市、自治区最好律师事务所的律所联盟，在业界具有广泛的影响和极好的口碑。加入联盟，让豫章律师事务所站在了一个更高的平台。同年，豫章律师事务所设立市场部，毕业于厦门大学法学院的刘亚瑾成为市场部负责人。

2016 年，豫章律师事务所人数超过 100 人，故在同一栋办公楼加租一层。至此，豫章律师事务所办公面积达到 3000 平方米。在律师行业日渐专业化的大趋势背景下，豫章律师事务所还成立了八个业务部门：政府与行政法律事务部、建筑与房地产部、争议解决部、刑事业务部、金融与保险部、公司与并购部、资本市场部、信息网络与环境资源部（2018 年成立）。

豫章律师事务所自成立起开始，实行的是执行合伙人制度，即由高级合伙人每人履行两年的执行主任制。

2017 年，豫章律师事务所成立管理委员会，修改了执行合伙人制度。管委会共 7 名成员，第一届管委会主任为苑德闽。

2019 年底，豫章律师事务所拥有律师、实习律师和行政人员共 186 人。

豫章律师事务所合伙人队伍不断扩大。从最早的合伙人到高级合伙人、二级合伙人的架构，发展到了高级合伙人（包括权益高级合伙人）、二级合伙人和初级合伙人三级架构。

合伙人部分发生变动。高级合伙人吴豪因年龄退出；高级合伙人涂韵春到深圳执业。

截至目前，豫章律师事务所高级合伙人有张工、苑德闽、战赢、邬建平、何大年、徐建章、艾建华、张洪、徐一新、刘晓农、邓国群、史清勇、李浩挺、涂志刚、朱勇、鲁捷、丁诗保、万保华、徐谦、董斌。二级合伙人 30 余名，初级合伙人 50 余名。

第二部分

对20位南昌代表性律师的采访

于巾魁：律师，我喜欢这行

初秋的一天，我终于见到于巾魁律师。而她，正是那个我一直在寻找的人。

其实，我早已知道，她就是那个必须抢救性采访的老律师。为了采访老人家，我从春季开始，一直在联系，一直在等候。于巾魁律师生于1923年，今年已经96岁高龄。之所以颇费周折，是因为她老人家年事已高，接受采访不便。记得几次电话打到她家,接电话的都是她的女儿冯建南。建南告诉我,老人家下午要休息,只有上午有时间；或者是，老人家最近身体有恙，正在医院康复，需要一段时间。对于这样高寿的老人，我当然理解，所以只能等待。终于有一天，建南主动打电话来约我，而不巧的是，我当天却要开庭。这样一来，直到2019年8月16日。这天，我和我的助手一起找到了省委二大院的一套普通住房，老人与她的女儿女婿一起住在这里。

当我真的见到老人家时，还是被她那特有的气质所折服。她和蔼、谦虚，你可以感觉到她那骨子里的高雅。当我说要为她拍照时，老人家含蓄地拒绝，我知道她是担心有损她的形象。

最后，在我们的解释和建南的帮助下，才算同意。

于巾魁律师曾经是20世纪50年代为数很少的律师中的一员。她也是解放后江西省律师史上第一个女律师。律师制度重建后，她于1980年归队，因此，她又是律师制度恢复后南昌最早的一批律师之一。此时，她已经耽误了人生中可以从事律师工作最宝贵的20年。在南昌市法律顾问处工作五年后，已届离休年龄。我在采访她时，她几次情不自禁地说："我喜欢这行。"然而，我从她淡定的话语中，既听到她发自内心对律师工作的热爱，也听到了她对那段耽误从事律师工作荒唐岁月的无奈。

于巾魁律师于50年代和80年代两个阶段从事过律师职业，这是极少数人有过的经历。采访她，正是想弄清50年代那段时间，南昌律师的些许情况和脉络，她的叙述总算了却了我的心愿。我不再对50年代那段短暂律师史因缺少直接当事人的叙述带来的遗憾。尽管老人家的记忆已经衰退，双眼已经因为青光眼而几近失明。但从她断断续续的话语中，我还是听到了不少有价值的东西，厘清了很多不准确的传言。

当我把关于于巾魁律师的采访发表以后，引起了很多同行的关注，也引来她在东风垦殖场的同事们的关注。令我感动的是，尽管她双目失明，但她十分认真听取女儿冯建南读这篇文章，对其中记录的错误和失误作了一一纠正。这才有今天这篇文章的重发。我希望这次已经完全符合老人的意思。

律师，我喜欢这行！

在我内心仍然会回忆那些做律师的岁月……

1923 年 5 月 2 日（阴历三月十七），我出生在辽宁海城的一户并不算富裕的人家。我从小就知道读书的重要，所以我一直坚持读书。高中毕业后，我先是到日本留学。但不久，由于日本侵华，我毅然放弃了在日本的学习，回到了祖国。回国后，我决定学习法律。当时，我认为法律可以为国人伸张正义。经过考试，我很幸运上了北大法律系。

40 年代，我大学毕业后到北平地方法院当书记员。正是在这里，我遇到了人生伴侣冯镇勋。我们由相识到相爱。他是江苏沛县人，曾经在武汉大学法律系读书，也是因为学习法律到了北平工作。当时，他是北平地方法院民事法庭的一个法官。我不知道的是，那时，他已经是个中共地下工作者。作为地方法院法官的冯镇勋，他在北平拥有办公室兼住房。这间房子里，经常有人来秘密联络和住宿。那时，参加革命工作都是怀着美好的心愿，希望解放全中国受苦、受难的人民。

我和爱人冯镇勋于 1948 年结婚。

北平和平解放后，冯镇勋的身份可以公开了。我作为思想进步青年，为了多学习知识，丰富自己，就报名参加了华北大学的学习。在我刚要分配时，冯镇勋来信告诉我，他已经报名南下，分配在四野南下工作团四分团三大队四中队。我一听，也赶紧报名参加南下工作团。我分在四分团四大队三分队担任分队长。这样，我们一起南下到了江西，并最终留在了南昌。

到南昌后，冯镇勋分在江西省军区政治部工作，我则分在江西省总工会研究室。不久，江西省劳动局成立，我又被调到省劳动局调处办上班。冯镇勋在调往国营西山垦殖场前，先是在省军区政治部工作一年，之后，他向组织提出希望调到司法部门，以发挥他的长处。组织同意了他的要求。因此，冯镇勋从省军区调出后，先后在江西省高级人民法院、南昌市司法局、南昌市法律顾问处和江西省司法厅（省律师协会）工作。我在省劳动局的工作很顺利，工作做得不错，单位主要领导对我也非常信任。当时的省劳动局工作范围越来越宽，人员越来越多。如果我继续留在劳动局，相信会得到重用。

但是，我内心还是十分热爱法律工作。因此，我找到有关领导，坦诚告诉我的真实想法和要求，也得到了领导的支持。就这样，我调到了刚刚成立不久的南昌市法律顾问处，我成为中华人民共和国成立后江西省第一个女律师。

记得那是 1956 年的七八月。

那时，南昌市法律顾问处的办公地址在中山路，就是现在的百货大楼边上必胜客的位置。法律顾问处对律师不错，每个律师都有一间办公室。后来看，那个时候律师还是很讲究的。

南昌市法律顾问处的办公地址几经搬迁。大概在 1957 年下半年，正遇到百货大楼维修施工，砂子经常掉落，灰尘很大。我们感觉不安全，就向百货大楼提意见。百货大楼就帮我们临时租到象山北路的南昌晚报那办公。等到几个月后，百货大楼施工好了，我们才搬回来。后来，南昌市法律顾问处搬到马路对面的南昌市司法局里面办公。再后面又迁到胜利路杨家厂，和南昌市中级人民法院同在一个院子里办公。

南昌市法律顾问处最多时有超过 10 名律师和工作人员。除我外，我记得的有余达人，他是副主任，毕业于复旦大学，外语非常好。冯镇勋，我爱人，武大法律系毕业。他在我调到南昌市法律顾问处时，已经调到省司法厅的律师协会去工作了。阎孔佩，律师，毕业于西南政法大学。蔡振宇，原来在法院工作，调到法律顾问处来当律师的。徐干生，律师，不记得他是哪个大学毕业的。张马力，律师，她与余达人、阎孔佩都是从公安系统调到法律顾问处的。黄乃惠，他是一个年纪较轻的律师。同时，他也是法律顾问处的秘书。他后来调到南昌市胜利区人民法院工作，家住在南昌市后墙路。在法院工作期间，有一天下班回家，自己用石灰水刷墙，不小心将放在高处的石灰水桶子打翻，倒扣在自己头上，伤了眼睛。赵克韶，法律顾问处最年轻的律师，那时才二十几岁。我对他的印象最深的是，他在上班时还出过麻疹。据说他后来在南昌市中级人民法院工作。成玉珍，法律顾问处的打字员。还有一个姓刘的律师（河南人，也是从公安局出来的）和姓熊的打字员，两个人的名字不记得了。

南昌市法律顾问处隶属于南昌市司法局，但那时我们与南昌市中级人民法院之间的关系非常紧密，很多会都在一起开，不分彼此。有段时间，南昌市中级人民法院在中山路百货大楼对面，即现新华书店西边那块地的房子里办公。我们南昌市法律顾问处的律师和工作人员吃饭也在南昌市中级人民法院。

那时，我们在南昌市中级人民法院办的案子最多，有时也会去基层法院和江西省高级人民法院办案。南昌市有 4 个基层法院，好像分别叫东湖法院、西湖法院、胜利法院和抚河法院。

1957 年，法律顾问处在短暂开办后被叫停了。1958 年才下文撤销，司法局也撤销了。法律顾问处的人员暂时归南昌市中级人民法院接管。法律顾问处撤销后，律师们各奔东西。

律师大部分人都“上山”去了。“上山”，就是到相关的垦殖场去工作。这与后来的“上山下乡”意思不一样。当年，江西省省长方志纯根据军垦经验，大力倡导和发展农垦事业，全省陆续建设了超过 11 个大垦殖场。1957 年后，城市里大量干部都到垦殖场去工作了。我们这些律师当然也在其中。阎孔培和另一个从公安局调过来的姓刘的律师去了井冈山垦殖场。我后来还到姓刘的律师家吃过饭，非常热情。蔡振宇下放到高安。徐干生 60 年代调到最高院武汉分院工作过一段时间，后被打成右派，下放到九江一个农村，生活非常苦。成玉珍，开始不知道到哪去了，但后来知道她在南昌市公安局上班，具体是在南昌市看守所工作。80 年代，我到南昌市公安局老福山看守所会见被告时，每次都看到她，她都会跟我打招呼。其他人都不能幸免。我的记忆不好，无法说出他们当时的具体下落。

我自己从南昌市法律顾问处出来后，先是到南昌市公证处帮忙，工作了一段时间。公证处后来也撤掉了。我又调到南昌中院民事庭搞民事审判工作。在南昌中院，我待了两三年。“文化大革命”期间，砸烂公检法，所以没有法院，所有的案件改由革委会审判。

1958 年，我爱人冯镇勋调往国营西山垦殖场，位于江西奉新县。西山垦殖场是 1957 年创办的省属国有农垦单位。1968 年，西山垦殖场和奉新县县属的越山垦殖场合并，改名为东风垦殖场。

我没有申请去东风垦殖场。1961 年，东风垦殖场为照顾我们夫妻关系，根据政策，多次派人到南昌市中级人民法院协商，最后，法院领导才同意调动。就这样，我到了东风垦殖场。

我离开南昌后，当时我们两个女儿，大女儿冯建南（1953 年出生），小女儿冯亚南（1957 年出生），因为年幼，只能丢在南昌。我们无法也没有能力照顾孩子。开始，两个孩子由老保姆照看，这个老保姆跟随我们一家多年，就像我们家里人一样，十分可靠。后来，政策不允许家里有保姆，说是资本主义的东西，是剥削，保姆不能留在南昌，只能让她回老家。这让我们十分为难。没有办法，我们就只能将小女儿冯亚南带到身边，而将大女儿冯建南托付给居民代表家照看。

那时，东风垦殖场和其他垦殖场一样，是一个相对封闭的小社会。在这里，是集农、工、商多位一体的，什么都有。记得东风垦殖场人员最多时有七八千人。垦殖场的农业产品有稻谷、花生、芝麻和红薯等，工业产品有建筑模板、砂轮、无线电元件等，还有商店。此外，垦殖场有自己的学校和医院。我爱人在这里工作了超过 20 年，我也有十七八年。我在这里农、工、商什么都干过，我也都能干。光从体力劳动而言，我得到了很大的锻炼。

但在“文化大革命”期间，我们也受到了不公正待遇。“文化大革命”结束后，我们得到平反和落实政策。那时的奉新县委王书记专程来东风垦殖场看望我们，他握着冯镇勋的手叫了一声“同志”，我们顿时十分感动，也百感交集。要知道，在受到冲击期间，有一年多没有人这样亲切叫过我们。为此，我们下决心要好好工作。

“文化大革命”结束，东风垦殖场很多人需要回城里，还有很多的平反和落实新政策的事。由于我曾经在劳动人事部门干过，所以我调到垦殖场的“落实政策办公室”工作了一年多。

1979 年底，我们还在垦殖场时，夫妻两个人都得到回城里的调令。调回南昌前，律师制度开始恢复。奉新县邀请我参加县法院示范公开开庭审理案件。1980 年初，我回到南昌市法律顾问处，回到了原单位，重新干起了我喜欢的律师工作。我丈夫冯镇勋在调回南昌前，已经是奉新县的政协委员。调到司法厅的律师协会工作后，是省律师协会的常务理事。后来担任过江西省法学会会员、中国法学会会员、政协江西省第五届委员会委员等。刚调回时，他先是在北京西路省政府对面的冶金厅上班,不久后,就到八一礼堂边的办公室上班。很不幸，他调回没有多久，遇到了车祸。不过他非常坚强，不舍得丢下工作，即使腿脚不便仍然没有停下他的工作。到单位上班不便，他就在家里办公。这样，一直坚持到离休。非常遗憾的是，离休后不算久，1985 年，我爱人就过世了。

我回到南昌市法律顾问处后，整整做了五年律师。这五年内，我办了大小不少案件。在办理案件过程中，得到当事人的好评和信任。因此，吸引更多人前来咨询和聘请。不少机关和企事业单位也前来聘请我当法律顾问。我很荣幸地担任了江西省妇联法律顾问处的副主任。在妇代会上,又被选为省妇联的执委。同时，我也被聘为省妇联的法律顾问。我印象深的还有，曾经担任过省、市卫生防疫站和四野南下工作团团史研究会的法律顾问。这段律师工作经历，我十分快乐和享受，满足了我做律师的内心愿望。直到 1985 年，我才与冯惠珉、余达人等人一起离休。说起来很有意思，几个人好像约好了一样。

2000 年后的一年，曾经在南昌市法律顾问处一起工作的同事相聚过一次。现在，那些原来的同事，似乎在世的很少了。

我已经离休好多年了。但在我内心，仍然会回忆起做律师的那些美好岁月。

律师，我喜欢这行！

刘化时：我所经历的南昌市法律顾问处重建

我写《南昌律师二十年》，首先想到的就是拜访刘化时先生。刘先生在江西律师界是公认的德高望重的老前辈，我从业初期对他就十分仰慕。刘先生生于1934年，时年八十有四。但他身体十分健康，尤其让我欣慰的是，老人家耳聪目明、记忆力惊人。他是他那个年代几乎唯一一个至今仍然在从事律师工作的老律师。当我告诉他我的来意后，他十分高兴，并赞扬我这是为南昌律师做了一件好事、实事。以下是我根据这次采访，结合他的著作，以他的口吻将南昌市法律顾问处重建的这段历史写下来，算是他对这段历史的口述，作为我写的南昌律师发展简史的证明。

记得大概在1979年八九月，南昌市中级人民法院的孔宪瑞主任找到我，问我想不想做律师。孔主任是南昌市中级人民法院政治处的，主管人事。他告诉我说，现如今国家被砸烂的“公、检、法”都恢复重建了，律师制度也该恢复了。

我1959年毕业于华东政法学院，我曾经的理想就是做一名主持公平正义的法官。我们那代人是有理想和情怀的，很想为国家出力，为国家的民主与法制建设做贡献。孔主任对我一说，我内心立即热血沸腾！大学毕业后，我无法如愿到法院工作，所以分在南昌市委党校做老师。“文化大革命”前我教的是哲学，“文化大革命”后教政经，出来前已经是教研室副主任。从1959年到1979年，这20年我的工作都不是自己学的专业。老实说，如果能回到法律专业来，对我而言当然是求之不得了。

所以，我未加丝毫考虑，就欣然同意了。孔主任很快就把我的编制和党组织关系转到南昌中院。我很荣幸，我是第一个进入新筹建的南昌市法律顾问处的律师。

1979年12月，南昌市法律顾问处正式成立了。法律顾问处的办公场所是由南昌市中级人民法院提供的，就设在法院三楼一间几十平方米的办公室。当时南昌市中级人民法院自己的办公条件也不怎么好，是在南昌市阳明路洪都电影院边上的一栋大楼。与后来相比，那时是很寒酸的。

当时法律人才奇缺，到处找学过法律的人。随我之后第二个调进法律顾问处的是徐若英律师。他是湖南人，解放前毕业于湖南大学法律系，“文化大革命”

前在江西省高级人民法院工作。他调来时年龄已经很大了。

我推荐了我的同学潘光荣。他与我同一年毕业于华东政法学院，与我不同班级。他毕业后运气不好，被分到甘肃工作，那里条件十分艰苦。他告诉我，连水都没有，作为一个南方人，实在受不了。同样，他还有学非所用之苦。只好偷偷回到南昌。那年代，如果被人知道不服从工作分配，这可是大错。所以，他从来不敢跟人说，连同学都不敢见面。他一个大学毕业生，回南昌后要生活啊，只好在一个效益不好的塑料厂当工人，可以说是苟且偷生。在我的推荐下，他也调到了南昌市法律顾问处。

还有于巾魁律师。她在 50 年代的南昌市法律顾问处工作过。他的爱人也是搞法律的，后来在省律协工作。

1980 年，调进南昌市法律顾问处的还有赖必堂、廖明、王秀芝等律师。廖明待了一段时间就调到司法学校去了。

我进南昌市法律顾问处后，在 1980 年 3 月到 8 月，我就得到一个到中央政法干部学校学习的机会，让我开阔了眼界。

由于法律顾问处是由南昌中院负责筹建的，所以，1980 年上半年，南昌中院先是派了一个姓胡的来负责，但他待了一段时间后就调回去了。下半年，南昌中院将民庭庭长、南下干部出身的冯惠珉调到法律顾问处任负责人。

法律顾问处成立后，不但条件差，而且如何开展工作经历了一个摸索的过程。开始，我们办案是不收费的，律师只发工资。直到 1981 年，我们才象征性收一些律师费。开始的那段时间，我们的业务基本上是一些法律咨询、代书和一些很小的民事案件代理，谈不上办大案、要案。

那时的人们对律师不了解，也不信任。为了树立律师的良好形象，取信于民，让更多人了解和认识律师工作，我们想从一些有影响力的案件入手。

机会总算是来了。1980 年，南昌市东湖区人民法院审理了一件当时在整个南昌都具有轰动效应的案件，这就是东湖区公安分局某派出所副所长陈某恒强奸、受贿和枉法裁判罪一案。法律顾问处在一审时指派徐若英律师为辩护人。案件在开庭前，我们法律顾问处进行了讨论（那时，法律顾问处接的每个案件都要集体讨论），大家的意见都认为三个罪名都不构成。

徐若英律师在法庭上作了无罪辩护。认为所谓强奸罪实为男女双方通奸；所谓受贿罪只是陈某恒的妻子作为妇保医院的护士，利用业余时间为他人接生，别人送给他们家一些好处，这不是受贿；所谓枉法裁判罪，是陈某恒对一个借自行车去偷东西的人没有处理，这不是枉法裁判。一审法院开庭时，徐律师的辩护反映很好。一审认定陈某恒不构成受贿和枉法裁判罪，但构成强奸罪，判刑 9 年。一审宣判后，有关部门到法律顾问处来告状，说徐律师是为坏人开脱罪责，是放纵犯罪。

被告人陈某恒判决后，不服一审对他强奸罪的判决，上诉到二审。一审律师的辩护让他对法律顾问处有更深的信任，二审仍然坚持要请法律顾问处的律师。当时所主任冯惠珉为了保护徐若英律师，所以二审就指定我做辩护人。

我接受委托后，认真研究了案情，为查清事实，特意走访了所谓被强奸对象陈某某。陈某某对强奸进行了否定。我根据掌握的事实，认为指控陈某恒构成强奸罪没有可靠依据。陈某恒与陈某某是邻居,两人十分熟悉,经常打情骂俏，继而发生男女关系，这是典型的通奸。指控的主要事实不合情理。我作了细心准备后，在法庭的辩护赢得很多人的称赞，认为我的辩护有理有据。遗憾的是，当时南昌中院的法官们尽管私下都认为我的辩护有理，但迫于压力，在判决时仍然判为有罪，只是刑期将 9 年改为 7 年。

陈某恒仍然不服南昌中院的二审有罪判决，委托我继续向最高人民法院和江西省高院申诉。我的申诉得到最高人民法院的认可，裁定由省高院复查。省高院组成合议庭提审，最终判决陈某恒不构成强奸罪，无罪释放。

第二个为法律顾问处赢得名声的案子是邹某铭“反革命报复罪”。

记得是 1980 年，南昌市塑料八厂的女职工邹某钗来到我们法律顾问处，哭哭啼啼诉说着她弟弟邹某铭的不幸遭遇，将信将疑向我们律师提出求助。原来，毕业于西南气象学校的邹某铭，1956 年 8 月分到贵州省道真县做气象工作。由于那里的条件很差，年轻懵懂的他发了几句牢骚话，说“道真的饭不如成都猪狗吃的好，道真的电灯不如煤油灯亮”。他因这几句话在 1957 年被打成右派，送到农场劳动教养。1959 年劳教期满，又因“顶撞领导”“对领导没有礼貌”，第二次被送到农场“劳动教养”，直到 1963 年解除劳教。“文化大革命”期间，邹某铭因为曾经被劳教，受到歧视，经常被人莫名捆绑和吊打。1973 年，邹某铭在劳动中，因为对生产有不同意见，被组长陈某忠和一个叫陈某元的一起打了耳光。争吵几句，又被他们捆绑毒打一顿。为此，邹某铭气不过，被迫逃离工作岗位，到贵阳近郊靠帮人修理拖拉机度日。一天，他在贵阳市巧遇那个打他的组长陈某忠，顿时怒火中烧。他用扳手砸向陈某忠，使得陈的脸部受伤。邹某铭被当场抓获。直到 1977 年 1 月 13 日，贵阳市花溪区人民法院以“反革命报复罪”判处他有期徒刑 10 年。

听了邹某钗的叙述后，法律顾问处的律师们十分同情。认真分析案情后，都认为判决“反革命报复罪”不妥。我们又感到无奈，因为案件在贵州，离我们太远。但我们并没有因此推脱，也没有因为她没有钱而放弃。我代她写了刑事申诉状，分别寄给最高人民法院、贵州省高级人民法院、贵阳市中级人民法院。又帮她修改有关两次被错误劳教的申诉书，建议她寄往道真县人民委员会。

那是美好的 80 年代，我们国家一切都是那么欣欣向荣，“解放思想，实事求是”是那个时代的主旋律，每个行业都在反思和纠正“左”的思潮。兴许是这样的背景下，不久，最高人民法院指令贵州省高级人民法院再审邹某铭案。1980 年 11 月 11 日，贵阳市中级人民法院作出判决，认定邹某铭反革命报复罪不成立。1981 年 1 月，中共道真县委组织部作出了《关于邹某铭同志问题的复查结论》，撤销原对邹某铭的全部处分，恢复工作。

邹某铭放出来后，立即赶到法律顾问处来感谢我们。那时，我们律师认真负责，但从不吃当事人的饭，也不收当事人的钱。

这个案件，惊动了当时在江西非常有影响力的江西画报社，他们派出记者采访报道，给我们法律顾问处作了很好的宣传，让我们备受鼓励。我还陪同画报社的同志一起到贵阳市和道真县有关部门回访。

给南昌市法律顾问处带来声誉的还有 1983 年严打时期我们法律顾问处律师的优秀表现。

那时，严打对律师的要求很高。因为，“从重、从快、从严”的特殊时期，案件不受法定时效限制，上诉期只有三天。这样，律师的工作节奏就必须加快。

法律顾问处在严打时，主要办案律师有我、汤忠赞、徐若英、张马力和王秀芝等人。那时，案件数量暴增，而且都是在单位的大礼堂开庭，听众很多。我记得我自己到过航运局大礼堂和很多学校的大礼堂开庭，去过最大的礼堂是可以坐 2000 人的八一礼堂。在大礼堂开庭，律师的精彩辩护常常得到听众的好评和传播，而这种传播又扩大了我们律师的影响。我、汤忠赞和张马力因为开庭都出了名。

在严打时期，刑事案件激增。记得汤忠赞一个月办了 9 件刑案，我办了 7 件刑案。回过头看，严打时期案件量刑很多都过重，比如抢劫几百块钱都可能判死刑。但那时我们的辩护都是真的，该说的都说，一句话，就是敢辩！比如有个徐某远抢劫杀人案。被告人徐某远在单位是优秀团员，平时表现很好。有一天，他偷了派出所指导员一把三八式手枪，到一户人家去行窃。他以为主人不在，谁知主人买菜回家，正碰到他要盗窃，就一把抓住他的胸部。他掏出手枪想吓唬主人，但不小心扣动了扳机，将主人打死了。

我在为他辩护时，说了三点辩护意见：第一，他的目的是偷，动机不是杀人；第二，杀人不是直接故意而是间接故意；第三，他归案后认罪态度很好。希望得到从轻判决。那时有的审判人员法律意识还不强，思想还停留在从前。主审法官当庭说我的辩护无理，不予采纳，还向省委告我的状。现在看来，这种情况告律师的状，肯定是笑话。

但从另外的角度说，那时律师与法官之间关系总的比较好，法官、检察官在办案时对律师是尊重的、信任的。比如律师可以借案卷回家慢慢看。

每当回想起南昌市法律顾问处成立初期，我总是感慨万千。作为一个参与者和见证人，我感到十分光荣和幸运。我希望现在的年轻律师们了解那段历史，懂得国家法治的重要，懂得律师工作的神圣。我祝愿我们的律师事业越来越好！

汤忠赞：我与南昌市法律顾问处的深厚渊源

2019年6月22日，我采访了汤忠赞先生。汤先生从南昌市法律顾问处到江西省律师协会，再到江西省司法厅，直接见证、参与和推动了南昌乃至江西律师的发展。他长期参与江西律师的管理，并在管理中不断创新而赢得了业界的尊重。他是江西律师里在全国律师界都有一定影响的前辈。他是最早倡导写南昌律师发展史的人。他对本人写南昌律师发展简史表示了十分赞赏和极力支持。他出生于1938年，今年81岁。因为他的经历，无论谁要写南昌律师发展史，汤先生都是绕不开的人物。他对这段南昌律师历史的叙述是不可或缺的资料。我把他的口述史仍然以第一人称写出，作为我写的《南昌律师二十年》的又一重要见证。

我在律师界取得的成绩，都源于在南昌市法律顾问处做律师。可以说，没有在南昌市法律顾问处的那段经历，就没有我的后来。

我小时候因为家里经济困难只读到初一就辍学了，我的知识都是后来边工作边自学的。1979年，我从部队转业到南昌市饮食服务公司当保卫科长。我对这份工作不太适应。但这份工作多少与法律有关。领导派我到省政法干校学习，这段学习让我立即对法律产生了浓厚的兴趣。我一下买了法理教程、刑法学教程、刑诉法教程、刑事侦查教程、法律文书写作方法等许多与法律有关的书。学习法律知识，为我走向律师打下了基础。

1980年，《中华人民共和国律师暂行条例》公布，这对我思想有很大冲击，产生了做律师的强烈愿望。

为了做律师，我通过人找到南昌市司法局姜显纯副局长，请他帮忙联系报考律师。在姜局长的帮助下，我参加了市司法局组织的律师考试，考试结果是我通过了，并取得了律师资格。

记得是1981年4月左右，我被安排到南昌市法律顾问处做兼职律师。那时，南昌市法律顾问处只有冯惠珉、徐若英和刘化时等很少的几位律师。冯惠珉是主任，她让刘化时律师帮助我。这样，我办的第一个案子就是刘律师带的。

1981年下半年，法律顾问处安排我与刘律师办一起故意伤害案。开庭时，刘律师鼓励我发言。当天的公诉人叫张宜福，他的口才好，是当时南昌市检察系统有名的检察官。我第一次出庭辩论，就遇到强劲的对手，一开始担心很难对付。但刘律师坐在我身边，为我壮胆和指点，让我有了底气。当时张宜福检察官在法庭上提到证据的“三性”，我不知道。好在边上的刘律师在纸上帮我写出来了，并作了简单介绍。我马上反应过来，把自己的理解结合案情大胆作了发挥。我与张检察官你来我往辩了好几轮，感觉效果很好。开完庭，张检察官笑着与我握手，我知道这是他对我的一种肯定。事后，南昌市法律顾问处组织对我第一次出庭进行讲评，让我颇有成就感。这进一步激发了我做律师的热情和信心。

第一个案子之后，我一发不可收拾。我在南昌市法律顾问处做兼职律师期间，办理了很多案件，主要是刑案。那时，我办刑案，有的作无罪辩护，辩护观点最终被法院采纳的也不少。为什么做无罪辩护呢？那时司法恢复不久，大家对法律的掌握还不准，因而起诉的案件争议较大。比如我办的一个流氓罪案。被告人是一个公务员，他的妻子找到我，要我帮他辩护。当时的流氓罪是个口袋罪，有些看似违法行为，用其他罪名套不上就套个流氓罪。我帮他作了无罪辩护，最后法院采纳了我的观点，判决他无罪。这是我办的一个比较出名的案子。还有一个给我带来名声的是南昌万寿宫火灾案，我的辩护也很精彩，很多人因此记住了我。

那时，办理刑事案件大多在大礼堂开庭，听众很多。在大礼堂开庭，可以很好地宣传法律，对听众有警示作用。我们律师也借此被听众记住，被法官、检察官认可。记得有个抢劫案，我、刘化时和张马力三个人都去了，那天大家的辩护都很好。这让人感觉南昌市法律顾问处的律师都很厉害。这种一起出庭的情况还不少。所以，当时的南昌市法律顾问处里，我们三个人在南昌都很出名，很多当事人指名要我们做辩护人。

回忆那段历史，我感慨万千。我对南昌市法律顾问处一直充满感激，也充满感情。我后来多次说，我十分感谢南昌市法律顾问处，感谢带我办第一个案子的刘化时律师。

正是在南昌市法律顾问处的那段经历，我的才华被司法厅看中。1983 年，我从南昌市饮食服务公司被调到江西省律师协会。还有个插曲，因为我对当饮食服务公司的保卫科长不感兴趣，下决心做律师，但公司领导又很重视我，听说我想离开公司，就找我谈话，要提拔我做公司副经理或纪检书记。但我做律师的态度坚决，所以婉言谢绝了。

调到省律师协会后，我仍然在南昌市法律顾问处做兼职律师。此期间，正遇到 1983 年严打，我参加办理了很多刑案的辩护，包括不少大案要案。

到了省律师协会后，我在很短的时间内，先是提拔当业务科长，而后是副秘书长，再后调到司法厅律师管理处当副处长、处长。

1984 年的一天，当时我正在司法厅律师管理处当副处长，厅长范佑先跟我谈起律师问题。说到国家对律师的需求逐年增加，但我省的律师数量很少，1983 年的数据是，全省各种律师加起来不到 300 人。范厅长说，要想个办法解决律师数量问题，要通过法律知识考试与素质考核选拔律师，把那些优秀的人才吸收到律师队伍来。这就是江西省律师资格考试的由来。

这样，从 1984 年 9 月到 1985 年 11 月，江西省司法厅一共组织了四次全省律师资格考试。这几次律师资格考试，我和律师管理处的其他同志一起作了具体工作。考试题目是我出的。为了帮助参加考试的人复习，我在姚宣东同志（当时也在司法厅，后调海南）的帮助下还编写了《律师学习三百题》。1986 年，司法厅把我编的这三百题编印成册，当时很多想参加律师资格考试的人都来买这本书，包括外省的很多人。

几次律师资格考试的成功，离不开司法厅领导的大力支持。考试要场地、要资金、要人员，都是在厅领导的直接参与下解决的。这几次律师资格考试，果然吸引了全省很多优秀青年和其他人才，报考人数总计 1795 人，应考人数为 1492 人。参加考试的甚至包括一些领导干部。最终，司法厅在这些参加考试的人中授予 633 人律师资格。有不少取得律师资格的人转到律师行业来。到 1985 年，江西省全省律师人数增加到 600 人，是 1983 年考试前的两倍多。

江西省率先在全国组织律师资格考试，通过考试选拔律师人才，这个做法引起了司法部的注意。司法部派出了律师司副司长丁增祺和张庆来同志亲自到江西来了解律师资格考试情况，收集有关资料。司法部对江西省的做法给予了高度肯定。

此后，司法部在参照江西做法的基础上，于 1986 年组织了第一次全国律师资格考试（此后，每两年一次律师资格考试。直到 1992 年开始改为每年一次律师资格考试。2002 年变成司法资格考试。2018 年又成为统一法律资格考试）。司法部对江西省司法厅在 1984 年、1985 年组织考试授予的律师资格给予承认，即已经通过江西省考试的人不用再参加全国律师资格考试。

我个人也因为具体组织江西省的律师资格考试而被司法部认可。司法部当时考虑要调我去部里工作的，只是因为我不符合拥有大学文凭这个硬性条件而未成。但司法部仍然在 1986 年和 1988 年的全国律师资格统一考试中，抽调我到北京去参加律师资格统一考试的命题，我负责刑法卷的部分。

我从南昌市法律顾问处调到司法厅后，作了不少难忘的工作。我自己总结有影响的大概有十多件。但最为人所记住的有 3 件，这 3 件都是全国第一。除了上面说的在全国率先组织全省律师资格考试外，还有在全国率先组织全省律师辩论赛和在全国率先评选十二佳律师。

评选优秀律师的时间是在 1988 年。为了激励律师，让优秀律师成为其他人的榜样，司法厅组织了全省律师的评选活动。这次评选，我们采取了社会评议、当事人评议、律师同行评议和公、检、法、司评议的方式。

经过评选，最终选出了“最佳律师”12 名，“先进律师”30 名。12 名“最佳律师”的名单是（以姓氏笔画排列）：王书鹏（赣州市律师事务所）、危伯谦（新余市法律顾问处）、刘化时（南昌市第二律师事务所）、杜武（武宁县法律顾问处）、余寄生（奉新县法律顾问处）、宋健生（吉安市法律顾问处）、张马力（南昌市第一律师事务所）、陈云路（余江县法律顾问处）、周小钊（景德镇市第二律师事务所）、周荣生（上饶市法律顾问处）、高毓民（萍乡市法律顾问处）、葛文荣（抚州市法律顾问处）。评选出来后，江西省司法厅组织举办了隆重的授奖仪式，江西省委、省政府、省人大、省政协四套班子和公、检、法、司都派领导出席了授奖仪式，产生了重大影响。通过评奖，让社会更了解了律师。

1991 年，江西省司法厅又举办了一次全省律师辩论大赛。全省各个地市都组织了辩论队参赛。省厅和南昌市各组织了 2 支队伍参赛。记得参赛队伍共有 16 支。最后，评选出了 6 支优胜队，32 名优秀辩手。从南昌市法律顾问处分出来的南昌市第一、第二律师事务所和江西省律师事务所都取得了好成绩。记得南昌市一队是第一名，获得团体一等奖。这次辩论赛，也引起了社会和媒体的极大关注。江西的新闻媒体作了全程报道，中央电视台也在晚间新闻中报道。

上面三件大事，在当时国家法制不健全，人们对律师知之甚少的情况下，都很好地宣传了律师，扩大了律师的影响力。同时，为选拔律师人才、提高律师素质都起到良好的作用。我作为一个直接的组织者和参与者，觉得无上荣光和自豪。

我的人生最辉煌的事业是从南昌市法律顾问处做律师开始。在我从事多年律师管理工作后，1998 年，我又办了江西金凤凰律师事务所，算是“终点又回到了起点”。因此，到最后，我只能是以律师身份结束我的工作。

这辈子，我对律师事业充满无限热爱！

周兴武：从南昌市法律顾问处到江西阳光律师事务所

——我从事律师工作经历的那些趣事

周兴武，现任南昌市律师协会会长。1983年毕业于西南政法学院，他是第一个分配到重建后的南昌市法律顾问处的全日制法律本科毕业生。他一直从事专职律师工作，至今已经36年。从南昌市法律顾问处到南昌市第一律师事务所，再到南昌市第二律师事务所，最后创办江西阳光律师事务所（现江西红阳光律师事务所），无疑，周兴武是南昌律师的一个符号式人物，他的经历就是南昌律师发展的经历。因此，让他来告诉大家那些他所知道的故事，一定令人信服。在采访的过程中，他侃侃而谈，明显可以看出他对以往经历的熟悉和怀念。我们轻松愉快地听着他的叙述，感觉是那么的有趣。但过后，很多故事又让我们沉思。

1983年我大学毕业后分配到南昌市法律顾问处工作。8月，我到南昌市司法局报到，直到9月1日才到南昌市法律顾问处正式上班。

那时，法律顾问处只被看作是司法局的一个科室，独立的事业单位却没有自己的财务自主权，律师的补贴、出差报销等都要经过司法局财务科，法律顾问处的会计裘伟萍经常因为报销凭证等问题被局财务科骂得哭鼻子。

当然，大学生的安排也是司法局的事。

我之所以拖到9月才上班，大概与当时司法局一时无法解决像我这样的大学毕业生的住宿有关。直到我上班后，司法局在佑民寺门口的那栋楼里租了三间很简陋的木板房，安排我、林美福、徐国星三个大学生和没有住房的老律师赖必堂一家。三间房，赖必堂和其妻子、女儿一家住一间大点的，林美福住一间小一点的，我和徐国星两个人住一间。房子十分简陋，没有卫生间，没有自来水，更没有厨房。为了吃饭，我们几个单身只能去长征路的市政府食堂。那时交通工具又没有，每次吃饭，都要步行走过大半条明德路。由于距离太远，有时，吃完饭走回办公室又感觉饿了。

我报到时，南昌市法律顾问处已经在南昌市花园角11号办公。这是一栋很矮的平房，大概有4个房间，其中有个单独的小房间，好像是原来房东的厨房，法律顾问处用来做接待。当时法律顾问处负责接待的是老律师徐干生。那时，他已经80来岁。

我刚来法律顾问处，领导要我跟徐老律师学习。当时，法律顾问处虽然人才奇缺，但法律顾问处有一个不成文的规矩，所有刚来的新人都必须接受一段时间的历练，即要在接待室待个半年一年。我被安排向徐干生老律师学习。

徐老律师是个 80 来岁的老人，他这个年纪还来工作，其实是法律顾问处聘用的，不是正式在编律师。但接触一段时间后，我就感觉他非常非常厉害！我是从他的咨询过程看出来的。那时，我们国家真正意义上的法律很少，很多人来咨询的问题都涉及有关政策。比如历史遗留的房产问题、工作问题、待遇问题等。徐老律师对这些政策的出处，涉及哪号文件，有关文件什么时间发布，甚至哪页都能倒背如流，令人不得不佩服！

后来我才知道，徐老律师之所以对政策如此熟悉，可能与他自己的身世有关。徐老律师是个悲剧性人物。他本来是 20 世纪 50 年代的律师，他的编制好像在南昌市中级人民法院。他在 50 年代被打成右派，律师资格取消了，一家人，包括老婆、女儿、儿子都跟着他下放农村。下放后，一家的遭遇十分悲惨。老婆自杀了，儿子疯了，女儿大了后不能回城，也只好嫁给一个普通农民。直到 80 年代，他得到平反，右派摘帽。当时的政策很不通人性。他的女儿想跟他回城，回城可以，但必须离婚，由你选择。无奈，女儿为了回城，被迫离婚。

回到城里后，徐老律师虽然年事已高，但为了补贴家用，就到街上卖冰棍。一个这么大年纪的知识分子，站在大街上卖冰棍，与文盲无异。直到被聘用到南昌市法律顾问处后，那些来咨询的人看见他，大吃一惊！这不是那个在街上卖冰棍的老头吗？！

尽管徐老律师一生充满了坎坷，经历了人生最大的悲苦，但我从他平时的言谈举止，从他与当事人的交流中，丝毫看不出他对过往的不满和怨言。这绝不是一般人做得到的！这也是我认为徐老律师厉害的另一个方面！

徐老律师对人生的态度，也深深影响了我。

南昌市法律顾问处在 1985 年以前发展得是比较慢的，有点按部就班，一年就进一两个人。所以人员一直不多。

有个笑谈可以佐证。大概在 1982 年或 1983 年上半年，反正是在我来之前，林美福与刘益敏两个人都是法律顾问处的单身。刘益敏虽然是南昌人，但有时星期天都不回家。因此，两个人都经常待在办公室里。

有一个星期天，林美福与一个女孩子出去谈恋爱了，办公室只有刘益敏。恰在此时，另外一个女孩子来法律顾问处找林美福，问刘益敏，林美福去哪里了？刘益敏随口说，林美福跟一个女孩出去谈恋爱了。林美福回来后，大概已经被那个女孩子骂了，怪刘益敏没有帮他隐瞒，所以十分生刘益敏的气。刘益敏也自认为很冤，我又不知道你与这个女孩子也在恋爱！两个人说着说着就打起来了。当时办公室只有两人，无人劝架。两个人都认为对方错了，想找个人评理。找谁呢？所里能评理的人不多，领导又住得很远。最后，他们商量一起去找刘化时律师，因为刘律师是党员，总该有权威性。他们同意由刘评判是非。

法律顾问处离刘化时律师家有一段距离，如何去刘化时律师家呢？那时，刘益敏有一部自行车，而林美福没有。最后，刘益敏说骑自行车，林美福没有办法，只能跟着。刘益敏骑车，林美福坐在后面。两个吵着架的年轻律师，坐着一辆自行车去找人评理。

当大家知道这件事后，都笑了起来。大家说，原来律师吵架都与其他人不同，他们太文明了！

我的印象中，南昌市法律顾问处是从1985年才真正发展快起来的。这得益于沈浩大主任。沈浩大与冯惠珉一样原来也是南昌市中级人民法院的，1981年南昌市司法局恢复时，他是来参与重建的。但一直未得到重用。直到1984年底，大概是年终总结前，他被任命为南昌市法律顾问处负责人。我记得之前冯惠珉在法律顾问处是党支部书记、副主任主持工作。她因为年龄和身体的原因，在这个时间离开了法律顾问处。

在沈浩大来之前，法律顾问处行政色彩比较严重，搞业务的反而不太吃香。年终总结每个人都要反思自己的思想，作批评和自我批评，搞得有的人哭哭啼啼。而在业务奖励方面也比较保守，办案多不一定就多得。比如那时，赖必堂律师办案最多，但受批评也最多。因为办案多，犯错的机会就多。

直到有一次，市司法局主管律师的刘司福副局长与法律顾问处的张马力副主任和刘化时律师一起去安徽学习考察，发现那边的律师正在实行业务奖励制度，每个案子可以奖励五六元钱，多劳多得。回来后，才仿效别人实行了一定的奖励制度。

沈浩大主任来后，打破了当时只有干部才能做律师的惯例。当时很多在企业的青年，比如何大年、陈卫、张凯德等，都是在1985年沈浩大来后进来做律师的。也是在1985年，有个漂亮的女孩来法律顾问处实习，被沈浩大主任看中。为此，沈浩大专门开车到学校去要她，定好了毕业后进法律顾问处。她就是熊英，江西省司法学校第一届毕业生。

我毕业时，正遇到1983年严打。如果说那时我们的生活十分困难，那么，比生活更难的，更让我们困惑的还是律师工作的开展。

那时人们的观念还很落后。听老律师说，严打时，有省里主要领导针对律师辩护发话，说律师辩护辩个屁。这么一句话就让律师的辩护工作停摆，遇到法律问题的老百姓要寻求法律帮助几乎不可能。1983年至1984年上半年左右，律师辩护工作基本处于停顿状态。律师干什么去了？南昌还好一点，有的县里的律师不但不能辩护，还由县里安排，与公检法一起去抓犯人去了。本来是通过为犯人辩护将犯人放出来的律师，却在充当与公安局一样将犯人关进去的角色。现在看来匪夷所思，但那时却是天天都在发生的事实。

我刚参加工作感到十分苦恼。一天到晚只能接受咨询，连代书都不行。法律顾问处领导说不能代书。

有一次，一个老太婆来咨询，倾诉了她儿子的不幸遭遇，要求我们帮她写控告状。经过了解得知，他儿子是单位的劳模，平时表现很好。一天，骑自行车在八一广场新华书店附近，与一个女的撞到一起了。两个人争执起来，身体难免发生接触。那个女的就大喊，说他要流氓。这一下可了不得，竟敢在八一广场光天化日之下要流氓！那时，正是严打时期，管辖这个地段的某派出所马上抓人，连夜审讯，动用刑具刑讯逼供，将他打得半死。派出所称这个案子是大案要案，接着上交到公安分局刑侦队。刑侦队又连夜审讯，继续刑讯逼供。打到下半夜，人就在嚎哭声中死了。

打人的人为推卸责任，一口否定是打死的，竟然称人是得暴病死的。

老太婆活生生的儿子突然死了。不但儿子死了，怀有身孕的儿媳妇只能引产另嫁他人。老太婆儿子死了、媳妇改嫁了、未出生的孙子也没有了，真是惨不忍睹！

我和徐干生老律师都十分同情她。但又不能代书，只能偷偷帮她写控告状，让她自己回去再抄写。老太婆不断控告，在八一公园附近逢人就喊冤。经过不断控告，最终引起中央领导重视，有关部门只能将那个刑侦队长抓起来，但也只判了缓刑。老太婆仍然不服，继续申冤，得到新闻媒体的支持。最终，有关部门将那个刑侦队长以刑讯逼供罪判了 7 年有期徒刑。老太婆的冤屈部分得到伸张。

我们帮老太婆写控告状完全是义务的，一分钱都没有收，完全是出于道义。老太婆的冤屈得到部分伸张后，我们感到了些许安慰。

我在法律顾问处做接待工作，开始，一直没能办理案件。直到当年 12 月左右，终于有个机会被我抓住。一天下午，东湖法院派人匆匆忙忙来法律顾问处，说有个盗窃案后天上午就要开庭，需要律师出庭。大家一听，时间太紧，只有一天时间，要阅卷，要会见，要写辩护词。大家都不愿接，觉得接不了。我想抓住机会，就主动向张马力副主任提出可否让我去？她很吃惊，说我从来未开过庭，怕出问题。但我说，请放心，我年轻人可以打晚班，可以熬夜。因为当时确实找不到其他人去，而法院又需要律师出庭，法律顾问处只好勉强同意。

这是一起商业系统的案子，被告人是个营业员，指控他监守自盗。为了以儆效尤，商业系统十分重视，派了很多职工来旁听。东湖法院决定在八一广场的江西省展览馆开庭，当天有好几百人参加。我第一次开庭，既兴奋，又紧张，我感觉到了自己紧张得有点发抖，加上下雪天，天气很冷，也有点冷得发抖。那种感觉，记忆犹新。当天参加开庭的，还有欧阳荣军律师（后做过江西省司法厅律师管理处处长）。我是第一被告的律师，她是第二被告的律师。司法局也很重视，派了公律处处长罗来富和法律顾问处张马力一起来旁听。

这次开庭，让我一炮打响，达到了很好的效果。对我而言，这次出庭有特别的意义，一是让法律顾问处开始放心让我办案；二是我自己也增强了信心。从此，我真正开始了一个辩护律师的道路。

我在法律顾问处办了很多的案件，跟很多老律师都有合作，主要是跟张马力和汤忠赞两位律师。因为我与他们两人的出庭风格都很像。

在办理的案件中，许多都让我无法忘怀。记得有个案子是我与汤忠赞律师一起办的，余干县电影院经理和副经理贪污案。80 年代初，由于电视的普及，电影院的效益下降。余干电影院为了提高效益，就将放映权承包。他们用群众喜欢看的电影来吸引观众，好看的电影就通宵达旦放。当年余干发洪水，道路不通，他们游泳出去拿回影片来放。大家不能出去，就看电影。这年，电影院的效益起来了，大家都发了七八百元奖金。

上级派人来检查，发现很多假发票。原来，他们为了将奖金拿回家，就以电影院开支名义用假发票冲抵。上级不分青红皂白就以贪污论处，还把这当作重大贪污案。而当时的人民日报又采访报道，说是江西重大贪污案。这一报，比判决书还厉害，相当于提前定好了罪。因此，案件影响很大。

我们在辩护时提出，他们不构成犯罪。他们只是用不恰当的方式拿回自己应该得到的报酬。而且，当时全国都在推行责任承包制，如果奖励不兑现，将挫伤承包人的积极性，与政策不合。但一审还是认定了他们犯罪。后被告人上诉，在二审改判，不用坐牢。

那时，律师与当事人之间的关系是非常简单的，律师办案是十分清廉的。有次我跟张工一起到河北秦皇岛出差，与当事人一起去的，但车票是各自买的，吃住也是分开的。我们律师与当事人之间的界限划得很清。那时的风气真是值得怀念。

我办的案子中，还有很多让我不能忘记的。比如 1996 年的东乡法院法官和部分干警到内蒙古执行任务致人死亡案。

在南昌律师发展过程中，还有一件事应该说一说，这就是律师分配制度的改革。

大概 1991 年之前，南昌市的律师都是拿工资的，奖励很少。到 1992 年左右，南昌律师变为提成制，即律师拿 30% 的办案提成，工资取消。这激发了律师的积极性，南昌律师的创收提高很快。但不久，发现这种只提成 30% 的方式又不行了。因为同在南昌的省厅直属律师事务所的提成比例已经达到 60%，南昌律师只有他们的一半。这样一来，原来在南昌市这块的有些兼职律师纷纷跳槽到省厅直属律师事务所去。南昌律师的管理已经明显滞后，包括当时南昌市属的律师事务所一直只有四个，外加一个合作制律师事务所，律师事务所和律师数量的发展都很慢。

在这种情况下，1997年底，我和邬建平、赵永云、徐建章、杜红民、姜建民6个在编的律师一起，准备创办一家南昌市真正意义上的合伙制律师事务所。6个人当时都是南昌市第一、二律师事务所的骨干。我那时在第二律师事务所做副主任。我们的行为引起当时众多媒体的高度关注。1998年初，我们创办的合伙制律师事务所，即江西阳光律师事务所正式成立。记得南昌晚报写的报道的标题就是“打破铁饭碗，走向阳光道”。我们合伙制律师事务所的成立，最大意义在于触动了南昌市司法局，推动了南昌律师分配制度的再次改制，全部国办所也将律师的提成比例提高到60%以上。这次改制是较以往都要彻底。

还有一件事，就是江西省第一次律师辩论赛，这也是全国律师中的首次。1991年，江西省举办年全省第一次律师辩论赛。全省共16个辩论队参赛，南昌有2个，共8人参加。辩论时是两个人一组，我和胡晓华搭一组。最终我所在的南昌市一队取得辩论赛团体第一名，我获得个人第二名。这次大赛，南昌市有7个人获得优秀辩论员称号，包括我、熊英、何大年、苑德闽、胡晓华、邬建平、胡学锦。后来，南昌市司法局为我们7个人记了三等功。

我从事律师工作36年，很多事让我怀念。但那些最让我怀念的还是从事律师工作早期的往事。

何大年：从工人到名律师

何大年，江西豫章律师事务所高级合伙人，自1984年开始从事律师工作至今。从一名普通青年工人，到江西省知名律师；从最早的南昌市法律顾问处实习生，到现在的江西豫章律师事务所高级合伙人，这段漫长的历程既可以看出他从事律师职业具有的天赋，又可以体会他每一步都走得那么的坚定踏实。他从事律师职业35年，历任江西省律师协会两届副会长，时间长达11年。他曾担任全国律协第四、第六届理事，获得包括全国优秀律师在内的众多荣誉。近年来，他在业余时间重拾年轻时的爱好，写散文，填词赋诗，系中华诗词学会会员、江西省诗词学会会员、江西省散文学会会员。从中，我们可以体会他对生活和事业的顿悟，可以一窥他对人生越来越超然的从容。2019年7月16日，我在豫章律师事务所小会议室采访他，听他娓娓道来。一段经历、一段人生！他的叙述，让我们可以从另一个角度，看到南昌律师逝去的那段真实的历史。

我从一个青年工人成长为一名执业律师，好像是出于自己的热爱，但又似乎是命运的安排。

我的父亲是解放前的知识分子，为人耿直单纯。但是，正因为此，他在20世纪50年代末被评“白旗”蒙冤入狱，被开除公职、农场就业。自从60年代开始直至“文化大革命”结束，父亲颠沛流离、辗转多地，我十多年都没有见过父亲，直到1979年父亲得到平反。这段不幸的家庭命运，从小就深深埋在我心里，让我比常人对社会多了一层思考。因为父亲的原因，我全家都下放农村，我的中学是在新建县石岗公社南岗中学读的。1970年，当时的江西省革委会主任程世清为战备需要，迁移了很多工厂、学校到湾里、石岗，并在石岗兴建钢铁厂和化肥厂。这一年，凡是吃国家粮的初中毕业生都分配进工厂。十几岁的我，就在这种形势下有幸进了新建县化肥厂。后程世清跟着林彪倒台，为了肃清林彪余毒，在他手上建的那些工厂也纷纷被解散，我所在的化肥厂也不能幸免，后我又调到在南昌上海路的江西五金厂工作。

1983年，国家开设首届自学考试，当时只开了马列、财会和法律3个专业。我毫不犹豫选了法律专业。我之所以学习法律，父亲蒙冤20年的遭遇是内心动因。那时我天真地想，如果有法律保护，这世上就不会有冤假错案，所以选择学法律。

为了能通过首届自学考试，我是没日没夜地刻苦学习，整整三年没有过一天休息。一边生火做饭、一边捧书阅读。还有骑着自行车，手上拿个手抄本不时背诵的情景，在我脑海里至今还是那样清晰。为了自学考试，我参加了求实学校自考班学习，但仅仅只有一年，因为没钱交学费，以后就完全靠自己自学。值得安慰的是，大学语文我考了全省第二名，最终成为全省五个优秀毕业生之一，获得了省自考委员会和江西大学联合颁发的奖励与优秀证书。

我第一次听说南昌市有个法律顾问处，得益于当时同在求实学习的尹蓉蓉。我记得是尹蓉蓉告诉我，她正在南昌市法律顾问处实习，她是通过张马力主任去的。这个消息让我惊讶、震撼！心中特别向往。此前，我从来没有听说过南昌市法律顾问处！学法律，做律师，这是我梦寐以求的！我也要去法律顾问处！那时，我只是一个普通工人，根本不认识法律顾问处的人，法律顾问处离我是那么遥远。

我在急迫间想到了父亲。是的，他虽然被打倒过，但他的学生中有很多都当了领导，是否有在公安当领导的呢？回家后，我把自己的想法告诉他。父亲是个从来不求人的人，如果是要他走后门，我知道不会有戏。我耐心向父亲解释，到法律顾问处去实习，去做律师，不是那种概念的走后门，是光明正大的事，只要他老人家找人引荐就行。父亲听我说了以后，果然没有责怪我，默默地予以了支持。父亲找了曾经的学生，好像姓刘、时任省公安厅的副厅长，刘副厅长给公安出身的张马力打电话并帮我写了一张字条。

我拿着刘副厅长的字条去找张马力律师，心中既激动又忐忑。那时是 1984 年 7 月左右。南昌市法律顾问处在花园角 11 号，张主任接过介绍信，端详了一下我，马上答应我的实习要求。她一口京腔，为人热情，说话语速很快，是一个十分果断干练、快人快语的人。她问我现在在哪里工作，要我一定处理好实习期间与所在单位的工作关系，不要产生冲突。我得到答应后，心里十分高兴。此后我与张马力主任的接触也越来越多，她对我的成长给予了很多的帮助。她还送过一本王骆宾的书给我（张主任告诉我，王骆宾是他的舅舅）。说实话，张马力主任是有恩于我的，至今都心存感激！可惜张马力主任在八十大寿不久后便过世了，我代表省律协去悼念她，所写的发言稿保留至今。

顾问处接纳我实习后，我立马回五金厂找领导，提出去当售货员。厂长李金生一听，十分奇怪。他说，厂里看我不错，正准备把我调去供销科，这么好的差事不要，要去做售货员？那时，工厂的销售科是最好的部门，很多人打破头都想挤进去。而售货员却是待遇和地位最低的岗位，基本是女职工干的。我把自己的志向向李厂长作了解释，他听后很理解，同意了我的请求，我到现在都十分感激他。这样，我就到江西五金厂设在八一广场边上的小商店做起了售货员，半天站柜台，半天到顾问处实习。我记得张工、苑德闽等还来过这个小商店。当时五金厂同事中有很多人十分不解，纷纷向我投来异样的目光。他们不知道，此时的我，内心正燃烧着一团熊熊的火焰。

设在花园角的顾问处共有 5 间办公室、1 间接待室。这里尽管小，但对我来说是一个全新的天地，这里的一切都让我倍感新鲜，让我激动，也让我暗暗下定决心，一定要好好学、好好干。

我初来南昌市法律顾问处时，主任是冯惠珉，但我只见过她一两面，基本没有接触。当时法律顾问处分有两个组，一个是民事组，由张马力负责；另一个是刑事组，由刘化时负责。从部队军官退伍来的熊火根当时正在司法学校全脱产读书，寒暑假会回顾问处。我认识熊火根主任并且与他有较长时间的聊天，正是 1984 年的暑假期间（熊火根 1985 年底毕业回来被任命为法律顾问处副主任）。后来在二所期间，熊火根主任对我很认可并给予很多帮助，我也很感谢他。

1984 年八九月，沈浩大主任调到法律顾问处来主持工作，刚来时也是副主任,后来才任命为主任。为什么是这个时间？因为我印象很深,当时天气还很热，张马力对我说："冯主任退休，局里调来了沈主任，现在有一个新规定，就是到法律顾问处来的实习生，每个人每月要交 15 元实习费，一年 180 元，你刚来实习这钱还要补交。"这笔钱对像我这样的青年工人来说是有困难的。我找沈主任陈述困难，申请先交半年的实习费，沈主任答应了。当时我自己只有 40 元。为了凑足 90 元，我回家向母亲要了 50 元。

1985 年初，我参加全省律师资格考试，结果我考了南昌市第一名。这个消息是南昌市司法局办的《法制时报》总编白江告诉沈主任的。沈主任听到非常高兴，他退回了我已交的实习费，并且后半年实习费免交。更让我感动的是，沈主任亲自前往五金厂为我办理借调事宜。我记得很清楚，当五金厂李金生厂长问“你们准备借多久”时，沈主任回答：借到正式调入为止。那个时候，我和沈主任并不十分熟悉，那个年代风气也正，更谈不上有什么请客送礼的事。沈主任完全是为了顾问处的发展，为了律师队伍的壮大。事实上在沈主任手上进了很多人，沈主任对南昌律师事业的发展是有卓越贡献的，这也是有目共睹的事实。

1985 年上半年，我被借调进入南昌市法律顾问处，开始全身心投入到律师事业。我进法律顾问处后，开始了我的很多“第一次”。

我办的第一起案子是张马力主任交办的南昌二中的租赁纠纷。我按照主任交代找当时的南昌二中书记孙庆佶（笔名：省三）了解案情，又去找承租人了解情况。经过好几次协调，这个案子最终以调解结束。孙书记告诉了张马力这件事办得不错，张马力主任表扬了我。当时我是特别高兴，晚上也睡不着，毕竟这是我的第一次啊！

我第一次出庭是与熊朗秋一起办的一起盗窃案。这个案子在西湖法院，当时承办法官是黄学武庭长，后来不久被提副院长。朗秋是 1981 年来顾问处的兼职律师，但他天天在顾问处，其实就是专职律师了。我听说铁路上要给他“提干”，但朗秋毅然决然选择做律师，这让我十分佩服。朗秋与我年龄相仿且都是工人出身，共同语言较多，而且朗秋资历更老，所以我也会向他讨教某些问题。我和朗秋在 1986 年下旬由同一张调令调入。1992 年朗秋办合作所，第一个找的就是我，我家属认为好不容易调入事业单位怎么又辞职呢，此事只好作罢。

我的第一次单独出差是刘化时律师安排我去的,是和他的一个顾问单位（记得叫东方实业公司）的老板去山西太原催债。印象特别深的是坐了两天一夜绿皮火车，还有太原天空中充满的粉尘以及到处的“羊膻味”。到债务人单位后，他们耍赖不给，老板手抓楼梯护栏就要往下跳，这个场面第一次见，很骇人。这是一笔 40 多万元的债权，当时就是一笔巨款。这次经历，让我知道了讨债的艰辛和做生意的不易。

我到顾问处时，张马力主任当时要我多向对面的于巾魁律师学习。于律师是位典型的知识女性，温文尔雅，给人感觉素质极高、特别亲切。可惜于律师因身体等原因并不常来（我曾经专程去二大院于律师家中看望）。我主要是跟刘化时和潘光荣两位老律师在一起。有一段时间，刘化时律师到哪里去都要带上我，他去哪里我就跟着去哪里。刘化时律师身上，有很多值得学习的地方。比如他基本上每月都要跑顾问单位几次，无论去哪里，都会随身带上一本笔记本，把一些事情记录下来。又如，有法律问题时，他总是要求学生先对问题发表意见，鼓励我们大胆说出自己的看法。我们发表意见以后，他再补充和纠正，这一做法对年轻人的成长非常有好处。后来，我自己带学生时，也是这样做的。顾问单位都很尊重刘化时律师，这是与他认真负责的工作作风分不开的。潘光荣律师则是另外一种性格。他见人总是笑眯眯的，一副弥勒佛的模样，为人特别和善。

沈主任来以后，重视业务也重视人才，同时设立了很多规章制度，也开始有了小额的奖金。比如说领奖金是要交案卷的，外出都要在厅堂悬挂的小黑板上用粉笔留言，每个案子领用笔录纸不能超过 2 本，等等。想到现在所里笔录纸随便拿的状况，真让人无语！沈主任重视从社会上招聘和录用那些优秀青年律师。除了我和熊朗秋外，还有企业走出来的尹蓉蓉、陈卫、任祺、张凯德等人。张凯德是江西二附院的司机，陈卫则是江西肉联厂的工人，我曾受沈主任委托前往二附院及肉联厂联系凯德和陈卫的借调事宜。在沈主任任上，南昌律师队伍有了积极健康的发展，为以后律师队伍的壮大积蓄了一批有生力量。沈主任做事敢领先。1985 年春季，他还组织法律顾问处的成员到新建县的梦山旅游，开了南昌法律服务机构旅游的先河。记得法律顾问处租了一辆大公交车，一路上律师们欢声笑语、其乐融融。那次我带了才四五岁儿子一起去，周兴武在车上做“怪动作”逗我儿子，印象很深。1986 年 10 月 6 日，南昌市法律顾问处分家，基本上是汽车站分部与花园角总部“一刀切”。原来在花园角的都在二所，二所的主任是熊火根，副主任是刘化时。潘光荣、赖必堂、王秀芝、熊朗秋、张工、苑德闽、邬建平、田英、裘伟平、许念林等都分在了二所，王训贤在二所做了专职律师，张辉大约在 1989 年也调入二所。在二所每个星期二下午都要政治学习，还有案件讨论制度。那时，所有的案件都要经过讨论。当时条件不好，比如律师阅卷，都得去法院手抄下来。碰到案卷多的，就要花很长的时间抄。记得 80 年代，有一年快过年了还在东湖法院抄案卷。我在法院整整抄了一天，上午三个多小时，下午三个多小时。那天特别冷，等到离开法院时，手都已经僵硬了。除了抄案卷，还有写辩护词、代理词，几乎每篇辩护词、代理词都要写很多遍。记得许念林律师一篇代理词写了七稿，还拿来让大家提意见，临到快开庭了，她还念给大家听，问大家还有没有问题。

80 年代是个快乐的年代，那时虽然经济不富裕，但大家都很快乐、很团结、很单纯。法律顾问处的年轻人在办案之余，总喜欢聚在一起，有说有笑，特别是赖丽、熊英来了以后更是如此，充满了轻松愉悦的气氛。

我也无法忘记那些年办的很多十分有意义的案件。在二所期间，我到德兴林场办了一个故意伤害案，这是我带刘平一起去的。当天开庭时，有很多人来听。开完庭后，法官对我们的辩护意见很重视，法官特意嘱咐我们暂时不要走，等他们三天宣判。那时，法院的风气很好。在等的这三天，我们所住的招待所里，每天都有很多群众来找我们，有的是咨询，有的想请我们为他申冤。1988 年，我和周燕妮一起去广昌出差，这是一个工商银行行长贪污案。开完庭已是中午，我们去饭店吃饭。老板一看是我们，就说这顿饭不收你们的钱。他说他听了我们的辩护，辩得非常好。当然，最后，我们还是坚持付了饭钱。记忆更深的一个案子，是杭州军事法院办的南京军区炮旅教导大队指导员严某等人伤害致人死亡案，这是一件很蹊跷的案件。事情起因于一个小偷偷了他们大队战士的衣服。小偷被他们当场抓住，他们就在操场罚这个小偷，有人还动了手。完后，把小偷放回去。谁知，这个人回去后竟然死了。部队军人打死人，这还了得！于是，严某等人被抓起来，交由杭州军事法院审判。我是由江西军区军事法院陈乐南院长介绍做严某辩护人的。这事当时部队十分重视，开庭那天，审判长是杭州军事法院苏院长，公诉人则是军事检察院检察长。我在开庭前，做了很多的功课。比如关于死者死亡的原因，这个人的死亡与其有“心肌浸润”有关。当时，资料匮乏，这种专业术语不容易找资料。为了搞清楚这个“心肌浸润”与死亡的关系，我到江西医院找专家咨询，去新华书店查医学书籍。经过多方咨询和研究我才知道，原来，有“心肌浸润”情况的人，心脏外裹着的肉油层比常人厚很多，受外力后很容易导致心肌破裂、出血和坏死。我在辩护时把这些知识告诉给法庭，并结合这种情况为严某作罪轻辩护，效果很好。开完庭，严某所在部队领导要我留下来，希望我做严某的思想工作，让他消除消极想法。最后，严某只判了 4 年有期徒刑，部队保留了他的军籍。几年以后，我正在南昌市阳明路司法大楼五楼上班，突然有一个军人走到我面前，向我敬礼，我吓了一跳，仔细一看，原来是严某。他已经刑满出来，特意来南昌向我表示感谢和敬意。在我的从业生涯中，那些办得精彩的案子当然还有很多，比如江西电视台现场直播八小时开庭的胡氏兄弟股权纠纷案，三 S 公司与江西艺术剧院关于孔祥东演出纠纷案，震惊全国的农行抢劫杀人案，等等。

我在二所期间，1987 年，我和熊朗秋还一起在中山路的一条巷子里办过一段时间的二所分部，我们两个人负责。分部除我们两个以外，还有姜建明、孙恒太、魏建熏和行政陈琳等。直到二所搬到阳明路的司法大楼，这个分部才被撤销。我在二所于 1988 年被破格评为中级职称,1993 年初被破格评为高级职称。在二所工作的那些年是愉快的。

1993 年 5 月，时任南昌市司法局局长胡潮找我谈话，说新设的南昌金融房地产律师事务所发展困难，要我先去协助罗来富工作（罗当时系市金融房地产律师事务所党支部书记、副主任主持工作），等过一段时间再接替他。我当时有所顾虑，就对胡局长说，二所奖励我和刘化时，各买一套房子，如果我调走，房子可能会黄了。胡局长说，都是局里的单位，二所答应的事继续有效。这样，我就去了市金融房地产律师事务所。当然，因为我的离开，二所最终还是未兑现奖励房子的承诺。

金融所一开始十分困难、连交房租都成问题。我去后，通过办理江西省进出口公司的一个收费 7 万元的案件,解了这个燃眉之急。1993 年底我接替罗来富，主持金融所的工作。1995 年，张工调到金融所任主任。1996 年，彭喜根从一所调来任副主任。1998 年，张工调回二所，仍由我主持金融所工作。2000 年，国办律师事务所一刀切改制。张工、苑德闽、邬建平、战嬴、吴豪几个人一起成立合伙制律师事务所，即江西豫章律师事务所。我处理完金融所的改制安置事宜后稍晚一点也加入。从此我再没有离开，一直干到现在。

无论是在法律顾问处还是在所期间，80 年代、90 年代的往事总是不能忘怀。

那个年代是简单的、愉快的！回顾自己走上律师道路以及执业几十年的律师生涯，可以说是起步艰辛、一路打拼。我基本见证了我们国家律师制度恢复后的发展历程。我无法忘怀法律顾问处那段美好的岁月。我能从一名普通工人，到后来的全国优秀律师，每一步都留下了我自己的奋斗足迹，但最重要的是，我遇到了好时代，遇上了一个好单位，遇上了董德隆、刘集吉、刘似福、沈浩大、熊火根这样的好领导，遇上了一批好同事。做律师，其实是一件十分快乐的事！我的启示是，要做好一名律师，必须要大气开阔，要坚守法律的底线、道德的底线、做人的底线。这就是我想与大家分享的。

熊朗秋：我和江西朗秋律师事务所

熊朗秋，江西朗秋律师事务所创办人。在南昌法律界，熊朗秋律师的名气很大，这不仅源于以他名字命名的江西朗秋律师事务所，也在于他是南昌市最早从事律师的一批人。他思维敏锐,善于捕捉时代发展的潮流。早在20世纪90年代初，他就勇敢地创办了体制上有别于国办所的合作制律师事务所，在当时的观念下，很多人是不容易接受的。从早年的铁路职工，到38年的律师生涯，铸就了他丰富、厚实的人生。他连任两届南昌市律师协会副会长,获得过1996年江西省十佳律师、全国法律援助先进个人、全国优秀律师等无数荣誉。而他领衔创办的江西朗秋律师事务所也获得无数的集体荣誉。2019年7月17日，我在江西朗秋律师事务所位于洪城路新搬不久的办公大楼采访了他。虽然已经年近七旬，但我们仍然感受到他身上那种无法掩藏的激情，也体会到他对过往岁月的怀念。他的经历，何尝又不是南昌律师的经历？！

当我每次与年轻律师闲聊时，总要唠叨南昌律师的发展经过，唠叨那段难以忘怀的岁月。回想起我们刚刚从事律师的年代，那真是十分不容易！我对现在的年轻律师说，与我们当初相比，你们的起点太高了！你们太幸福了！

我出生于1950年，几乎与共和国同龄。

我原先在南昌铁路局工作，我出来正式从事律师工作时，已经属于铁路企业内管干部。我的岗位在企管办，叫企业干事。

我是如何走上律师这条路的呢？1981年，当时的南昌铁路局领导具有前瞻性，准备在路局成立一家铁路律师事务所。为此，当时的南昌铁路局在全路局范围包括福建寻找合适从事律师工作的人员。最终找到了3个人。这3个人，一个是铁路党校的余校长，另一个是铁道报社的一个记者，他是江西省黄副省长的儿子，第三个就是我。有了3个人以后，路局准备以我们作为拟成立的律师事务所的骨干。这是路局党委决定的。但那时，对成立律师事务所这个新鲜事物只是一个设想，没有什么具体概念，也不知道当时的《中华人民共和国律师暂行条例》还不能设立叫律师事务所的法律服务机构。因此，到底怎么推进并不清楚。

1981年上半年，大概是4月，为了成立律师事务所，根据路局安排，南昌铁路中级人民法院的司法科焦科长，带我们三位到江西省司法厅，希望地方帮我们培养律师。但到司法厅才知道，当时省里还没有法律顾问处。省厅的同志就介绍我们到南昌市法律顾问处。我们这才知道，当时的南昌市法律顾问处是全省第一家律师机构。

我们就到了南昌市法律顾问处拜访。南昌市法律顾问处负责人是冯惠珉主任。通过组织接洽，南昌市法律顾问处与我们路局达成协议，帮我们培训半年。当时，我记得南昌市法律顾问处还在团结旅社办公，正准备搬到花园角。等我正式到法律顾问处参加学习培训时，已经在花园角。

时间过得很快，到当年十月，我的半年学习期就到了。

我到法律顾问处后所办的第一个案件，是在新建县人民法院审理的一个刑事案件。我的指导老师是刘化时。这个案件是一个抢劫案，被告是一个 18 岁的孩子，叫梅某某。而审判长叫王小华。他后来他当了新建县纪委书记，再从纪委书记又回到法院当领导。因这次开庭，我与王也建立了深厚的友谊。

我记得很清楚，为了开好这次庭，我写辩护词一直写到开庭前一天晚上 11 点多，心里还是没有把握。我就去找老师刘化时帮忙。我赶到他家敲门，他已经睡了。见我来拜访，立即披衣下床。他帮我一起修改辩护词，这样一直折腾到凌晨三点。第二天一早，我就骑自行车到新建县人民法院，骑了一个多小时。开庭时发现，同一个案子的辩护人还有从南昌县过来的胡晓华、胡学锦和号称第一个农民律师的伍东宝等。我们那时用的是都是“法律工作者”的工作证。

这是我第一个承办的案子,也是第一次走向庄严的法庭。由于是第一次开庭，我心里十分紧张。开完庭后，王审判长笑着对我说：“朗秋啊，你看起来高高大大，怎么开庭时脸都红了？！”我自己都感到满脸发烧，肯定红得像关公一样。

但从这个案子开始，我就一发不可收拾。我对做律师越来越有感觉，越来越有兴趣了。这时，路局有新的做法，没有按原来的计划成立律师事务所，也不准备搞了。路局领导说，全国其他路局都没有搞，我们也不好搞。

而从 1981 年 11 月以后，我就一直没有回到路局，基本待在南昌市法律顾问处了。我那时还是兼职律师，而我同其他专职律师一样，整天都在法律顾问处上班。

我没有回路局上班。路局发现我有不想回路局的打算，政法委吴书记就特意把我叫到他办公室，对我说，你是路局培养出来的，你应该留在路局工作。我当时没有答应。第二次，他又把我叫去，对我说，这样吧，铁路虽然没有律师事务所，但有公检法，你回路局，公检法三家随便你挑。我还是礼貌地对他说：我对做律师很感兴趣，现在已经入门了。书记，如果路局成立律师事务所，我马上回来。否则，我还是要出去。路局领导第三次又找我，我仍然没有动摇。因此，领导谈话共有三次，但都没有说服我。

我在南昌市法律顾问处就这样留了下来。干了四年兼职律师，越来越得到领导的认可。到沈浩大主任来时，他看在眼里。一次，他跟我说，一定要把你调进来。1985 年，通过当时的市领导签字批准，我总算调进南昌市法律顾问处了。我是与何大年同一张调令调进来的。调入南昌市法律顾问处，满足了我从事专职律师工作的愿望。当然，我从铁路调到法律顾问处，从经济上是吃亏的，因为工资比在铁路少了 10 元钱，即低了两级工资。从这里反映了我对律师工作的强烈热爱。

1986 年，南昌市法律顾问处分家时，我和何大年又一起留在南昌市第二律师事务所。当时分家是以花园角和长途汽车站两个办公场所的律师一刀切划分的，长途汽车站成为一所，花园角成为二所。沈浩大出任第一律师事务所的主任。沈主任见我没有分在他所里，就很惋惜，还说要用其他几个律师换我。但二所主任熊火根又不同意。这是一段非常美好、非常有趣的回忆。

上述就是我如何从铁路职工到律师的经过，也算是我从事律师的渊源和背景。

大概到了 1992 年，当时的我就有这样一个想法：其他地方都有非国办的律师事务所，为什么我们南昌不能尝试呢？到了 1993 年初，当时南昌市司法局主管律师的副局长是刘似福。他突然找到我，说局里准备成立两个律师事务所，一个叫南昌市金融房地产律师事务所，另一个叫南昌市第三律师事务所。南昌市金融房地产律师事务所还是准备办成国办所，而南昌市第三律师事务所要办成合作制律师事务所，即集体的性质。刘副局长对我说，局党组有个想法，就是想让我出来搞一个所。

我当时正在二所的二科，二科科长是赖必堂老律师，我是二科副科长。我记得很清楚，刘似福副局长是想让我来办南昌市金融房地产律师事务所。我说要考虑一下。过了一段时间，我到刘副局长办公室，对他说，我想办合作制律师事务所，国办所让其他人办吧。我当时的想法是，合作制律师事务所有别于国办所，最起码有自己的人事权和财务权，而国办所是什么都没有。我那时是想自己做点事业。现在想来，当时这个想法还是很有勇气的。当年有这个想法的人很少。

我的想法最终得到局里同意和支持。当时，为了打消我的顾虑，局里还对我说：你先出来，允许保留编制，可以给你三年时间，不行再回来。我表态：感谢局党组对我的支持，既然要出来，我就什么也不要，包括不要一分钱，只要给我政策就行。

这样，我就开始了紧张的筹办工作。开办律师事务所，至少需要三个律师。因为我与何大年熟悉，所以第一个就找到了何大年。但他当时有顾虑。他说当初好不容易才得到这个事业编，这时又要放弃可惜，也说服不了夫人。所以他没有出来。我还找了很多其他人，都因为这个编制问题觉得舍弃可惜而不肯出来。

这时，我找到了李浪律师。他是第一个真正肯跟着我出来干的人。他当时在江西省行政学院图书馆工作，出来也要放弃事业编。动员到他后，我带着他，两个人骑着我那辆雄狮牌摩托车到处找人找钱。因为，开办律师事务所除了人还得要钱，而此时的我不但没有人，也是没有钱的。

接下来，我们找到了魏新会律师和刘平律师。魏新会是南昌市劳教所的干部。刘平是南昌市委市政府信访办的干部，他是当时市委推荐来当兼职律师的。他们两个出来，就意味着都要放弃行政干部编制。

我们最后筹到了 3 万元，还有两家单位的赞助。回想当年，我们与顾问单位打交道很容易，大家都很单纯、真诚。

1993 年 3 月 26 日，这个日子我永远记得，合作制的南昌市第三律师事务所正式挂牌。我认为这是南昌第一家真正意义的合作制律师事务所。这一天，我们的开业典礼是空前绝后的隆重。市里五套班子的领导，还有公检法的领导都来了。市委副书记史骏飞亲自来了。很多省外的律师事务所也发来贺电、贺函。

让我记忆犹新的还有，局里说准备派一个支部副书记到我们所来。我当时提出，我们现在办合作制律师事务所能否成功还没有把握，前途如何还不知道。如果派一个正式的副书记到我们这里来，我担心会影响人家的前途。是否让我们自己成立党支部？我们所的魏新会是党员，让他当支部书记。这个意见局里同意了。我们所的党支部在1994年就成立了，是全省第一家非国有律师事务所成立的党支部，应该比南方所还早。

南昌市第三律师事务所成立后，首先面临的是业务的竞争。当时，人们的观念还守旧。为了竞争，有的国办所的律师说我们是个体户，在当事人面前故意贬低我们。我们脚踏实地做自己的事，从党建开始，以党建为抓手，以党建促所建。在这个方面，老魏功不可没，做了大量的工作。为了办好律师事务所，我是下了很大决心的。那时，合作制律师事务所律师的最大顾虑就是社保医保问题。为了解决大家的后顾之忧，我自己三年没有拿一分钱回家。律师事务所花20万元为每个律师都购买了商业保险。这些保险，现在已经有人开始拿回报了。这是我认为做得很对的事情。除了这些保险，我们还买了大病保险，出现问题都有比较高的报销。总结这些，我认为我们之所以能够留住人并且能够发展，我作为创办人，个人是做了牺牲的。一个律师事务所的创办人是要舍得作出牺牲的。我的收入在所里一直都是最高的，但我的奉献也是最多的，很多钱都没有拿回家。不过我感觉自己很富有，有很好的满足感。当然，我们这样做也取得了很好的效果，让部分优秀律师留了下来，比如胡彬律师。

1998年，南昌市第三律师事务所正式改名为江西朗秋律师事务所。在大家的记忆里，好像只有朗秋所，对第三律师事务所似乎没有人提起。所以，一般也是从第三律师事务所成立起，就习惯性称朗秋所。

朗秋所成立后，一开始在胜利路租房办公，接着搬到西湖法院边上，这是我们自己第一次买办公楼。可以说，我们朗秋所在南昌是最早自己买办公楼的律师事务所。西湖法院边上的办公楼有300多平方米。现在我们朗秋所的合伙人一起又买了1600多平方米的办公楼，就是现在这个办公的地方。买办公楼的好处就是大家都有归属感。我对其他合伙人说，现在朗秋所的基本条件已经具备了，这为今后的腾飞打下了基础。我作为创办人，总算松了口气，可以安心了。

朗秋所办理了很多案件，但在朗秋所的历史上，所办的章俊理非法行医案具有标杆意义。

“北有胡万才，南有章俊理”，章俊理案是当年在全国都具有重大影响的非法行医案。发生在南昌的章俊理非法行医案，一度引起社会和媒体的广泛关注。朗秋所有幸代理这个非法行医案的受害人参与该案的全过程，为社会贡献了自己的力量。

谈到章俊理非法行医案，很多人问我，为什么当时的南昌市委市政府会交给你们办？这个案子当时其实还有其他律师事务所想办。但市委包括政法委在内，认为朗秋所政治素质好、业务也可以放心，所以经过慎重考虑，最后还是决定把这个政治任务交给我们。我个人认为这与那时我们所的党建搞得好是有关的。

我清楚地记得 1998 年 11 月 28 日晚上 11 点，南昌市中级人民法院的徐明副院长打电话给我，问我是否睡了？我说还没有。他说，你现在赶紧赶到阳明路市委的书记楼，接受一个政治任务。我一听，二话未说就立即动身。我赶到书记楼后，发现除了钟家明书记不在，其他市领导包括市委副书记、政法委书记陈绍翔等都在。他们刚刚开完常委会，会上决定成立章俊理非法行医案专案小组。他们告诉我，我也成为该小组成员。

市里给我的任务就是为该非法行医案受害的老百姓维权。我们接受任务后，马上全所动员，每个律师都参加到专案办理中。首先，我们对前来投诉的受害人进行登记。我们投入了几乎全部的人力财力。一时间，逾万人来登记。当时有个很奇怪的情况，我们印刷的材料经常丢失。原来是章俊理派人冒充受害人来偷拿材料。有时，他还会叫人来故意闹事。章俊理和他哥哥章君鹏还经常打电话给我、威胁我，说不要搞得他家破人亡。其实，在这个案子受理前，已经有不少受害人找过我。章君鹏还是我小学时的同学。案发前，我就对他说过，你们要凭良心赚钱，千万不要做这个缺德的事。但他说，朗秋啊，这个事不要你管。他说，告状让他们告，我还怕他们告状？！章俊理兄弟还故意在外面放风，说某某领导是他们的后台。其实这只是他们虚张声势，并不符合事实。

章俊理案子为什么会发生？这个案子的发生有很多传说，但我是最清楚的。其实，案发前就有不少受害人投诉过。直接引起案发的是江西拖拉机厂一个技术员的投诉。这个案子的起因是，一天，那个技术员和夫人利用星期天逛街，当逛到中山路章俊理开办的“德国牙医”店门口时，这个技术员站在门口随便说了一句："我这个牙齿有点问题。”他的话还没有说完，就被人拖进店里了。他有点懵里懵懂，还没有反应过来，牙医店就为他上了器械。过一会儿，他一看，自己的牙已经磨成老鼠牙，即把牙齿磨成锥形了。他蒙了！牙医店对他说，如果要镶好牙，需要3万元。他吓了一跳，这才明白自己被坑了。3万元，当时可是一笔巨款！他哪受得了！这样，这个技术员和夫人就到处告状，尤其是他夫人，更是十分坚定。消协、卫生厅、卫生局都告了。其实，章俊理牙医店对来看牙病的人都是这样对待的，像这样先被伤害然后被迫花钱镶牙的人无数。其中有个江西省的杂技运动员，是江西唯一一个参加国际杂技比赛的运动员,他的牙也被磨成老鼠牙。可是他参加国际比赛用的正是这口牙。磨成锥形后，一下就毁了他的运动生涯，从此无法参加比赛，让他痛不欲生。

江拖技术员夫妇到处投诉，但没有人受理。令人气愤的是，当他找到章俊理他们评理时，章对这个技术员说："你不是要投诉吗？来来来，我帮你拨好电话。”章俊理之所以这样狂妄，是因为有关部门的某些人都被他搞定了。因此，受害人投诉无门。

那时，外面有传说，说是我在害他，还有钟家明书记在背后要搞他。其实，钟书记当时是不知情的，冤枉他了。真实情况是，这个技术员找到我，告诉我投诉困难的情况。我确实帮他出了主意，告诉他这样投诉是没有用的。遇到这种情况投诉，就要引起省市领导重视。这样，他通过人找到当时的舒圣佑省长的秘书，将一封告状信转到了舒圣佑省长手里。舒省长叫人调查后十分震惊，就在这封投诉信里批示："章俊理违法行医。不管他是红道还是黑道，我只讲马克思主义之道。请南昌市委钟家明书记立即组织专案组查处。”这个批示在当时的江西日报刊登出来了。这样，钟书记按省长指示成立专案组查处。因此，并不是钟书记要故意搞章俊理。钟书记后来到省人大任副主任。

章俊理案发后，除章俊理、章君鹏两兄弟外，东湖区卫生局局长也被抓进去了。因为这个局长明知章俊理没有行医资格却帮他发了行医证。这个案子由南昌市西湖区人民检察院提起公诉，南昌市西湖区人民法院审理。章俊理聘请的是北京市的名律师钱列阳。钱律师作的是无罪辩护，理由是疑罪从无。最后章俊理当然还是被判有罪。章俊理被判处九年半有期徒刑，以故意伤害罪判处有期徒刑六年，合并执行有期徒刑十五年；章君鹏被判九年有期徒刑。章俊理等不服，上诉到南昌市中级人民法院。二审后，章俊理的故意伤害罪被拿掉。所以，最终结果是章俊理被判处有期徒刑九年半，章君鹏被判处有期徒刑九年。

章俊理两兄弟不服判决，到省高院申诉。章俊理申诉聘请的是赵秉志教授，赵教授一直帮他代理申诉。赵教授的申诉理由和辩护意见是章俊理不构成非法行医罪，依据就是章俊理有政府发的行医执照。但他说章俊理有罪，只构成故意伤害罪。对于这个意见，法院和我们受害人代理人认为，构成非法行医罪是没有错的。他这个执照是请客送礼弄来的，不是正当得来的。赵秉志又为章俊理申诉到最高人民法院。由于赵秉志的影响力，这个案子引起有关部门的高度重视。大概在 2005 年还是 2006 年,最高院两次派工作组到南昌,一次是立案庭，一次是刑事庭。我都到场参与解释。这个时候南昌市政法委原来的负责人都调走了，只有马世国在，但他又没有参加过这个案子。陈绍翔书记也已经过世了。我解释，这个案子不仅是法院的问题，还涉及江西省三级公检法，全部参与了。这个案子当初立案时是非常慎重的。南昌市中级人民法院和江西省高级人民法院派人一起到最高人民法院请示。当时最高院刑一庭庭长是张军。记得当时他在青岛开会，两级法院的人又赶到青岛。因此，这个案子立案时就得到了最高院认可的。

在开庭时,很多受害人在法庭上控诉章俊理。因为治疗牙齿,有人为此破产,有人为此离婚。法庭上哭声一遍。为了证明章俊理非法行医的事实，司法机关还在全国聘请了 10 个专家，包括最著名的牙医专家作鉴定，结果是一致的。大家都说章俊理不是医生是畜生。

章俊理所谓行医没有一点医德，就是为了赚钱。在案发前他就意识到自己的问题，转移了不少钱，公安局还是查封了章俊理非法所得超过 5000 万元。在那个年代，这么有钱的人是很少有的。能够拿出依据直接请求索赔的受害人超过 1000 多人，更多的是没有保留证据，所以无法索赔。

我们所在这个案子里付出了很多,但收入很少。我们尽的是社会责任。当然，这个案子也为我们所赢得了社会的认可，给我们带来了好的声誉。

朗秋所的发展既有我熊朗秋和同事们的努力，更离不开国家法治的进步。现在，朗秋所已经是一个有一定规模的中型律师事务所。我相信，国家的法治会越来越好，律师会越来越好。我怀念那段美好的过去，我祝福我们南昌乃至于全国律师拥有更加辉煌的未来!

涂韵春：激情飞扬、梦想启航的岁月

——江西沃德律师事务所走过的历程

在选择合伙制律师事务所代表人物的过程中，我一直非常纠结。因为，众所周知，现在绝大多数律师事务所都是合伙制律师事务所，而合伙制律师事务所中的领军人物出众者很多。无论是资历还是影响力，都可以挑出不错的人选。但我最终选择了涂韵春律师。

之所以选择韵春，是因为20世纪90年代，当大家还在国办所“抱残守缺”的时候，他却是南昌较早的“觉醒者”，也是勇敢走出来的那个。尽管促使他出来的原因中，确实有自己解释的，他当时所处的工作环境可能最为“恶劣”，他最不满现状，但他终究是在“学院派”里最早出来的那个。

江西沃德律师事务所的创办一波三折，这是大多数创业者难于避免的历程。2003年，当江西沃德律师事务所与江西求正律师事务所合并为江西求正沃德律师事务所时,他却选择到江西豫章律师事务所。这种选择,如果不是由他自己来解释，一定会成为难于解开的历史之谜。

他在江西豫章律师事务所做高伙13年后，又毅然选择离开南下深圳。他现在是国浩（深圳）律师事务所合伙人。他的这一举动，想必又引起了大家的猜测。

他可能确实有一颗不安的灵魂。而我要找的，不就是这样一个不求安稳、喜欢挑战的他吗？！让他自己来告诉大家吧，我想一定会满足大家的好奇心。

这就是以往对代表人物的采访，都是由我执笔写的，而这一次，“激情飞扬、梦想启航的岁月——江西沃德律师事务所走过的历程”这篇文章，是由他自己写的原因。

光阴荏苒，不知不觉中，南下深圳已近三载。近日，我的老朋友、老伙伴，江西豫章律师事务所高级合伙人徐建章因正热心编撰《南昌律师二十年》，频频向我催稿，要求我把20世纪90年代下旬与几位志同道合的伙伴共同创办江西沃德律师事务所（下称沃德所）的历程写出来。

在这个静谧的南国之夜，遥想激情飞扬的青春岁月，回望理想绽放的90年代，不禁感慨万千。如果说，80年代，是思想解放、个性觉醒的时代；那么，自邓小平南方谈话开启市场化改革序幕后，90年代，则是甘霖普降后自由挥洒的万物生长。从历史的视角来看，沃德所的诞生和历程，都与那个时代密切相连，沃德所走过的道路和轨迹，其实就是那个时代变迁的道路和轨迹。

意气相投的同道与躁动不安的灵魂

1990年7月，我从武汉大学法学院毕业，分配到南昌市东湖区律师事务所工作。到律师事务所的主管单位东湖区司法局报到那天，就被留在司法局法制宣传科，理由是我大学期间发表过一些文章，而局里正好缺个舞文弄墨的。于是，我就在局里负责法制宣传并兼职出纳。

第二年夏天，我又被借调到东湖区政法委所属的区综合治理办公室，协助两位主任写材料。1992年的早春时节，在我辞谢了区委领导要将我正式调入区委政法委的好意后，承蒙这位开明领导的理解，允准我回到律师事务所，从事我向往已久的律师工作。此时，律所已更名为南昌市第四律师事务所。

在借调机关工作期间以及回到律所后的那几年里，我有幸结识了一批年龄相仿、经历相若的青年同道。当时分别在南昌市第一律师事务所和第二律师事务所从业的万必闻与杜红民，是在1990年夏末的律师资格考试的考场上认识的。至今犹记，在考试间隙和回家路上，三人神聊之后分手，弥漫心头的那种意犹未尽、依依不舍之感。1991年夏，在上营坊的研究生英语考试培训夜校，我结识了西南政法学院85级的刘卫东，他毕业分配在省里某狱政机关任管教干部，单位在新建县长堎镇。同为走出校门不久的大学生，对于现实，我们有着类似的困惑；对于未来，也有着同样的憧憬和期许。两人多次倾谈，颇为相投。

夜校结业不久，卫东调入了江西省涉外经济律师事务所，我也离开机关回到了律所，我俩都放弃了考研而投身律师工作。1992年初，通过杜红民介绍，我认识了红民的同门师兄、江西大学法律系84级的徐建章。建章当时在南昌市第一律师事务所，虽然端着“铁饭碗”，却也对现实有着诸多的思考。1992年初夏，因我负责东湖区考生的律考报名，又认识了来报名的涂红兵，彼此也是一见如故，十分投缘。涂红兵和刘卫东是大学同学，都是西政85级的，虽分配在南昌市检察院研究室工作，但却向往相对自由无羁的律师职业。后来，红兵果然辞职下海，只身前往被誉为“改革前舰”的海南，如愿以偿地投身律师事业。我们这几个青年同道，虽分散在不同的律所和单位，但由于都是80年代念的大学，受时代熏陶，都向往海阔天空的自由，不愿受体制的羁绊。彼此之间，有许多共同语言，可谓同气连枝，同声相应。这些在时代浪潮中躁动不安的灵魂，每一次相遇相聚，都有着聊不完的话题；每一次倾心畅谈，都能够相互启迪，相互激励。

20 世纪 90 年代初，由于政策的放宽，市场的活跃，后来被称为“92 派企业家群体”的一大批官员、学者都已离开体制，纷纷下海创业，在市场经济大潮中搏浪前行。律师体制改革也逐渐深入，先是国办所引入提成制，提成比例虽然不高，仍然产生了一定的激励作用，接着合作制律师事务所不断涌现，不久又更进一步，出现了合伙制律师事务所。相较于体制、机制保守，仍然存在一定程度的人身依附色彩以及论资排辈传统的国办所，前两者基本实现了人的自由和独立，并且在分配制度上完全打破了“大锅饭”与平均主义，实现了多劳多得，经济自主。我所在的东湖区律师事务所，由于行政化色彩比较突出，改革相对迟缓，在改革的力度、深度和广度上，都与省属和市属国办所存在较大差距。所谓穷极思变。在我们这一批青年律师中，我脱离体制，自由飞翔的愿望尤为迫切。

沃德所的萌芽、问世和相互守望

1993 年开始，随着省、市律师体制改革的逐步推进，合作制律师事务所在南昌渐成声势。除了老牌的合作所江西华赣律师事务所越办越红火之外，由律师界老大哥、已经成名的熊朗秋律师领衔创办的南昌市第三律师事务所、魏友援领衔创办的江西华兴律师事务所等合作所，因牵头人的个人魅力与体制、机制的优势等因素焕发出强大的生命力，声势日隆。1995 年，当时已颇具知名度的刘文武律师创办了江西中律律师事务所，该所甫一问世，便迅速在南昌的法律服务市场打开了局面。我耳闻目睹律师界这些喜人的变化，备受鼓舞，跃跃欲试。

1995 年底，早无恋栈之心，去意已决的我，先后联络了徐建章、杜红民、万必闻、刘卫东等好友，提出辞职创办合伙律师事务所的想法。建章、红民和必闻三人因住房尚未房改，国办所较难放行，加上已成为各自所在律所的骨干律师和重点培养对象，一时之间也不便离开；卫东此时已决定报名参加司法部派赴英国的全国涉外律师人才培训计划，正拟去北京进行英语强化训练，分身无术。这些好友虽不能至，但都真诚地给了我许多支持和鼓励。卫东兄还向我郑重推荐了他在江西省涉外经济律师事务所的同事成新生和为了完婚而刚从海南回来的涂红兵，并引荐我和新生见了面。在此之前，我已在东湖区法院与红兵邂逅，邀他入伙，红兵当即慨然而应。当年那次与成新生的相见和相识，基本奠定了沃德所日后的底蕴和格局。新生 1989 年毕业于中国人民大学法律系，举止儒雅，性格沉稳，待人接物真诚大气。虽为初识，却让人顿生信赖，颇有惺惺相惜之感。新生对于辞职办所，虽然早有所想，却无立即付诸行动的心理准备。但这并未对我们的聚谈造成影响，新生、卫东、红兵和我，围绕办所理念和思路，兴致勃勃地聊到深夜。不久，新生和红兵联袂推荐了郭顺平加入合伙。顺平毕业于江西省司法学校，从遂川县人民法院辞职来昌，时为南昌市第三律师事务所律师。与顺平的相见，也是一见倾心，办所理念和思路，同样一拍即合。

经过几个月的商讨、筹划和准备，我和红兵、顺平于 1996 年 6 月联名向江西省司法厅律管处提交了成立合伙制律师事务所的申请材料，律所名称暂定为“江西旭日律师事务所”。得益于当时主政省司法厅的高登霄厅长、喻漕清副厅长以及律管处汤忠赞处长、欧阳荣军副处长的开明，到 1997 年 4 月 10 日，省司法厅就下达了《关于同意成立“江西旭日律师事务所”的通知》。

得到批文后，我们立即在苏圃路 105 号半岛大酒店租下一个大房间，购置办公设备，招聘行政人员，凭着满腔热情，怀着美好憧憬，开始艰苦创业。律所开办不久，因名称检索发现重名，需要另冠新名。在讨论中，我先是想起有“自由论坛”之誉的伦敦海德公园，遂提出效法先贤，冠名海德。但经过推敲，大家都担心“海德”重名的可能性也很大。最后决定冠名“沃德”，中文有“厚德载物”之意，英文可做“胸怀世界”之解。

办所之初，站住脚，生存下来是当务之急。我们除了服务好各人的现有客户，勤勉尽责地办理现有各项业务外，剩下的时间，就是发挥团队优势，不断钻研和探讨各类新型律师业务，共同撰写各类法律服务计划书，有针对性地开拓法律顾问单位和案件来源。在合作中，三人各有分工，各尽所长。郭顺平当时虽然年仅 24 岁，但已有法官和律师的双重工作经验，加之悟性极高，勤奋好学，天生就是个干律师的，为言为文简洁明快，实干能力出类拔萃；涂红兵系出法学重镇西南政法，名师熏沐，理论功底好，业务水平扎实，且为人性情随和，素喜交游，人缘广结，高朋满座。

经过大家的共同努力，沃德所的业务不断扩大，也逐渐吸引了一些优秀律师的加盟。随着人员的增加、规模的扩大，我们几度迁址，先后在八一大道与叠山路交叉口的物资大楼、南京西路的京西大酒店办公。1998 年下半年，三人共同出资在八一大道和南京西路交叉口的新建商务楼购置了办公室，于 1999 年初入驻。乔迁新办公楼的同时，我们沃德所双喜临门，成新生终于成功辞职，加入合伙。同年 10 月，毕业于华东政法学院 85 级、在银行与非银金融机构法律服务领域已颇有建树的战赢律师，离开江西省经济律师事务所，成为沃德所第五位合伙人。2000 年初，已在多个业务领域打开局面的杜红民律师，从江西阳光律师事务所转入沃德所，成为第六位合伙人。这时的沃德所，六位合伙人在律师业务上各有所长，分别在省城律师界的金融、证券、涉外、房地产、公司业务等领域崭露头角。从 1998 年到 2000 年期间，律所还吸引了孙剑、王虹、邹盛武、肖日栋、许龙江、郑荣、刘华、李庆、胡剑平、胡耀明、何志琴、邓志远等一批院校毕业、才华横溢的青年律师，可谓人才济济。

沃德所创立之初，即已确立了疑难案件讨论制度和业务学习与培训制度。随着成新生、战赢和杜红民的加入，所内的学术氛围更加浓郁，业务研讨更见深度。印象最深的是，在疑难案件讨论、新型业务研讨中，成新生的表现最为突出。人大法律系在法学界久享盛名，果然名下无虚，新生在民商事领域的才华造诣、深厚功底和对法律法规、司法解释百科全书式的广泛涉猎，常常让我们击节赞叹。

2000 年秋，因省、市国办所全面改制，战赢应张工、苑德闽力邀，参与筹办江西豫章律师事务所，成为豫章所合伙人，离开了沃德所。2003 年初，涂红兵因夫人调入深圳市检察院而举家迁居深圳，退出合伙。面对国办所改制后百舸争流的冲击，2003 年 4 月，江西求正律师事务所（原江西省涉外律师事务所改制设立）与沃德所协商合并，成立江西求正沃德律师事务所。我于此时，应邀加入江西豫章律师事务所任合伙人，离开了相伴六年的沃德所。

白驹过隙，离开沃德所至今，一晃就是十六个春秋。如今的南昌律师界，伴随着江西经济的发展壮大，已是强所林立，百花齐放。令人欣慰的是，不论时代如何变迁，江西求正沃德律师事务所与江西豫章律师事务所仍为同城双骄，律界重镇；仍然精英云集，势头强劲。我虽举家迁居岭南，与昔日旧友们天各一方，但少年时甘苦共尝、并肩打拼的情谊无时或忘，历历在心。山高水长，不能阻隔彼此的牵挂；时光流淌，我们仍然温暖地守望。我相信，我祝愿，在今后的岁月里，曾留下我奋斗足迹的求正沃德所和豫章所，一定会更加欣欣向荣，更加枝繁叶茂。

方世扬：江西华邦律师事务所的前生今世

方世扬，江西华邦律师事务所首席合伙人。他是江西律师界名气最大的律师之一。早在2000年，在他从事律师工作仅十三个年头，就扛起了将江西省司法厅直属国办律师事务所，即江西省律师事务所脱钩改制的大旗。从此他作为该所主任，直到今年4月。一方面，这凸显了他少年老成的帅才，另一方面，也充分证明了他在关键时刻的勇气和担当。时势造英雄，这次历史性的律师改制也成就了他。自2004年8月开始，他出任江西省律师协会第四届会长，这是江西省律师协会首次由执业律师担任会长。那年，他不过37岁，可能是当时全国最年轻的省级律师协会会长。他连任第五届会长，直到2015年6月江西省律师协会第六届理事会改选。方世扬的头衔当然远远不止省律师协会会长一个，他也是全国律协第五届理事，第六届、第七届、第八届常务理事。他还拥有更多的社会职务，诸如江西省委省政府顾问团成员等。他曾荣获“全国优秀律师”“江西省优秀青年卫士”等荣誉称号。除了个人突出成就外，更主要的是，在江西省律师事务所改制基础上成立的江西华邦律师事务所，在他的带领下很快成为南昌市乃至江西省法律服务市场的一面旗帜，是法律界流传的南昌三大律师事务所之一。当然，关于方世扬律师和江西华邦律师事务所的更多情况，尤其是江西华邦律师事务所的前世今生，很多年轻法律人并不清楚，但又很希望了解。为此，2019年10月17日，我在他的办公室采访了他。想听，且听他说！

1987年7月，我从江西大学法律系毕业，分配到江西省司法厅。工作报到的那天，厅政治处负责同志问我想去哪个部门。当时我不清楚厅里有什么部门，所以反问，厅里有哪些部门？政治处同志告诉我，与法律专业有关的有江西省律师事务所（当时还有另外一块牌子叫江西省涉外经济律师事务所）。我这才得知，那时江西省律师事务所属于司法厅的一部分，律师事务所的人也属于厅里的国家工作人员。厅里发给我的工作证是112号。

记得是江西省律师事务所的负责人之一魏金荣到厅里来把我带到所里的。那年江西省律师事务所的办公地址还在南昌市二七北路363号，据说是律师事务所买的办公楼。

我自这天踏进江西省律师事务所后，就此结下不解的缘分。从此，就没有再离开过，直到现在。

那时江西省律师事务所的负责人是朱黎明和魏金荣。在我的记忆中，他们之后汤忠赞来负责过一段时间。魏金荣之后被派到江西华赣律师事务所负责过一段时间。1989 年时，江西省律师事务所已经是肖敏负责。

在我来的前后，江西省律师事务所陆续进了很多年轻的法律人，大部分从政法院校毕业，也有的从其他地方或单位调过来。1989 年时，律师事务所人员已经超过 30 人了。肖敏、朱黎明、熊本祥、刘明和、张大伟、黎拯民、刘先波、杨建刚等人都在。

我刚做律师时，主要是办理刑事案件。我记得光死刑案子就办了十多个。由于办理刑事案件成绩突出，1989 年，我还得到过江西省政法领导小组的表彰。

1989 年司法部、建设部联合举办了一个全国房地产律师业务培训班，我有幸参加了学习。这开启了我从事民商事领域法律服务的兴趣和决心。1992 年邓小平南方谈话之后，全国经济形势大转变。从这个时候开始，不知不觉，我的执业领域由刑事转到了民商事。1993 年，上海证券交易所成立，我又参加了全国首批律师从事证券职业资格培训，并取得从业资格证。由于江西省律师事务所有 6 名律师具有证券从业资格，该年江西省律师事务所也取得了从事证券法律业务的资质。这是江西省第一家取得从事证券法律业务资质的律师事务所。

上市公司的法律服务，一开始全国范围内只有北上广部分律师在做。江西的企业需要上市也是请外地律师提供上市法律服务。直到 1996 年，我争取了一个机会，即江西纸业（现改为九鼎投资）上市，最终是我们提供的上市法律服务。这是江西律师的破冰之举。接着，我又做了其他上市公司的法律服务业务，比如凤凰光学、赣能股份等。为上市公司提供上市法律服务，当时从全国来看，除了北上广的律师事务所外，我们与其他地方的律师比算早的。因为这个原因，我还有幸为湖南省的飞鹿股份提供了上市法律服务。

接着，我又参加了很多国有企业的改制、混改，如江西旅游集团、江西盐业。还有，在资本市场也做了一些法律服务，比如票据业务。

在江西省律师事务所改制前，我一直默默地“修炼”，全部心思都用在如何提高业务能力、如何开拓业务领域方面。

江西省律师事务所在1992年发生了一个很大的变化，就是一分为三了。这年，在江西省律师事务所基础上，分出去了江西省涉外经济律师事务所和江西省经济律师事务所。朱黎明带了一部分人到江西省涉外经济律师事务所（后由魏金荣接替）；而方正铎带了一部分人包括战赢去了江西省经济律师事务所。

时间到了2000年，全国开始了自收自支国办律师事务所的脱钩改制。这是一次根本性的变革！从此，律师事务所由国办转到律师个人合伙开业。江西省律师事务所的脱钩改制是非常有意思的，可能不同于南昌其他国办律师事务所的改制，主要区别就在于我们是真正的整体脱钩改制，而不是部分人重新组合。

江西省律师事务所的改制，厅里本来要肖敏来主持的，但遇到一些困难，就没有改下去，然后他离开江西省律师事务所。据说调去了当时广州市的国信律师事务所。肖敏离开后，厅里将刘明和从江西华赣律师事务所负责人岗位调回江西省律师事务所做主持工作的副主任。但他和其他律师都支持由我来主持改制。这事也得到厅里的认可和大力支持，当然，这是我当时站出来主持改制的动力。

江西省律师事务所的改制，从另外一个方面说，其实是律师们的主动行为，并不完全是有关文件逼迫改的。那时，律师们都有变革的愿望。但在当时的情况下，律师们既想改制，同时又都有顾虑。在改制前，江西省律师事务所是没有为律师们买过社保医保的，改制时，大家都主动表示可以放弃。不过，大家对改制的主要担心还是改制后的收入是否有保障。针对大家的这些想法，我当时在改制动员会上提出，大家不要担心，我们以一年为期，一年以后，如果律师们的收入达不到预期目标，不足部分，则由我个人来补贴。行政人员可以选择离开，也可以留下来。自愿留下的，工资在原来的基础上翻一倍。

厅领导后来说，方世扬是条汉子，说我上面的几句话很关键，稳定了人心，使江西省律师事务所的得以顺利脱钩改制。

改制就这样完成了。改制后，“江西省律师事务所”的这个名称我们还是继续用了两年左右。主要原因是原江西省律师事务所的职工房改是从1998年才开始的，到2000年还没有完成，脱钩改制涉及律师们房产的权属证书变更问题，如果此时改变名称，势必影响律师们的房改。所以，厅里考虑了这个因素，让我们暂时还是用这个牌子。但在厅里批准改制的文件中，改制后的律师事务所名称已经注明叫“江西华邦律师事务所”。这样，我们在理顺关系以后，大概两年左右，待房改完成后，才正式启用“江西华邦律师事务所”这块牌子。

很有意思的是，我们在改制一年以后，我问大家还要不要补贴？大家都笑了起来。这一年，所有人的收入都超出预期。这充分证明，律师事务所的脱钩改制是完全正确的。我们的改制达到了预期效果。

这里要说一下我们的办公用房。1998 年，江西省律师事务所买了福州路奥林匹克大厦 8 楼 840 平方米的办公楼，改制时原江西省律师事务所的资产全部移交给了省厅。但这栋办公楼，由改制后的律师事务所暂时租用，直到 2006 年。2006 年，我们江西华邦律师事务所自己买了同一栋大楼的第四层，1600 多平方米，2007 年正式启用。这层楼是由我、杨爱林和郝仕湖三人出资买的。杨爱林是自己出钱。郝仕湖 1998 年刚从学校出来，经济比较紧张，所以由我帮他暂时垫付，作为支持。

改制时我们一共是 7 个合伙人，包括我、刘明和、杨爱林、王卿、胡海若、严少芳、郝仕湖。

刘明和做律师之前在武宁工作过，1989 年调到省律师事务所做律师，省厅曾经派他到合作制的江西华赣律师事务所接替魏金荣主持工作一段时间，是一个实际工作经验非常丰富的老律师；王卿 90 年代初从鹰潭市调过来；胡海若 1985 年就开始做律师，原来是一个企业的工人，先是在江西省律师事务所做兼职律师，后调进来的；严少芳大概是 1993 年左右从南丰调进江西省律师事务所，改制后先是我们的合伙人，在 2005 年左右离开南昌去北京做律师了；郝仕湖当时是我们最年轻的合伙人。而杨爱林自 1998 年就进了江西省律师事务所。大家都比较熟悉他，他现在是江西华邦律师事务所的主任了。

江西华邦律师事务所的合伙人做过一次较大增加，主要是为解决合伙人年龄结构问题。我们扩大了合伙人队伍，让一些年轻律师加入进来。进来时，我们尽量为他们创造条件。比如，我们只将办公楼的装修款作价，让新的合伙人认购入伙。这样，他们每个人不需要掏很多入伙投资款，所以进来后他们都很高兴。

我们在经营理念上也进行了一次改革尝试。2015 年开始，我们就在思考律师事务所的经营模式问题。我们想改变传统的提成制模式，希望做公司制。为此，我们到北京、天津等地的律师事务所进行了考察，走访了金杜、中伦、金诺、天同等公司制律师事务所。点睛网的刘卫与我所合作，他帮我们策划了这次改革。2016 年，我们正式试行公司制。

但是，经过运行后，大家发现了公司制带来的问题。主要是很多人都感觉到在公司制模式下，每个人都太累了。因为公司制需要计点，而计点则所有工作都必须留痕。这样，大家的精力都在如何留痕、如何考核上，最重要的业务反而容易疏忽。更要紧的是，公司制下，客户都不满意了。因为公司制，必须搞所内的专业化，律师事务所要根据每个律师的专业特长，为客户派出最专业的律师。但是，客户看到律师事务所派来服务的律师都是不认识的，就有意见。再好的律师、再专业的服务，客户不满意都是白搭。因为我们是人情社会，客户还是认可他们熟悉的律师。

在这种情况下，我们试行的公司制与我们当初的设想相差很远。因此，搞了 5 个月后，大部分律师认为不能再这样下去，还是恢复原来的制度。这样，我们就赶紧刹车，改回来了。

但郝仕湖还是认准公司制。此前，他曾经到美国去考察过，坚信一体化有发展，公司制是律师发展的方向。他对我说，他还是想出去试试，意思是另外创办一家公司制律师事务所。不过，他说，同不同意他出去试听我的。如果我不同意，他就不去。

我对郝仕湖这种敢想敢闯的精神是非常认可的。因此，我坚定支持他的尝试。我们不做但不能反对他做。在这种情况下，他和几个人出去办了公司制的江西凌科安时律师事务所。他们出去时，也十分大度，主动放弃了在江西华邦律师事务所的投资。他们都说，当初所里让他们做合伙人，他们已经赚到了。这当然是客气话。其实我心里清楚，这些跟着我好几年的年轻人，都养成了不拘小节、做大事的胸怀。这，已然成为我们华邦人的一种基因和传统。

尽管他们暂时离开了，但我们两个所关系密切，很多活动还在一起，还是一家人。我衷心希望他们的公司制能够干成功！

对这次公司制的尝试，我个人的思考是，我们这样的地方性大所是不适合搞公司制的，但小而精的律师事务所可以做成功。

律师事务所的发展，需要不断传承和接力。2019 年 4 月，我主动提出不当主任，并提议由杨爱林当。杨爱林非常优秀，我相信他一定可以干好。但大家尊重我，推我做了首席合伙人。现在的江西华邦律师事务所，杨爱林是主任兼管委会主任。新的班子很实干，也很谦虚。同样出于对我的尊重和抬举，大家认为在关键问题上还是需要听取我的意见，所以让我拥有对律师事务所重大问题合伙人会议表决时的否决权。我提出，对同一个问题，如果第二次合伙人会议有三分之二人数表决坚持，则还是按大家的意思办。这同样写进了制度。我的想法就是真正放权，相信他们，让他们干。

律师事务所的发展如逆水行舟，必须紧跟形势。江西华邦律师事务所需要不断发展、不断前进。为此，今年 3 月，经过合伙人会议讨论决定，我们在八一桥头的保利中心购买了 3000 平方米办公大楼（八楼一层，七楼半层）。这个大楼是由我们 23 个合伙人共同出资购买的。买楼时，先让他们认购，我和杨爱林两人表态，对他们没有认购的部分托底。这个大楼买下后，已经在装修，预计明年就可以搬进去了。到时，可以在现有的基础上大大改善律师们的办公条件。

华邦所现在人员超过 100 多人，包括律师和其他专业人员。我们这些年有意在控制律师规模，我们希望律师人数最好适应发展。

谈到我在律师协会的工作，回想起来，同样让我感慨万千。我是在 2004 年当选为江西省律师协会会长的，这一干就到了 2015 年 6 月。同时，因为省律师协会会长的原因，我也做了全国律师协会三届常务理事。我在做江西省律师协会会长期间，总结起来只有一句话，就是我的任内，江西省的律师队伍比较稳定。我与协会秘书处、其他副会长、常务理事的工作配合还不错。我在任内支持党建，记得最清楚的就是党建工作的开支实报实销。

从江西省律师协会会长职务上退下来后，与我同时期的其他省市协会会长、同时在全国律师协会当常务理事或全国律师协会副会长的同行，还一直保持联系。大家的友谊不断。

律师工作是辛苦的，做律师的要善于调整自己工作和业余生活。我的业余生活是比较丰富的。我喜欢旅游，特别是喜欢开车旅游。我参加了南方汽摩俱乐部，我也是江西省汽摩协会的常务理事。我经常会同俱乐部的旅游爱好者一起开车去各地。2018 年，我们开车从江西到重庆、四川、西藏、新疆、内蒙古、宁夏，行程超过 15000 千米，包括去了珠峰大本营。今年，我又开车穿越了内蒙古四大沙漠。

7 月，我和玩得好的全国律师协会原副会长、上海市律师协会原会长朱洪超，广西律师协会原会长王莹文，坐雪螺号去北极。我们从俄罗斯的白令海峡穿越进去，进到最高纬度是北纬 73.5° ，到北极时看到了北极熊。

我去过很多地方，包括无人区。我到过彭加木墓地，等等。我在这种越野旅游中不断加深对人生的认识。尤其是当你到达的是一个未知区域时，你会对自然和生命有深深的敬畏。我还认为，在祖国的土地上旅行，是最好的爱国主义教育，我经常为祖国那壮观的山河景象震撼。

作为江西人，我参加过江西四大水系源头的考察，去过赣江源、抚河源、信江源、秀河源等。我去鄱阳湖湿地看候鸟，开车在冬季的鄱阳湖草地，五分钟不用扶方向盘，那浩渺的草地，让我感觉十分美妙。

每个做律师的都很忙，但做律师要善于安排好自己的工作和生活。作为律师事务所的管理者，不要认为律师事务所离不开你。安排适当的业余时间做自己喜欢做的事，这是对生命的尊重。

当然，作为律师，我们不管在什么地方，都不能耽误委托人的大事。有一年，我开车到稻城亚丁，突然接到客户电话，只好中途折回。路途遥远，回来时花了好几天。还有一次刚到香格里拉，就接到客户的电话，我只能跟同伴道歉，立马回头。这样的情况很多。遇到这样的事，我总是选择以客户利益为上。

我从事律师工作 30 多年，我的体会是，律师要有高度责任感。律师要收费，但不能只为了经济利益。律师对客户要认真，要尽心尽力，这样才对得起客户，对得起良心。

律师既是一种职业，也是一种使命。

刘卫东:从“求正”和“沃德”,到“求正沃德”

——那些关于江西求正沃德律师事务所的故事

刘卫东，江西求正沃德律师事务所高级合伙人、主任。在江西律师界，提起刘卫东，没有人不佩服。他的为人，他的事业总是让人津津乐道。成就刘卫东事业的，则是江西律师界赫赫有名的江西求正沃德律师事务所。1989 年，他从西南政法大学毕业，开始在一个监狱做劳改干部，但他却与律师这个职业有缘！四年后的 1993 年，他放弃提拔，毅然投身靠自己本事吃饭的律师行业。历史证明，他的选择是正确的。因为有他，才有了合伙制的江西求正律师事务所。之前，他差点成为另一家合伙制的江西沃德律师事务所的创办人。但他注定与江西沃德律师事务所有缘分！江西求正律师事务所与江西沃德律师事务所最终成为一个所。之后，因为他的无私奉献，才有了江西求正沃德律师事务所内部的快速融合；也因为有他的宽厚、无私，才有了江西求正沃德律师事务所众多高级合伙人的放心托付，才让江西求正沃德律师事务所在江西律师界有了傲视群雄的地位。因此，反过来说，又是他成就了江西求正沃德律师事务所。刘卫东太忙了，除了 200 多人的律师事务所需要他费心管理外，他还身兼江西省律师协会常务副会长的职务，还有诸如江西省政协委员、江西省新联会副会长、江西省委省政府法律顾问团成员等诸多头衔。他也获得了全国优秀律师、江西省十大法治人物等荣誉。2019 年 11 月 6 日，趁他中午休息的时间，我采访了他。他说，他最想讲的还是他与他的合伙人、律师之间的故事，讲江西求正沃德律师事务所的故事。

1989 年我从西南政法学院毕业。当年，我分配到位于南昌昌北的江西省第九劳改支队工作。江西省第九劳改支队后改名为昌北监狱。我在中队带班一年，是带班干部，和我一个中队的有个叫刘平的干部，他后来成为女子监狱长，现在调到司法厅工作了。我们这个支队当时对外叫江西赣江建筑安装公司，是一个三级施工企业，我们中队是专做预制板。我的这个经历，恐怕没有多少人知道吧！之后，我从中队借调到政秘科，写了一年的监狱志，主要是写我们第九劳改支队史志。和你今天一样，我也采访了很多老同志，有参加长征、参加抗日、南下的老干部，令我尊敬而且钦佩！也真正受到了教育和激励。非常有意思的是，工作后我获得的第一个荣誉就是省劳改局发给我的“史志编撰优秀工作者”，与一群白发苍苍的老爷爷一起领奖！在这一年后，我调到管教科，负责教育，当时监狱里针对服刑人员是三大教育，即思想、文化和技能教育，对他们进行政治思想教育、政策法律、形势、三观等教育的同时，重点提高他们的文化水平，当时大部分人的文化程度很低。另外技能教育也很重要，目的是帮助解决他们刑满释放后有一技之长，能谋生存、融入社会。

1992 年，我参加了律师资格考试。之前，因为想考研，在英语培训班夜校认识了涂韵春。报考律师资格时，又是在涂韵春手上报的名。那时，他在东湖司法局帮助报名登记。这样，与他熟悉起来。

考试成绩出来后，我得知自己通过了，而且分数不错！当我拿到成绩通知单时，深藏在心底的做律师的梦想顿时被激活。我心中暗暗寻思，要找一家律师事务所，我要为梦想扬帆起航！

1992 年底，我通过亲戚联系到当时的江西省律师事务所肖敏主任。我到他办公室时，肖主任对我想从事律师工作表示欢迎。当时他向我介绍说，江西省律师事务所正在分家，很需要新鲜力量进来。我听到这个说法后，心中非常高兴。

我告别肖敏主任，从律师事务所楼上下来。外面正在下雨，我就在楼下避雨。这时，有个高高瘦瘦、鼻子上架了一副眼镜、略躬着背但风度翩翩的陌生男子，夹着一个公文包也站在那，看来也是在躲雨。他看到我，就问："你也想做律师？"我很诧异："是啊！你怎么知道？"他说他刚从省律所楼上下来，听到我和肖主任的对话，肖主任也跟他提到了我。他又问我："你是西南政法学院毕业的？"我说是。这时，他自我介绍了一下，并对我说："如果想做律师，你也可以考虑到我们所来。我们是省涉外所，我们也急需科班出身的律师！你可先来看看，我们所新租在民德路德胜门大酒店四楼办公。"说完，他递给我一张名片，把办公室的电话给我，还给了我当时正在流行的 BP 机号。我这才知道，他叫朱黎明，是分立后江西省涉外经济律师事务所的负责人，按那个年代的语言，他还是"留洋"回来的！

当我正凝视他的名片时，突然，有台某进出口公司的小汽车（那年代有人叫小包车）停在我们面前，原来是来接他的，我心里暗自羡慕。要知道，那时，能有小汽车接送，对年轻人的心理可是很有冲击力的，也就对律师职业充满了美好的憧憬和幻想，他本人也给我留下了非常美好的印象。

过了大概一个星期，我真的就去找他。我来到他所介绍的地方，找到了江西省涉外经济律师事务所的办公场所。办公楼还在装修，但朱黎明主任的办公室似乎已经装修完毕，他在里面接待客人，房间里可以坐人。我坐下后，他开始向我介绍律师职业和如何成为一名律师。说实话，那时，我对律师这个职业只有想象，没有感性认识。

真正打动我的，是那天躲雨时，朱黎明主任说他是“留洋”回来的。他介绍说，他参加了司法部组织的一年期涉外律师培训班。之后，他在英国和香港的律师事务所都实习过。那里有一种数量众多叫“事务律师”的律师。我至今记忆犹新的，是他说做律师，业务上一定要有开拓精神，好的律师必须独当一面。这时，有个年轻的律师笑眯眯地进来了。朱主任指着他说：“做律师，要向他学习。你看他，业务能力强，社交也不错，综合素质高。”这个年轻的律师就是毕业于中国人民大学的成新生。这是我第一次认识新生，也开启了我们长达 20 年以上的共事。正如朱主任所说的，他业务精湛、能力强、人品好，在我起步阶段给予了我大量帮助，尤其在求正、沃德合并后，为事务所付出了大量汗水。

朱主任指着他向我介绍说，南昌科班出身的律师很少，你来，前途肯定是没有问题的。他希望我尽快过来做律师，如果可能的话，下个月就来。我心中当然非常乐意，但又隐隐地担忧。我对朱主任说出了我的疑问，这就是身份问题，我希望调进来。要知道，那个年代，体制是个很大的制约，没有编制似乎说不过去。我大学毕业分配是在体制内，而且当时所在单位还有半军事化性质。我的担心就是如果不能及时调过来，说不定就再也没有机会。他告诉我说，你可以先来上班，像那个律师一样。他说的那个律师似乎是指省律师事务所的严少芳。那时，他人已经在江西省律师事务所上班，但还没有真正调进来。朱主任接着说，3 个月之内，只要你适合做律师马上就可以调进来。这给了我定心丸，也坚定了我的信心。

回到原单位，我提交了申请。正如我所料，当时监狱党委对放人管得很严。我找了政工科长，接着找了支队长杨芳生。杨听了我的解释后，表示理解和支持我做律师。他当时就答应放人，只是提出要按组织程序办理。这超出我的想象。我对杨支队长的开明十分感激！可惜，他后来很年轻就去世了，好像只有四十多一点，非常惋惜。我至今仍然怀念他。

朱黎明也是一位非常好的领导。他为我调动的事，专门去了我单位。杨支队长对他说，卫东很优秀，我们正准备提拔他（当时准备提拔我当副科长）。说实话，我们舍不得他走。

杨支队长的支持，让我很快就办妥了借调手续。借调三个月，三个月后，就开始办理正式调动手续。

1993 年底，我就正式调进了江西省涉外经济律师事务所。从起意到正式成为律师事务所的一员，前后经历了八九个月。那时，国办律师事务所是事业单位，我则成为有事业编制的律师了，我的律师生涯就从这里起步了。

从一个劳改干部，到一个律师，我的人生跨越了一大步。

到了江西省涉外经济律师事务所后，我才对这个所逐步了解。江西省涉外经济律师事务所的人员情况，我刚进去时，有朱黎明、黎拯民、成新生、秦啸，刘先波、薛建生、施明报、张保平等。但我刚进去时，黎拯民、刘先波正在谈论调到深圳去的事。他们要离开江西省涉外经济律师事务所。他们走后，除朱黎明外，所里主要有施明报、薛建生、成新生、张保平这些律师骨干。到了 1994 年五六月，朱黎明自己也提出调动。他在三四月曾经专门去过深圳，大概是联系调动事情。很快，他也走了。接着，薛建生也走了。朱黎明主任调到招商银行总行离岸部。走之前找我谈了很久，也送了一些书给我，他是我的良师益友，更是导师和恩人，每个人在自己的人生转折中都有一位老师长者，有时哪怕一句话，可能都是自己一辈子受用的至理名言。后来，招商银行的法务部就是朱黎明主任主导组建的，并在这个部门担任老总相当长时间。

在朱主任调离后，担任厅律师工作处副处长的魏金荣同志调任涉外所主任。魏主任曾担任江西省第一家合作制律师事务所——江西华赣律师事务所的第一任主任。在涉外所长达 6 年的共事中，他对工作的钻研和勤勉感染了我们，对我也一直关心、支持和帮助，我内心一直对他无比感激！我借调涉外所的那年下半年，涂红兵从南昌市检察院辞职做律师，也调进来了。还有省教委的钟宁，也是那年调进来的。钟宁是正规大学毕业，在省教委外事部门工作，只是不是法律专业生，但进入角色很快。这时，涉外所真正有编制的律师只有我、成新生、秦啸、张保平、施明报、钟宁、彭军等，行政人员李雁、汤晓岚和钱琦，人员不多。魏主任来后，陆续增加了一些专职或兼职律师，比如魏委、万晓明、胡武、江历文、王共华，不少都是在华赣所执业过的，他们不少身份还在企业。此外，江西中医学院的韩利民也是兼职律师（他是一个非常优秀的人，后来担任了赣南医学院院长）。还有特邀律师邝运玉。她是从东湖法院副院长岗位退下来后到这里的。我是跟着她起步的，她给予了我这个外地年轻人无私的指导，传授了很多办案经验和技巧。

在涉外所做律师业务，值得一提的是做证券法律服务。当时全省只有涉外所和省所有从事证券相关业务的资格，涉外所第一批有证券从业资格的律师有朱黎明、成新生、秦啸等。我是第三批 1995 年底考的。记得考试非常难，是闭卷考的，当时没有教材，只能看录音录像，又有淘汰率。魏金荣、周兴武、邓辉、杜红民、吴丹波、张志宏等都是这一批通过的，这也是我最早认识杜红民的时间，后来成为这么多年的同事，他执业的认真、执着，肯学习、勤思考，值得我们很多同仁学习！

此前，涉外所侧重的业务大部分与涉外有关系，主要是省里大量进出口公司、三资企业，这块业务可能较其他律师事务所所占本所业务的比重要大些。1996 年下半年，我参加了第十期司法部高级律师涉外英语培训班。我参加这个涉外英语培训，主要还是受朱黎明的影响。

参加涉外培训期间，我们参观了北京的一些律师事务所。我发现证券律师这块很有市场。当时，魏金荣主任有资格，秦啸有资格。回来后，魏主任就带我们去跑证券业务。江西省律师事务所做的第一单上市业务是江西纸业，我们做的第一单是赣南果业，我们做的第二单是江西水泥。这样，这块业务我们就做起来了。正因为此，我个人的业务逐渐侧重在非诉。

除上市这块外，我们还参与很多企业改制，我们做国有企业改制，特别是省属国有企业的改制。这也是让我当时无法下决心去沃德所的原因。说到底，就是担心沃德所没有这个资质，做不了这项业务。

要问当时为什么我们能做江西的上市公司业务，这要说到“97 额度”问题。那年，全国公司上市放量，国家将额度分配到各个省，由各个省自己选合适的上市企业。这样，我们就有了机会。

2000 年是个转折点。当年国务院改制文件下发。改制势在必行！此时，涉外所正式在编人员不多。改制时，魏金荣主任提出他年龄偏大（当年他大概 51 岁），想调回厅里。厅里就找我谈，要我牵头改制。我本来是想去沃德所的。但因为业务资质的事留下了。这样，当厅里找我时，我就对厅里说，如果一定要我改，我希望改制后的律师事务所，一是要改成学院派的，二是要做高端业务，三是人员由我们定。厅里同意后，就由在涉外所的我和秦啸提出了改制申请。秦啸 1989 年毕业于华东政法学院，她很热情、很热心，业务水平高，也有奉献精神。同时，我又联系上王新华，他是我西南政法学院的同级同学，功底扎实、经验丰富、分析判断能力强，而且准确性高，大学毕业后分配在九江市涉外律师事务所工作，但那时他已经借调到法制日报江西记者站下属的一个法律服务中心工作。机缘巧合，我、秦啸、王新华和兰卫东四个人当时均报考苏州大学在职法律硕士。考试结束回南昌后，我们三人又找了兰卫东，当时他在南昌市工商银行工作，他也是我认识较早的安福同乡，他的特点是反应快、爱学习，能抓重点、敢想敢说！他也应允后，改制所最终敲定由我们四人合伙。

改制时，主要涉及行政人员的安置问题。当时涉外所没有留下足够的钱安置。我和秦啸、万晓明三个人就自己掏钱。我记得我拿了 10000 元，他们两个人分别拿了 5000 元。

关于江西求正律师事务所的名称。其实在之前的 1997 年、1998 年左右，当时司法部就要求所有律师事务所不再使用原来带有行政色彩的名称。江西省涉外经济律师事务所就改名为江西求正律师事务所，但未正式启用，所以，改制时，厅里的文件是正式启用并直接下给江西求正律师事务所的。改制完成后，我们在南京路的金阳光大厦租房挂牌办公了。我们四个人年龄、毕业时间都差不多。其中，我和秦啸、王新华都是 1989 年大学毕业的。兰卫东是 1990 年江西省司法学校毕业的。

改制后的江西求正律师事务所，除我们四个合伙人外，跟我们过来的还有韩利民、江历文、王共华、谭兰兰等。魏金荣主任回司法厅办了提前退休手续后，也到我们所做律师。但那时，江西求正律师事务所在人员数量、业务规模等各方面都是比较弱的。

我们自2001年开始，新所的建设花了我们一些时间。但当时，我们一开始就注重制度建设。同时，我们开始考虑要办成一定规模，得有专业性、协作性。有意思的是，当时秦啸与我讨论律所未来时，我脱口而出，理想的终极目标应是实行年薪制，也就是现在说的公司化。但实际运行中，律所运行模式不得不与那时的市场同步，与当时市场接轨，市场的认同才是律所存在和发展的基础。

从2000年到2003年，江西求正律师事务所还不为人所知，主要是因为几个合伙人名不见经传，业务也比较单一、封闭、数量少，我和秦啸主要是非诉业务，当时知之者甚少。若干年后，不少同行还说当时听说你做得不错，但在法检从未见过你，不知道你在做什么？！王新华和兰卫东则主要在高院、最高院办了一些案件，虽然标的大些，但数量也不多、影响力也不大。而且，当时指导思想也是高端业务，所以市场还不了解这个所，总的来说名气不大。

2003年春节之前，我们几个想起，一直没有与江西沃德律师事务所的兄弟们聚过，希望有机会大家聚一聚。当时，江西沃德律师事务所刚好从南京西路口迁到了二七路的南昌市总工会大楼，租了一层办公。他们有5个人：涂韵春、成新生、杜红民、郭顺平、涂红兵。我们当时两个所的合伙人的背景有很多相同的地方，特别是理念差不多。而且，要知道，江西沃德律师事务所筹建时的很多制度我也参加过讨论，比如做大做强做专做团队的理念，再如基本同龄同背景情况下，实行主任轮值制度，等等。同时，两个所的合伙人，那边5个人，这边4个人，共9个人。其中有六个都是1989年大学毕业的。涂韵春是1990年毕业的，兰卫东也是1990年毕业。郭顺平是1991年毕业，过去我与他并不熟悉，合并后逐渐了解，他思路开阔，功底深厚，很多东西一学就会，对市场敏锐度强，综合素质高。在一起吃饭时，有人趁着酒兴提议两所合并，这显然说出了大多数人的共同想法。于是，大家都说考虑考虑。记得当时涂韵春还积极推动。

过完年，涂红兵因为家庭的原因，需要调到深圳去。涂韵春则正在考虑自己的业务重组。的确，他的客户与江西豫章律师事务所合伙人的业务和客户有重合，正在考虑加入豫章所。这样，江西沃德律师事务所有两个合伙人要离开。

这客观上加速了两个所的合并步伐。

那年，沃德所的轮值主任是成新生，求正所的轮值主任是兰卫东。沃德所郭顺平提议并与兰卫东两个人交流后，各自回所分别讨论，并确定实质合并事宜。正式谈时，成新生带沃德所的兄弟一起来谈。双方一拍即合，几乎没有任何犹豫，也没有任何异议，就这样，两个所就合起来了。创始合伙人有7个，即我和成新生、杜红民、郭顺平、王新华、秦啸、兰卫东。

关于新所名称问题。当时，到底用什么名称还有一段佳话。是用“求正”还是用“沃德”呢？大家互相谦让。求正所的说，沃德所的设立时间长，在社会上已经有一定影响力。而沃德所的则说，求正所虽然时间短，但系涉外所改制，且也开始有一定影响，用“求正”更合适。当然，当时大家也考虑这是否换一个新的名字。由于我们都是厅直所，对我们两个所的合并，厅里非常关心。当时的欧阳处长为此花了不少心思，她和罗中锦都为我们出主意。最后，他们建议，干脆两个所的名称都用。这样，最终就有了“江西求正沃德律师事务所”这个名称。

名称取好后，7个人又开始讨论轮值主任问题，确定一年一轮。说到首轮轮值主任，大家都推举说，第一轮就由刘卫东牵头吧。可能大家都觉得我比较随和好说话，也愿意吃点亏吧！这样，我在2003年8月开始担任轮值主任，接着又在2004年担任轮值主任。

我在担任近两年轮值主任时间里，主要解决了律师事务所内部融合问题。两个所在合并前，虽然大家理念差不多，但都有自己的做法、都有自己的习惯。我要努力将两个所融合在一起。我对如何融合进行了一些思考，我当时深知改变两所不同的习惯是不容易的。两个所的律师之间也有一个彼此认识和适应的过程。我特别从行政入手。我对大家说，一个律师事务所，如果对外要做强、内部要坐稳，行政处于重要位置，类似一个交通枢纽。律师与律师之间、律师与合伙人之间都是通过行政中转关系。行政做得好，融合就容易，我尤其强调行政对两所的律师都需要平等、和气。

经过努力，我们两个所慢慢地就融合到一起了。在这个过程中，值得一提的是我们的行政也做得不错，尤其熊晓蓉，她可能是省内律所中从事行政工作时间最长的行政主管之一吧！这样花了近两年时间，基本上无缝对接了，是在没有痕迹中合而为一，似乎原本就是一个所。

合并后，两个所的专职律师加上兼职律师也只有二十几个人，原沃德所律师略多些。

从 2005 年开始，其他 6 个合伙人开始轮值。这样，就到了 2011 年。这时，我们大家反思，觉得这种轮值制度有明显的弊端，会制约管理、效力、决策执行，与市场要求和做大做强做专的初衷不符。我提出，如果要做规模所，还是需要一个相对稳定的内部环境，尤其是管理体制，轮值变动彰显民主，但管理不能稳定，小所适用，大所难继。所以，我们从 2012 年开始，就实行了强化合伙人会议制度，弱化合伙人直接管理的体制，实行合伙人会议下的管委会制，一直到现在。管委会制，就是由一个高伙牵头，选用所里年轻能干律师，加入进来一起管理，这也是我们所与其他律师事务所不同的地方。实践证明，管委会其实就是一个平台，可以培养人，调动大多数律师的积极性，也可以发现人，选拔一批进步快、有公信力的律师。为管理付出的律师,既得到了所里同事的认可，也锻炼了自己能力。事实上，从我们所后来陆续吸收进高伙的律师看，大部分都在管委会担任过职务或参与工作，管委会制度还是取得了显著效果。近几年，随着规模的不断扩大和管理需要，合伙人会议下的执委会、管委会、监事会制度已趋成熟。

第一任管委会主任是许龙江。他毕业于中央民族大学。他原来在省台办工作，是辞去公职做律师的。合并之前就来到了沃德所。他业务能力不错，在同龄人里算拔尖的。当然，一开始，他的业务不是那么稳定。辞职后，在我引领点拨下，他的非诉业务突飞猛进。我发现他悟性很好。

由于他的业绩表现突出，2011 年，我们发展他为本所高伙。那年，秦啸因故离开，辞去高伙。同年，兰卫东也离开了。兰卫东是因为考取了中国政法大学的全日制博士。博士毕业后，他留在了北京。管委会主任是一年一届，许龙江做过两届。现在，他担任求正沃德所的党总支书记。

管委会的第二任主任是王袁生。他也做了两届。他毕业于南昌高专法律系，即现在的江西科技师范大学法学院。他在来求正沃德所之前，在另外一家律所做合伙人，之前还在省司法厅的法援中心工作过。2007 年左右转到我们所。一开始，他来所里也是做普通律师，热心所里的工作，业务方向以诉讼为主，业务发展稳定。他担任过律协党委委员，目前还担任着厅直所工委常务副主任职务。他也是担任律所管委会主任的那年成为我们所的高伙。他 1977 年出生，当时是我们所年龄最小的高伙，属于年富力强的律师。

邓小斌是 2009 年进求正沃德所的，之前在南昌市法援中心工作。他的起步不算太早，但非常勤奋、钻研、爱思考，进步很快，悟性不错，业务高歌猛进。他的业务由单一诉讼逐渐转为综合性的。2012 年，他成为高伙。他在管委会工作过并担任了职务，热心于所里的管理工作。他也是民革成员，担任了支部主委。

王袁生之后，管委会主任是章耀明。章耀明来自江西华赣律师事务所。他思维活跃，经常参加一些业务论坛，积极进取，业务发展有潜力，他做过一届管委会主任，也担任过南昌县分所主任。他是民进会员，目前担任支部主委，并担任南昌县政协委员。2018 年，他成为我们所的高伙。

求正沃德值得浓墨重彩一笔是，江西金凤凰律师事务所与我们合并了。江西金凤凰律师事务所是汤忠赞老先生创办的。汤老原本就是我们的老领导，这家所是他退休后创办的，他本人不仅在江西有名，在全国律师界也是赫赫有名，被我们称为“汤司令”。金凤凰所也在汤老的带领下，影响力大、工作创新、管理规范，党建所建样样出彩，业务更是蒸蒸日上。在 2013 年，汤老深感他年事已高，尤其因身体原因，萌生了撤销原所的想法。但他放不下与他共同奋斗的老同事，要找一家合适的律所合并，最后选择了求正沃德。按照汤老精辟总结的，这叫“凤还巢”，就是回到有省所背景的求正沃德。当年 12 月，汤老团队包括他在内十几位律师正式并入，我们也聘请汤老担任事务所首席顾问。汤老和金凤凰所的加入不仅使求正沃德所壮大了队伍，也对求正沃德所提升管理水平起了不小作用，更为求正沃德所增添了新的光彩。我常说，这也是我们的缘分和福分，感谢汤老的信任！

万艺娇接手章耀民的管委会主任职务，一干就是三年。她是金凤凰所时汤老的得意门生，为人谦和、任劳任怨、功底深厚、富有经验和见识。她是 2016 年加入求正沃德所的高伙。

2018 年，在吸收章耀明进入高伙同时，也吸收了吴美珍进入高伙。她从

2008年开始从事律师以来，一直在我们所工作，通过自己的努力和事务所培养，发展较快，并逐渐成熟。

这样，我们所到目前为止，共有11个高级合伙人。

我们所除高伙外，还有普通合伙人。我们也与其他兄弟所一样有自己的晋升制度。普通合伙人逐渐成为求正沃德的四梁八柱，几乎每个人我都能说个一二三，篇幅不允许啦！他们都是求正沃德的中坚。

目前,江西求正沃德律师事务所拥有三个分所,人员超过200人。一大批“80后”“90后”年轻律师正走向成熟,与兄弟各所的律师一起共同成长、共同发展、共同见证江西律师的成功。

江西求正沃德律师事务所的今天，是我和我的同事们当初设想的样子。这让我无比欣慰。我们将继续努力，相信江西求正沃德律师事务所今后一定会做得更好。

人生短暂，只有努力做一些自己喜欢的事、做一些对国家、社会有益的事，才无愧自己！

感谢建章律师的采访，你为南昌律师、为江西律师作出了很大贡献！

张工：我的律师生涯

张工，豫章律师事务所高级合伙人、主任，江西省律师协会第六、第七届会长，全国律协第九届常务理事，江西省人大代表，南昌市人大代表，南昌市人民政府法律顾问，他的其他头衔多到数不清。

张工确实是一个忙人。即使作为他的同事，为了采访他，我还是约了多次。张工自从成为省律师协会会长后，经常要去律师协会值班，这让我切实感觉到了他履职的用心和投入。新冠疫情复工期间，我好不容易"逮"到了他。通过他的叙述，我才发现，我对他是熟悉而又"陌生"的。熟悉，是因为我们共事多年；"陌生"，是他的很多故事我也是第一次知道。

张工出身于典型的书香门第，他的家世与国运同轨。他是早熟的，他自20岁开始就从事律师工作，而33岁成为国办律师事务所主任。他的性格是温和谦卑的，为人低调，所谓"君子藏器于身，待时而动"。这当然不排除有时他会坚持自己的原则，甚至偶尔固执，也有人说他过于保守。但作为同事，我最清楚他总是在关键的时候懂得适时让步。他是一个聪明人，他维护的是大局。

张工从事律师工作已逾35周年。他在这行做得如鱼得水。他也有很多机会离开律师行业，或许他是从政的一把好手，但他从未真正想过离开。从他的故事和言行中，我们可以感知他对律师事业的这份挚爱。

我的祖籍是江西瑞昌码头镇。我爷爷年轻时考取了国立武昌高等师范学校（武汉大学前身），之后就离开了祖籍地。爷爷学成后回到江西教书，还当过中学校长，解放后曾受聘为江西省人民政府参事。我父亲出生在南昌，1946年在他即将满18岁时考入国立中正大学森林系。有意思的是，1950年他毕业时，拿到的却是新中国成立后的南昌大学的毕业证了。

到我这辈时，我共有姐弟四人，一个姐姐和两个弟弟。我1964年4月18日在南昌出生。其时，我父母均在江西省林业科学研究所工作，故家住林科所院内，即现在的江西农业大学附近，离方志敏烈士墓不远。听父亲说，那时候他常会带我和姐姐去烈士墓玩，至今家里还留着几张父亲给我和姐姐在烈士墓拍的照片呢。

1968年夏，我4岁那年，因"文化大革命"，父母同很多知识分子一样被下放劳动，全家从南昌搬到了兴国县均村公社石溪大队坪坑小队。根据我自己填写的干部履历表上的记录，我是在1970年初开始在石溪小学读书。1974年，我父亲调到了江西共产主义劳动大学兴国分校做老师，母亲调到了兴国县种子站工作，因此全家得以搬到兴国县城居住。这样，我是在兴国县城的东方红小学读完小学，升入兴国县一中念中学。1979年，我中学毕业，国家已经恢复高考招生，我参加了当年的高考，但没有考取。复读时，我从原来的理科转到了文科，第二年我顺利考上了华东政法学院法律系。在1980年9月，16岁的我离开父母，只身来到大上海求学。在美丽而又承载厚重历史的华政校园，我度过了四年愉快而充实的大学时光。

1980年10月，父母因落实政策调回了南昌，都在江西工学院水利分院（后更名为南昌水利水电专科学校，现为南昌工程学院）工作，因此全家又搬回了南昌。当时与我家比邻而居的，是商业奇才段永平一家，他的父母也在这所学校。因此，我在学校放假回昌后与段永平结识。他是浙江大学78级无线电系，有一年暑假我去杭州玩就借住在六和塔附近的他的学校宿舍。现在回想起来很有意思。

1984年7月，我从华政毕业，这一年，我刚好20岁。我被派遣到南昌市等待分配。当年派遣到南昌市分配工作的政法学院本科毕业生只有两人。除我之外，还有西南政法学院毕业的殷荣。我们得知，分配去向只有两个：一个是南昌市司法局，另一个是去南昌市属的一所高校当老师。我不愿意当老师，就请同学的妈妈出面，把我分到了市司法局。殷荣估计跟我想法一样，最终也没有去高校教书，而是争取分到了南昌市中级人民法院工作。

1984年8月，我正式分配到南昌市司法局，司法局又将我转派到其下属事业单位——南昌市法律顾问处。从这开始，我从事律师工作至今，一干就是35个年头。这一年，分配到南昌市法律顾问处的还有苑德闽、邬建平、付华迅三位学法律的毕业生。巧的是，我和苑德闽是在同一天到法律顾问处报到的。邬建平和付华讯则比我们俩晚了大概一个月左右报到。

到法律顾问处报到后，领导告诉我，刚来的毕业生要先到接待室实习半年。而早我一年到法律顾问处工作、毕业于西南政法学院的周兴武向我介绍，他在接待室已经实习了一年。听他这么一说，我知道，法律顾问处的接待室，就像淬炼钢铁的第一道程序，是必不可少的。当年南昌市法律顾问处的办公地点在花园角 11 号，离朱德故居不远，是一幢解放前盖的独幢小楼。我来时，法律顾问处大概也就十几号人。

在接待室代书、咨询，每天接触各种稀奇古怪的人和事，面对各种各样的问题，我们跟随老律师特别是徐干生老先生学习，确实学到不少在大学、在书本上学不到的知识。实习期尚未满，我就得到了独立办案的机会。有一天，当时法律顾问处的副主任张马力叫我过去。原来，有一个正在西湖区人民法院审理的刑事案，她要我和苑德闽来办，我和苑德闽分别担任案件不同被告的辩护人。这次辩护，可惜由于时间久远，案子是如何办的，出庭情况如何，我现在都已记不清楚了。也许是通过这次办案的考察，张主任觉得我和苑德闽基本具备了独立办案能力，自那以后，就陆续有案子分配给我们办，我们开始进入办案状态。但有空时还是会到接待室去接待来访。那时南昌市法律顾问处的律师中，有不少都是毕业于著名院校，如于巾魁律师毕业于北京大学，徐若英、赖必堂律师毕业于湖南大学，刘化时、潘光荣律师毕业于华东政法学院，林美福毕业于厦门大学，周兴武毕业于西南政法学院，可谓高手如云。也许多少有些华政情节，加上我也还算是好学，很快我就跟着当时在业界名气如日中天的刘化时律师学习了，跟着他跑顾问单位，跟着他出庭，有时还跟着他出差。我在他身上学到不少技能，也深受他风格影响。因此，在我的成长过程中，他对我帮助很大。每当我想起这些，都感觉非常美好。

1984 年 10 月，刚好遇到江西省在全国率先举办律师资格统考，我考了 228.5 分，通过了。直到 1987 年 4 月，经江西省司法厅批准，我被正式授予律师资格。

从事律师工作的早期，许多事都让我难以忘怀。

记得 1985 年冬天，法律顾问处接了一个江西省日用杂品公司的案子。案子的审理远在河北秦皇岛。该案收费 3000 元，可这却是法律顾问处当时收到的最大的一笔律师费。法律顾问处指派周兴武承办，我协助。为这个案子，我同周兴武两次赴秦皇岛出差。第一次是 1985 年 11 月，去秦皇岛中院立案，为立案我们在秦皇岛待了一个多月。当时受出差住宿标准和补贴标准所限，住在一个小旅馆里,吃住条件都相当艰苦。大冬天的天寒地冻,上个厕所还得走一段距离，对初次到北方的我来说那是相当难适应的。不过，这次出差，饺子还真没少吃，几乎天天吃。到了第二年 6 月，我和周兴武又去秦皇岛。这次本来是去开庭的，哪知当时的法院地方保护主义严重，我们去了后，法院定了的开庭时间多次临时取消，而且一拖再拖，毫无办法。因为路途远且交通并不便利，且开庭时间总无法确定，我们被迫与当事人一道待在秦皇岛等待开庭。等到开完庭时，我们已待了足足两个月，相当于整个暑期都是在秦皇岛过了。倒是每天我和周兴武躺在旅馆的床上，裹着被子看天气预报报南昌 39℃的高温，大有幸灾乐祸的感觉。当然，失之东隅，收之桑榆。在秦皇岛期间，我先后抽空游玩了山海关、老龙头、古长城、孟姜女庙、北戴河，印象中还抽空去了趟长春帮其他律师办事。也因为这次出差，我得以有机会第一次来到首都北京，还平生第一次坐了地铁。坐地铁还闹下了笑话，到现在每每与周兴武聊及此事还会哈哈大笑。另一次印象比较深的是 1988 年初夏。这时南昌市法律顾问处早已经一分为二，分别为南昌市第一律师事务所和南昌市第二律师事务所,我被分在了二所,主任是熊火根。当时市司法局分管律师工作的刘似福副局长带队，一所的沈浩大主任带着彭喜根，二所的熊火根主任带着我，一起到山西太原参加半官方性质的全国律师业务协作联谊会，大概相当于现在比较流行的论坛活动。我们一行五人从南昌出发，先到西安游玩，然后从西安到太原。记得会议是安排在太原晋祠附近召开的，会后还安排上五台山游览。有趣的是，这一路来去，乘坐了各种交通工具。南昌到西安是坐飞机。当时坐飞机是比较奢侈的事，南昌的机场还在向塘（当时是军民两用机场），飞机是安—24 型螺旋桨小飞机。从西安到太原则是坐火车软卧。返程时，从太原到武汉是坐硬卧，从武汉回南昌时竟然是坐长途班车，一路真可谓是风尘仆仆。

当时这种出差兼顺便“游山玩水”倒也是一种常态，想想要是现在，刘似福副局长根本不可能同意去，更别说带队，会议主办方也不敢这样安排。从这方面看，我们国家确实有很大的改变。

1987 年 9 月，我有幸参加了在中国政法大学举办的司法部第一期涉外法律人员培训班。这是一次面向全国各省、市、自治区律师和公证员的涉外人才培训。江西律师有我和江西省律师事务所的张大伟，公证员有南昌市公证处的王慧玲和景德镇市公证处的张永彬，共 4 个人参加。这次培训印象最深的是老师阵容强大，堪称豪华。我清楚地记得，4 个月的学习，江平先生亲自给我们讲《公司法》，而外经贸部条法司的张月姣也给我们上课。

1988 年 6 月，大学毕业后工作尚不满四年的我，被破格评聘为三级律师（中级职称）。当时评审意见记录的是，我自 1984 年参加工作到申报三级职称期间，“主办刑事案件 68 件，民（经）案件 66 件（折 132 件），担任常年法律顾问 20 家”，“办案质量高，有重大影响案件 5 件”，故，批准我任三级律师。这个任职的批准机关还是南昌市人民政府，加盖的也是市政府的大印。这次破格评聘为三级律师后，极大地激发了我的工作热情。粗略查了一下，在 1989 年、1991 年、1992 年、1993 年，我连续被司法局评为先进工作者。1990 年、1991 年和 1996 年，我荣获南昌市综合治理委员会、南昌市严打办公室先进工作者。

1993 年 3 月，局里任命我为南昌市第二律师事务所副主任。1994 年 6 月，又调我到组建不久的南昌市金融房地产律师事务所担任主任。1996 年 9 月至 12 月，组织上安排我参加市委党校第九期青干班学习。到了 1997 年 12 月，我被调回南昌市第二律师事务所担任主任。因为南昌市第二律师事务所是副县级事业单位，所以主任是副县级干部，由市政府任命。当年，我 33 岁。

其实，在选择律师作为职业后，我并非全是一帆风顺，其间我也曾有过短暂的动摇。让我产生动摇的原因主要是在当时的执业环境下，办案过程中遇到某些不公判决，特别是办理的一起跨省经济纠纷案未得到公正处理，让我对律师的价值产生怀疑，有点心灰意冷。为此，我还曾报名参加过监察系统的选拔考试。当然，最终还是没有离开律师这行。经历这些之后，倒是让我重新认真思考了自己对职业选择的本心，暂时的挫折没有理由放弃。从此，更加坚定了律师就是我这辈子离不开的职业！记得 2016 年在全国律协换届的常务理事候选人的三分钟自我介绍中，我讲过一段话，这也确实是我的肺腑之言。我说，我自大学毕业后就一直从事律师工作，没干过别的，只会做律师。这辈子我也就只做这一件事了，那就是做律师！真的，我确实喜欢做律师！

2000年，依据国务院《脱钩改制意见的通知》规定，自收自支的国办律师事务所要全部脱钩改制。按当时政策，我作为副县级干部，完全可以回司法局等待安排。但当时我几乎没有考虑过要回机关去，毫不犹豫地决定继续从事这份我所喜欢的工作。因此，我也从来没有觉得放弃编制、放弃行政级别有什么可惜。我就觉得我适合做律师。应该说，当时有这种想法，大概与自己还年轻，而干律师十几年还算是如鱼得水，也不太担心出来后没有业务有关吧。

其实，在国办所改制前，我就曾经考虑过与志同道合者一道出来开办合伙制律师事务所。如果不是当时的司法局领导诚恳挽留，我可能更早就主动辞去了“铁饭碗”。

在完成了二所的人员安置、财产处理等脱钩改制善后事务后，2000年的金秋十月，我与苑德闽、战赢、邬建平、何大年、吴豪六人，一起创办了合伙制的江西豫章律师事务所。“豫章”这个字号在司法部名称检索备案早就是有的，是原南昌市第二律师事务所申报更名使用的。改制时，我跟当时分管律师工作的邓兴国副局长商量，原来的二所已不存在了，把“豫章”这个字号留给我们新设的合伙制律帅事务所使用。2002年9月和2003年初，徐建章和涂韵春两人又先后加盟到豫章律师事务所，这样，豫章律师事务所共有8个合伙人，律师人数已经30多人了。随着徐建章、涂韵春的加盟，豫章所在南昌地区的知名度越来越大了。

为了更好地发展，2002年，豫章律师事务所在抚河路117号购置了700余平方米的办公房。2003年，豫章律师事务所乔迁到这里办公。

2005年，中华全国律师协会第一次评选全国优秀律师事务所，江西要评选一家全国优秀律师事务所和一名优秀律师。当年评选全国优秀律师事务所有许多苛刻的条件，其中有一条是必须有500平方米以上自有的办公用房，全国律协还派出常务理事到推荐候选的律所实地考察。豫章律师事务所凭着过硬的条件，成为江西省首家全国优秀律师事务所，也是当年江西省唯一的一家。全国优秀律师本来也是只评一名，但评选结果出来后，却有两名，一个是当时的江西省律师协会会长方世扬，另一个是我，这让我颇感意外。因此，2005年，豫章律师事务所双喜临门，是一个丰收年。自此，豫章律师事务所事业节节攀高。

2015年6月，我在江西省第六次律师代表大会上被选为江西省律师协会第六届理事会会长，这是对我的莫大鼓励和信任。干完一届后，去年换届，我继续出任江西省律师协会第七届理事会会长。时光如梭，转眼我也五十有六了。虽然对事业的追求没有止境，但毕竟长江后浪推前浪，一代更比一代强，年轻优秀律师已纷纷崭露头角。我只希望自己在这有限的会长任期内能不负众望，克服困难，尽自己所能，踏踏实实为全省律师做好服务，让我们这个行业不断壮大！

季春华：我虽然经历那么多，却终究没有放弃做律师的理想

《南昌律师二十年》只写到国办律师事务所全面改制结束。当然，根据人物叙述的需要，部分内容还是免不了延伸到改制后的一些经历和事件。我的计划是总共采访20位具有代表性律师，通过这些律师的个人从业经历来较全面地展现已经过去的关于这个行业的往事。如果说前面已经采访的10位律师是南昌律师的集体代表性记忆，那么接下来要采访的10位律师我则想让他们尽量从更宽泛的角度来回顾那段岁月。因此，我相信接下来这10位律师的故事阅读起来也许会更好看。

这期是对季春华律师的采访。季律师是江西洪城律师事务所党支部书记、合伙人。他是南昌从事律师较早的那批人之一，且他个人是从老师转为律师的。作为以前的同事，我对他是熟悉和了解的。他的为人做事低调而踏实，性格坚毅而略显谨慎。但他的内心始终是自由的，对很多问题都有自己独特的看法。今天这篇文章，尽管说的是他的从业历程，但对其中的内容，我的评价是“有料而好看”。季律师是善于讲故事的人，通过他的叙述，让大家可以看到一些人一些事的另一面。这其实正是我想要的。历史不能事事都是好的一面，人物也不只是你好我好大家好。季律师的叙述，尤其让我产生共鸣的是，他在执业过程中多次遇到的那些漠视和不尊重律师的社会现象，这无疑会伤害到律师的执业尊严。季律师差点因为这种挫折而离开律师行业。但好在律师这份职业自有其吸引人的地方，季律师说是“独立”和“自由”。

我做律师，应该说是出于一个偶然的机会。在做律师之前，我也不知道有南昌市法律顾问处这样一个单位。其时，我已在江西农大附中做了6年的语文教师。1985年下半年，当我了解到南昌市法律顾问处有增加干部事业编制的名额时，便按干部调动程序，在1985年底办妥了正式调入南昌市法律顾问处的手续。

从教师到律师，虽说是转行，但教师与律师，其实有很多的相似相通之处。两种职业，主要都是通过语言来表现的。“台上一分钟，台下十年功”的说法，对两者都适用。教师上讲台前，要充分理解熟悉教材，备好教案，将知识点在课堂上用语言表达出来，让学生听懂和接受；而律师在上法庭前，更要充分吃透案情，掌握相关证据，理清思路，准备好代理或辩护意见等，这样才能在法庭上更好地将观点表述出来，力争得到法官的采纳。总之，两种职业，无论是在课堂上，还是在法庭上，都要充分发挥个人的主观能动性。凭着做了 6 年语文教师的阅历，当我来到陌生的律师行业时，虽属跨行，但我并没有觉得难适应。

事情还是回到开始吧！ 1986 年元旦过后，我先到市司法局报到，南昌市法律顾问处派行政人员李晖引领我到位于花园角的办公室，与时任主任沈浩大见面。沈主任马上安排我到法律顾问处专门设置的接待室，要我协助徐干生老律师搞接待，即为当事人提供法律咨询、代书法律文书等。我这才知道，新人先安排进接待室一段时间，是法律顾问处培养律师的惯例。接待室设在临花园角街的一间老屋里，屋内隔成了两个区域，进门的部分，是当事人的等候区，里面的区域放着两张桌子，是徐干生老律师的接待处。记得当时前来咨询及请求代书的当事人总是络绎不绝。我跟随徐干生老律师 3 个月，帮徐老律师代写了 30 件左右的诉状等。徐老律师那通俗、简练、客观的代书风格，让我受益匪浅。

1986 年 4 月，要进行全国律师资格统一考试的消息就传开了。为迎接全国首次统考，江西省司法厅在位于昌北瀛上的江西省政法干校举办了培训班。我自然属于统考人员，法律顾问处安排了我参加培训。有意思的是，按当时的传言，沈浩大主任亦属于需要参加统考的对象。于是乎，沈主任也和我们一样，天天不落地参加了培训的课程。法律顾问处参加培训班的还有田英，以及后来调入南昌市第一律师事务所的罗健。前几年才转入江西洪城律师事务所执业的胡道虬，也是这期培训班的学员。

培训班只有短短 3 个月，但对非法律专业出身的我来说，收获是很大的。那时这种培训是没有专门资料的，因此培训班的讲课是纲领性、粗线条的。但老师把民法、刑法等教材，至少是有系统性地过了一遍。汤忠赞是培训班讲课的老师之一，他上课风趣、幽默，且善于鼓励，让我对律师职业顿时产生感性的认识，更增强了对从事律师职业的信心。

1986 年 10 月，全国首次律师资格统一考试如期举行，南昌的考点设在洪都中学。我毕竟不是法律科班出身，在考试过程中，遇到不少拿不准的题目。但我利用推理的方法进行判断。我认定法律与情理相通。情理上过得去的，则符合法律；反之亦然。以情理推断法理，再以法理验证情理，得出的准确率，应该八九不离十。等到统考结果出来，240 分合格线，我考到了 312.3 分，超合格线 70 多分。这样，我得以华丽转身，有了从事律师职业的资格。

律师资格考试过后，恰逢南昌市法律顾问处拆分，即分成南昌市第一律师事务所和南昌市第二律师事务所。一所主任仍是沈浩大。所里下面设有两个业务科，科长分别是黄世棠与王一帆。我分在一所的黄世棠这个科。黄世棠是半路出家做律师的，曾经做过国有企业的车间领导，来法律顾问处做律师时，正是年富力强的中年。丰富的人生阅历，让黄世棠在与当事人、法官打交道时，比年轻人更胜一筹，处理法律纠纷显得得心应手。一段时间内，我作为黄世棠科长的助手，跟随他跑了不少的顾问单位，如江西袜厂、赣昌发展公司等；也多次同他一起到上海、南京、常州等地出差办案。黄世棠对律师业务的学习认真而踏实。他的独特的办案风格，也深深影响了我。出于对他发自内心的尊重，我曾为黄世棠写过一篇新闻报道，发表在 1988 年 7 月 2 日的南昌晚报上。

1986 年统考后，我有机会第一次独立出差办案。这是一个发生在江西万年县的贪污案，当时在万年县有一定的影响。开庭是在一个大礼堂，坐满了旁听人员。多年的教师经历，使我练就了不怯场的心态，甚至是人越多越有激情。也许是当年年轻气盛，携着省城律师的气势，在法庭辩论阶段，我抓住了公诉人的某些瑕疵，豪情万丈，攻势凌厉。那时律师制度恢复不久，律师们都是怀着争公平正义的强烈使命感，因此敢说敢辩。而 30 多年前的县城，敢于与检察机关的公诉人针锋相对，且气势盖过公诉人的辩护场景不多。这次辩护，我给台下的听众留下了深刻印象，让我随后几年在万年县城颇有名声，大家都在说省城南昌有一个厉害的季律师。但随着时间推移，那种锐气和锋芒早已远去。一个是环境变了，现在与公诉人在法庭上真刀实枪干的律师似乎不多了；再就是年龄大了，在法庭上更注重沉稳与气场。

我在 1991 年办理的一个风险代理案件，也曾引起不小的轰动。当年的顾问单位江西乳品厂与上海某公司加工软包装饮料业务，因上海某公司中途毁约而产生纠纷。江西乳品厂欲通过诉讼追究上海某公司的违约责任，要求赔偿。我汇报给沈主任听后，他极为重视。他在分析案情后，认为该案应该起诉，并赞成我提出的律师费风险代理方案。沈主任亲自参与代理，该案最终胜诉。在当年律师代理收费普遍不高的情况下，一所用该案的胜诉收费，购买了一辆桑塔纳小轿车。用一个案子的收费就购买了一辆车，一时传为佳话。

现在当事人聘请律师基本是通过熟人介绍，或者通过招投标。但国办所的那些年，单位和个人有案子需要请律师，都是主动上门来请，尤其是聘请常年法律顾问，一般是单位领导或委派的人开着介绍信来所里直接联系所领导。律师事务所接受聘请后，派谁去做案子或单位法律顾问，收费多少，等等。都是由主任决定的。而律师个人接待当事人收到的案件，也必须经主任审批。因此，主任掌握了所里的资源。案件的分配，自然受到主任个人偏好的影响。与主任走得近一些，常在主任面前晃悠的，就容易获得主任的偏袒，获得好的案源。好的案源其实就是利益。我向来独来独往，不愿意也不善于亲近领导，更不会为了分案去迎合领导，这样，我成为领导的“圈外人”。当然不是绝对分不到，印象中，张马力副主任先后分过三个案子给我办，而三个案件都在青云谱区人民法院。大概她听到我当年与青云谱比较熟悉，分给我办，可能认为我更有优势吧。

所里分案，领导一般不会想到离得远的人。但曾有一次，我却被差点“重用”了一回。那是20世纪90年代初，大概在邓小平南方谈话后不久，一天，沈主任郑重地找到我，交代我一个任务。原来，当年出现全民经商风潮，不少律师事务所和律师参与其中，一所也跃跃欲试。沈主任介绍后，我才得知，所里头脑灵光的胡晓华律师，游说沈主任，大概是想请所里出一笔钱，到哪里做一单生意，称利润可观。沈主任被说动了，却又不放心资金安全，这才想到了我，可能认为我这个人不会乱来，可靠，他想委派我去全程监督。此等“重任”，不是我的特长，我也不感兴趣。因此，我对沈主任表示，我没有这个能力，无法完成，算是委婉拒绝。此事后面生意是否做了，成果如何，我一直不知，也没有去问过。

但一所还真是做了商业生意的。经沈主任亲自策划，一所成立了一家经营部，刘益敏律师被任命为经营部经理。他辛辛苦苦经营了几年，经营部却始终处于只能维持的状态，没有发展壮大起来。这当然是有原因的，一是所里没有拨付更多的资金，大生意做不了，小生意不赚钱；二是律师经商是有局限的，律师懂法，懂法容易受到束缚。刘益敏的性格本来就是一个慎重的人，哪会去冒险？经营部曾在广场东路121号律师事务所办公楼的一楼临街店面开过食杂店，店面是一所购买办公楼时一起买的。后来在改制中也随办公楼一起出售了。一所当年做生意，是特定历史背景下的事，个中得失，无法评判。我在这里只是说说那段特殊岁月的故事。

90年代初，江西省举办了首届律师辩论大赛。南昌市第一律师事务所派出了周兴武、熊英、胡晓华等人组成了南昌市一队，南昌市第二律师事务所派出张工、苑德闽、邬建平、何大年等人组成二队参加比赛。经过多场激烈对抗与淘汰，周兴武、熊英、胡晓华等人组成的团队，获得了辩论赛第一名。周兴武、熊英还获得大赛优秀辩手的荣誉称号。周兴武、熊英、胡晓华为南昌市第一律师事务所和南昌市律师争得了荣誉。他们和南昌市派出的其他参赛选手都被南昌市司法局记了个人三等功。喜讯传来，作为主任的沈浩大难掩激动之情，欣然提笔，写了一篇《笑傲南昌》的通讯报道，刊登在南昌晚报的头版，介绍了周兴武、熊英、胡晓华等人在辩论场上的精彩表现。

还有一件事留给我的印象是深刻的。1995年，沈浩大主任在距离法定退休只剩两年多的情况下，辞去了主任职务，放弃了国家干部的编制身份，放弃了副县级干部待遇，决定去创办合伙制律师事务所。沈主任这个决定，据说是因为赌气。因此，多数人认为没有必要，也是不值得的。听说司法局的领导也尽力进行了挽留，但沈去意已决，坚信自己的选择是对的。按他的设想，是从一所带部分人一起出去办一个新所，其中我是他设想会跟他一起办所的人选之一。我猜他一开始在这个问题上是自信的。沈主任私下征求我的意见，并许诺新所成立后，让我担任副主任。但我感谢了沈主任的好意，也拒绝了他的邀请。我一向置身律所事外，自由自在，不求发财，觉得留在体制内，相对的压力较小。当然，说实在的，我深层次的想法是，我不应该是沈主任要的人选，他要选的人，该是平时围绕在他周围，与他亲近、受过器重和关照的人。我跟随他出去办所，难免被人议论。令我想不到的是，沈冒着这么大的风险出去办所，却经历了只有他才知道的波折。最终，深得他信任的人，除任琪外，居然没有其他人挺身而出。沈最后办的新所，只有好不容易凑合起来的三个律师，这与他的初衷相距甚远吧？！

沈离开一所后，市司法局任命戴晨来一所当主任。我对谁当主任并不关心。一天回家后，家里人说所里一个姓戴的打电话找我。在我头脑中，所里没有姓戴的人。当时还没有反应过来，并不知是新来的主任。戴与沈是两种不同类型的领导，他们的工作方式相差很大。我在一所多年，从来没有想过入党的事，以一所当年的氛围，我远离领导，所里发展党员也是不会考虑到我头上的。但戴晨担任主任和党支部书记后，却主动找到我，真心实意发展我加入党组织。

2000年下半年，国办所全面改制，一所出去了一部分律师另办他所。留在一所参加改制的人，主要有刘益敏和我、陆向红、华光等人。改制后，大家选举刘益敏为主任。根据刘益敏的提议，特邀已经退休的老律师王一帆做执行主任，我则负责党支部的工作。戴晨仍留下来担任名誉主任。改制完成后，对外正式启用“江西洪城律师事务所”名称。

合伙制的江西洪城律师事务所，从2001年开始正式运作，至今已近20年，洪城所每年都保持着不断前行的发展态势。我一直担任党支部书记，在市司法局机关党委的领导和关心下，洪城所党支部先后发展了邓志斌、付远飞两位律师加入党组织，近年来也正在培养入党积极分子。

从南昌市法律顾问处开始，到南昌市第一律师事务所，再到改制后的江西洪城律师事务所，35年来，我等于一直坚守在一个单位执业，没有挪过窝。办公地点则从最早的花园角，到长途汽车站三楼，到江西饭店一楼客房，再到阳明路司法大楼六楼；一所自行购买广场东路的办公楼后，又搬到广场东路。改制后办公场所搬到了南京西路的市出租公司，市司法局机关去了红谷滩红谷大厦后，洪城所又搬回到了阳明路司法大楼八楼和九楼办公。

一路走来，在夜深人静的时候，内心也常常追问自己，为什么能一直坚持做律师？自己寻求的答案是：应该是已习惯了律师职业的相对自由和独立。每当陷入对这份职业动摇的时刻，那份自由与独立让我内心得到抚慰，也就一直让我坚持下来了。

对律师职业的动摇往往发生在执业过程中。我被严重伤害和打击的经历，记忆深刻的有几次。

80年代末，我办理了一件货款债务纠纷，该案涉及南昌市文化局是否承担连带责任的问题，对方当事人是浙江的一个公司。由于担心某基层法院乱判，南昌市文化局决定寻求浙江高院的支持。市文化局的一个科长随我一起出差杭州，找到浙江高院的院长办公室。那个年代没有层层门卫关卡，院长还是能见到的。待我表明律师身份，表示想占用院长几分钟时间反映一点情况时，院长满是不高兴。他说，我下面一百多个基层法院，都这样我还要不要工作？见院长无意接待，我回了一句，意思是我们给院长反映情况，也是院长的工作。也许是院长那天心情不佳，一听我这样说，当即大发雷霆，几乎是怒吼着斥责我们。院长的高分贝一下惊动了楼内各层办公室的人员，已有人急匆匆赶过来了。文化局的科长，赶紧拉起我就走。之后确实感到后怕。如果我再争辩几句，说不定法警就要对我采取强制措施了。幸亏没有发生，否则，律师之路也许早就中断了。

另一次给我的打击来自某顾问单位因误解而产生的不信任。事情的经过是，青云谱那边有个规模不小的国有企业，我担任该企业法律顾问多年。因为一个经济合同纠纷正在某法庭诉讼，企业老总想要我约请该法庭庭长来厂里一趟，当面反映一下案子情况。当年这种做法很普遍、很正常。我事先与该庭长进行了沟通，初步约定了来厂里会面的时间。为此，企业做了充分准备。为表示对庭长到来的重视，企业老总还郑重安排了企业班子相关成员一起参加这次沟通。当这天到来时，企业特意派小车去接庭长，谁知该庭长当天院里有急事来不了，约好的见面会显然泡汤了。企业觉得这事无法理解，尤其是企业老总本身是个正县级干部，平时也十分要面子。一听这事，脸上就挂不住。他认为这事全怪律师办事不力。结局可想而知，企业老总对我信任尽失，企业法律顾问也当不成了。

像这样因为司法人员有意无意的一些举止，有些当事人却过于在乎，当其认为该举止不利于他时，就很容易迁怒于本身为他维权的律师，以至于对律师产生怨恨。有一次，我为某个当事人代理一个民事案件，但某承办法官在举证问题上与我产生不同看法。我坚持认为我方有举证权利，在遭到拒绝后，我只得向院领导反映，院领导认真了解案情后，支持了律师的意见。事后，承办法官还是从心底不接受，当事人认为我没有搞好关系，结束了与我多年的合作。还有一次，一个当事人被某公安机关扣押，办案人员通知当事人亲属说，这是经济纠纷，交了钱可以考虑放人。当事人亲属不放心，对是不是要交钱犹豫不决。他们请我去办案机关听听情况，然后为他们提供法律意见。作为律师，这种事自然不好替当事人作出决定，但盛情难却，不得不接受任务。为慎重起见，我再三向办案人员问清了情况，经办人当着我们的面重复了交钱放人的意思。我如实转告，并且我认为办案机关应当值得相信。但不曾料到，当事人亲属交完钱后，并没有接回家人。其中是否发生了新的变化我不得而知。只是这样一来，当事人家属认为是我害了他们，对我充满怨恨。哎，我还有什么能申辩的呢？！

律师的职业尊严受到伤害的事，虽然是少数，但很可能一次的伤害，就足于毁了一个律师对这份职业的信心。我从事律师工作这么多年，深知律师的酸甜苦辣，有时候，那种无奈会让我生出一种悲怆感！于是，当有机会离开律师行业的时候，总不免产生对这份职业的动摇。

曾有一年，我差点离开了律师行业，只是在最后一刻，才打消了这个念头。那一年，我几乎要成为一名检察官了。当年，南昌市青山湖区还叫南昌市郊区的时候，我因办案结识了区检察院副检察长官正长。官检非常认可我，建议让我到他们区检察院去当检察官。为此，官检还特地征求了院主要领导的意见，得到了主要领导的支持，表示欢迎我来检察院工作。上报到区领导层面后，也顺利通过了。只要再推进一步，就要下调动手续了。但这时我却犹豫了。我经过仔细权衡，律师的“自由”与“独立”，还是在脑海的思想斗争中占了上风，最终打消了调离的念头。现在想来，虽然辜负了官副检察长的好意，但还是觉得自己的选择是对的。类似的机会，不止一次，都是在关键时候我放弃了。

我在律师这条道路上一路走来，靠着自己的热爱和执着，也得到了许多乐趣和满足。一所改制前，除实行绩效工资外，为了激励大家多办案、多创收，设立了相应的奖励规定。一所存续期间，几次大的奖励项目有：安装住宅电话，即创收达到规定的数额，所里报销住宅电话初装费。当时一个住宅电话的初装费差不多4000元，是很贵的。奖励摩托车，即创收达到一定的数额，由所里奖励一辆摩托车款，如果要买更好的，超出部分自己承担。电脑兴起的时候，还奖励过电脑。幸运的是，这几次大的奖励，我都刚好达到了所里的规定。

我从事律师工作已有 35 个年头了，我十分珍惜的还是我行我素的自由与独立。我对名利还是淡泊的，似乎没有刻意追求个人荣誉，尤其是担任党支部书记后，多次放弃唾手可得的荣誉。1997 年，市司法局党组已任命我为南昌市涉外律师事务所的副主任，我考虑再三，觉得自己还是更适合做一名律师。于是，在任命公布的前一刻，请求党组取消了任命。当然，在很多方面，还是得到领导、同事们的认可和鼓励。值得一提的是，我于 1986 年调来法律顾问处，当年即被评为市司法局司法行政系统先进工作者。这自然是所领导对我的认可。据沈浩大主任说，我调到法律顾问处不久，市司法局机关有意调我到局机关工作，是他把我留下了。1997 年，经一所报请，市司法局批准我荣立三等功，这之后仍有立三等功的机会，但我都推辞了。1991 年我曾写过一篇《论律师工作社会效益与经济效益的关系》的文章，被市政法委向全市政法战线推荐。1995 年加入党组织后，尤其是改制后担任洪城所的党支部书记以来，内心深处自己有意识地给自己添加了一份责任感，更珍惜上级组织给予的荣誉。翻看封存的荣誉证书，除了连续多年获得南昌市司法行政系统先进工作者外，曾两次被评为南昌市律师行业优秀党员，一次被评为江西省律师行业优秀党员，一次被评为江西省律师行业优秀党务工作者。2008 年，我荣获江西省司法行政系统优秀律师光荣称号。我认为，获得的相关荣誉，只是对自己作为一个律师的责任感的一种肯定和褒扬。

35 年律师生涯的坚守，虽有波折起伏，历经坎坷和艰辛，但也有欣慰和快乐。蓦然回首，这一生对律师职业的选择，不仅无怨无悔，而且有胜利到达彼岸的自豪与满足。

律师的改革随着国家前进的步伐进入了新时代，律师需要与时俱进。现在，律师的舞台比之前更大了，律师人才更是后浪推前浪。可喜可贺的是，江西洪城律师事务所，有一批年富力强的骨干律师已脱颖而出，我期待他们在洪城所的优良传统的基础上，把洪城所办得更好！

万里鹏：在律师与教授之间

在我已经采访的律师中，他们的从业轨迹遵循的是，从学生到律师，从老师到律师，从工人到律师。有没有一个其他的样本？有的。我找到了万里鹏。万里鹏的正式身份是江西科技师范大学的法学教授，同时，他又是江西红阳光律师事务所的资深律师和合伙人。根据我的了解，在江西，把教授和律师同时做得很好的不多，而万里鹏显然是其中的佼佼者。用流行的话说，他是律师中的好教授，是教授中的好律师。兴许是因为他的特殊身份，万里鹏成为南昌市十三届人大代表、法制委员会委员，也是南昌市第十三届到十五届人大常委会立法咨询委员，还是江西省法学会常务理事、学术委员会委员，江西省证据研究会副会长，等等。万里鹏的双重身份带给了他别样的人生体验，如果让他聊聊职业生涯，一定非常有数。

我应该算是时代的幸运儿。1977 年，国家恢复高考的第一年，我就考入江西大学（现南昌大学）生物系生物专业。本科毕业后，我被分到南昌职业大学当老师，后南昌职业大学改名为南昌高等专科学校（南昌高专，2004 年并入江西科技师范大学）。谁知不久生物专业被撤销，我只得在学校搞行政工作。那时，知识分子不搞专业搞行政，会被人觉得不务正业，为此，我心里有点失落，常常惆怅。但好在 20 世纪 80 年代是个激情澎湃的时代，人人都积极向上。伴随着思想大解放，国家对制度建设也重视起来，其中就包括法律制度。正是在这个背景下，1987 年，我得到一个学习法律的机会。那年，中国政法大学公开招收双学士（那时还没有法律硕士，但双学士相当于法律硕士）。我报考后，如愿录取了。同年 9 月，我到中国政法大学带薪脱产读书。两年如饥似渴地学习，让我深深爱上了法律这门专业。

毕业后，我仍然回到南昌高专上班。哲人说，机遇是给有准备的人的。刚回学校，赶上学校拟开办法律专业。学校领导找到我，要我来筹建，我欣然答应。后法律系成立，我记得我校法律系在省内还是成立较早的，当时除了江西大学外，就是南昌高专了。不久，我就担任法律系副主任，而后担任系主任、副教授、教授。

我开始做律师是在 1992 年，由于是高校老师，所以属于兼职律师。最早是在江西省涉外律师事务所。之所以会去这个所当兼职律师，是因为我在中国政法大学时与江西省涉外律师事务所主任朱黎明同学。兼职不到两年，国家开始鼓励大学开办律师事务所，以提高法学老师的法律实务水平，并且可以作为教学的实训基地。

对于我校是否开办律师事务所，学校领导征求我的意见，我说可以。那时年轻，精力旺盛。准备申报材料，跑了几次省司法厅，不久（1994 年）就批下来了，取名为江西新华律师事务所（新华所），业务隶属于南昌市司法局管理。我记得之前，省内有两所大学开办了律师事务所，一是江西大学开办的，叫江西添翼律师事务所（原江西省第二律师事务所）；二是江西省司法学校开办的，叫江西华昌律师事务所。新华所算是省内第三所大学开办的律师事务所。

新华所里的律师都是我校法律系的老师，成立时有七八个律师。这些老师此前和我一样，都分别挂在其他律师事务所执业。此时，大家无条件地响应学校号召,转到刚成立的新华所执业。我作为系领导,同时也担任新华所主任工作。新华所的成立，也确实为我系教师提供了一个法律实务的锻炼平台，提高了老师的法学教学水平，同时，学生也拥有一个方便的实习场所。

新华所属于国办所。但我当初没有预料到的是，律师事务所在运转过程中，国办所的弊端慢慢暴露出来了。新华所既是学校开办的，业务上又隶属于司法局管理，因而问题比一般的国办所更多，关系更复杂。新华所开始办得不错，有了不少收入。但正因为赚了钱，麻烦就来了。学校认为，这是学校办的律师事务所，所以要把律师事务所账上的钱划走。而请示司法局，司法局则说，律师事务所是独立法人，财产也是独立的，依法学校不能划。我们所律师当时的提成与其他国办所一样，都在 30% 到 40% 之间，提成之外，扣除部分上交司法局的管理费和律师事务所的正常开支，律师事务所必然剩下不少钱。在当时的体制下，律师个人不能多拿，学校按规定不能划钱，结余的钱如何处理成为难题。由于新华所是我们法律系老师开办的，钱也都是做律师的老师赚的，大家商议，钱可以用来发一些福利。这样，律师事务所就经常会将剩下的钱给法律系的老师发一些福利。那时，学校能发福利的系很少，法律系老师发福利，这个消息很快就在学校传开了，自然学校领导也知道了。这样一来，学校对我们律师事务所意见很大。

学校有的领导就开始怀疑里面是不是有问题。律师事务所是不是瞒着其他领导，给支持法律系的个别领导也发了福利或给了红包？很快，就有人向市纪委举报，说我们律师事务所财务管理混乱，问题很大，要求查处。有人举报，纪委当然要查了。但市纪委一查，没有举报中的问题。虽然没有问题，既然查都查了，总得给举报人一个交代。因此，要求法律系的兼职律师将在律师事务所的提成，依法依规补缴个税。我记得我个人就补了近万元的税。当时，这笔钱不算少，还真是心疼了一段时间。发生这种情况，是当时环境决定的。

这件事给了我们很大的打击。市司法局见我们很为难，主管局长就找到我们学校的书记和校长，说要整顿律师事务所。其实我们知道，司法局是想以整顿名义让新华所从学校脱离出来。如此一来，新华所只能暂时停业。等到整顿一段时间之后，新的问题又出来了。有的律师（老师）对此心灰意冷，就想离开新华所。当时我不同意，说大家还是一定要在一起。我当时的想法是要对大家负责。我的个人愿望最终未能实现，律师事务所还是陆续走了一部分人。我冷静思考后，也没有了信心。于是，向司法局提出歇业的要求。司法局同意后，新华所歇业了。司法局考虑到我们这些人的现状，同意我们可以以新华所律师的名义在其他所执业过渡一段时间。

记得在我国加入 WTO 前期，为了适应要求，国家要求国办律师事务所改为合伙制律师事务所，同样对大学开办的律师事务所也要求改制，大学办的律师事务所与大学要脱钩,而如果大学老师要开律师事务所,就不能保留老师编制。我内心是不想离开教书岗位的，系里其他老师也不愿意脱离教师编制接受新华所。这样，我向组织提出了新华所停办。

新华所虽然停办，但兼职律师还是要做的。而且我个人的律师业务也越做越好，越做越大。在这种情况下，1997 年，我先是在江西铁军律师事务所待过一段时间。一次开庭时，与江西阳光律师事务所的主任周兴武对庭。庭后，他跟我说，你可以考虑到我们江西阳光律师事务所来。我稍加思考后，就转到了江西阳光律师事务所。这一待，就再也没有离开。经常有人问我，为什么一直没有离开？我想了想，这大概与我的性格有关。我这个人不喜欢动，也不喜欢折腾。

从 1992 年正式进入律师行业至今已经 28 年了，这么长的律师生涯，我亲眼见证了我们南昌律师事业在曲折中的发展。

我一直是一个兼职律师，一直保留教师身份。我也热爱教师岗位。现在，我在学校还是个处级干部。但说实话，我的大量时间用在了律师工作上。这客观上也影响了我在学术上的作为和提升，尽管我现在是三级教授，但繁忙的律师业务确实挤占了我做学术的时间，常常顾此失彼，几十年的人生就是一个疲于奔命的过程，也严重消耗着我自己的身体。希望同样是大学老师的同行们以我为鉴。

我作为一个既是教师又是律师的特殊个体，我比较了两者后，还是认为，律师工作更艰苦，更有挑战性，也更耗时耗力。

而作为一个大学法学老师，我真心认为，从事律师的阅历对教学有非常大的帮助。这也是我这些年来，能够在教学中让大家觉得更具可信度和权威性的原因。办案中的实践，有助于加深对法律体系，包括对法律条文的理解，让自己的视野更开阔。这些体会，我们法学院的老师都有同感。因此，大学老师做兼职律师确实是一个非常好的制度，《中华人民共和国律师法》确立了这个制度，希望一直保留下去，让法学教师和研究人员通过兼职律师更接近实务，更好地为法学教学服务。

当然，在做律师的过程中，通过办案，我也产生很多感想。一些具体案件，唤起了我对社会现象的思考，加深了对某些体制性的缺陷和人性的认识。因此，律师是一个广泛而深入了解社会的职业。

我曾经在 90 年代中期在萍乡办理过一起“黑社会性质犯罪”案件，当时是新刑诉法刚刚实施，我刚好在大学开设了一门刑诉法课，对新刑诉法更了解和熟悉。我对法院审理过程中遇到的一些诉讼程序问题，提出了一些异议和建议，当时审理法院萍乡中院可能是刚刚接触新刑诉法，我的这些意见和建议或多或少让承办法官有所触动和帮助吧。

我担任第一被告人的辩护人。我在研究了案情后发现，这个案子在事实上存在较大问题。即使按照检察院指控的罪名，这个案子显然也不足以判处无期徒刑。但案子却起诉到了中院，起诉到中院则意味着起点就是无期徒刑。这个罪名在中院判处死刑的可能性是不能排除的。

面临可能的死刑，第一被告人（主犯）也不是省油的灯。他为了免死，就想到举报获得立功的情节。他要举报的是当地官员。我在会见他时，他提出要我帮他举报。我是一个谨慎的人，建议他还是自己另想办法。

结果出来后，一审还是判了死刑。第一被告人要上诉。我帮他写了一份说理充分的上诉状。我认为，打击涉黑势力是必要的，在特殊情况下法官可能受到大环境的影响和压力，在判决时出现一些畸轻畸重是可以理解的，但无论如何也不能太偏离事实和法律，判决结果不能太离谱！

案子到了省高院二审。第一被告人更想通过举报立功来保命。同时，省高院法官本身要超脱一些，对案子的认识可能不同于中院，案子中那些很难成立的犯罪事实不容易得到高院法官的认定。这样一来，案子很可能改判。不知出于什么考虑，有关人员特意到省高院拜访，希望判决维持死刑。

过了几天，萍乡那边传来消息，说第一被告人在看守所死亡了。我大吃一惊！我问看守所的警察他是怎么死的，得到的简单答复是吃了大量的安眠药死的。我又问为什么会让安眠药进看守所呢？答复是他们也不知道。我心里在打鼓、吃惊，但我没有多问。那时，我是一个十分单纯的人。

被告人既然死了，作为辩护律师，我只能到法官那里去办理结案手续。当我到高院见到承办法官时，这个看起来阅历丰富的老法官突然看着我说："万律师，这个案子没有这么简单，背后可能有名堂。你不能就这样了了，不能放过那些人！"老法官这样一说，我内心非常震动。

老法官的话点醒了我。我联想到案子的诸多疑问，突然感觉十分恐怖。要不要去做点什么？如何做？我在内心也有过挣扎，终究冷静了下来，没有去深究。我能斗过他们吗？！我承认我不是个斗士。

但这个案子给我很深的印象，也可以说这个案子对我而言是一个分水岭。以前我是简单的，对社会种种现象都是以纯粹、善意的角度去看待；而此后，我开始变得谨慎、复杂起来。我不再相信看到的表面，对任何事情我都多了一层思考，我从一个单纯的书生式律师逐渐成为一个勤拷问、勤思索、善批评的律师。

有意思的是，这个刑案附生了一个最高人民法院司法解释，就是关于被告人死亡后有关财产如何处理的意见。当时，我作为辩护人，针对被告人死后有关财产的处理提了一个意见，公诉人那边也提了一个意见，当然与我的意见不一样。如何处理，合议庭出现不同见解。在这种情况下，意见提交到了院里。

省高院主管副院长面对两种不同意见时说，这种情况还没有先例，不如将意见一起提交到最高院请示。其实他内心是有自己看法的，将这个案子提交到最高院，充分反映了该院长实事求是的精神和高超的办案艺术。

这件事后，尽管我不再容易相信他人，遇到问题都持怀疑态度，但我仍然没有完全丧失希望和信心。也许，这缘于我的职业生涯中，遇到过不少好人，包括一些印象深刻的好法官。比如最近去世的胡国运法官。

去年我办过一个股权转让案。案子比较简单，一个人将70%股权转让给另外一个人，约定了股权款支付时间，但到期后，受让人却没有按约支付转让款，这当然是违约行为。为此，出让人将受让人告到法院，要求解除转让合同，归还股权。但这个案子没有这么简单。受让人不同意归还股权，原因是在转让后，经过受让人努力和辛苦经营，公司已经好转，受让人付出了很多，哪甘心随便归还股权？

我是在二审时接受代理的。我接受委托后，帮他写了上诉状。我先承认受让人不按时支付股权转让款是不对的，应当承担相应责任。但转让后的股权已经办理了变更登记，经过受让人经营，公司价值已经不是转让前的价值，股权也不是原来的股权。一审因为受让人违约，就简单判决解除合同，归还股权，显然对受让人不公平。

说实话，上诉观点能否得到支持，就要看法官水平的高低了。非常幸运，案子分在胡国运法官手上。过了一段时间，胡法官打电话给我，问我是否同意调解？我说当然同意调解啊。我提出一个不归还股权，但在转让款的基础上补偿损失的方案。可能对方因为一审赢了的原因，不同意调解。最后判决结果，还是支持了我的观点。

这个案子显示了胡国运法官的公正和水平。真正公正和有水平的法官是让人发自内心地尊重的。每个律师都希望能遇到胡国运这样的好法官！

其实，我作为老师，对律师行业的热爱，也反映在培养的学生身上。我的学生毕业后不少也选择从事律师工作，很多都成为行业的佼佼者。比如求正沃德所的王袁生，锦天城（南昌）所的魏忠，红阳光所的涂亮、饶智华，豫章所的徐一新等同学，他们都是南昌律师界的中坚！所谓言传身教，老师的所作所为对学生们有很大的启发和导向作用。

作为一名大学老师，通过律师的从业经历，可以锻炼和提高自身解决复杂、疑难问题的能力。我一路走来，从系主任到法学院副院长，再到后来的学校的法制办主任，从事律师的阅历提升了我的视野和处理问题的能力，对我解决学校的重大问题和危机事件都起了很大作用。我在今年 7 月退休，但学校的书记亲自打电话给我,要我留任。这无疑是对我以前工作的肯定。作为一个知识分子，非常感谢学校的认可和尊重，所谓士为知己者死嘛！

我热爱律师工作，从另外一个角度也可以得到印证。大概在 2000 年左右，最高人民法院向全国招聘法官，主要面向大学、研究机构，要求具有教授、副教授职称。当最高院法官在我看来是十分崇高的事，因此，当时报了名。报名后，总觉得不妥，心里非常纠结。我在内心问自己，都是搞法律，律师做得好好的，为什么一定要离开呢？想到这，就后悔报名。于是，我跑到省高院政治部，要求撤回报名。当时政治部接待我的同志一听，连忙说，不行不行。这次，我们省只有你一个符合条件的人报名，你代表的不仅是自己。他又说，报考最高法院是好事啊！如果录取了，就是我们的领导。他坚决反对我退出。我只好说，那我回去再考虑一下。我回到家里，晚上辗转反侧，一夜未眠。我还是坚定了留下来做律师。第二天，我到省高院，态度坚决地撤回了报名。那位政治部的同志在为我惋惜的同时，也表示了理解。

几十年过去了，我一方面做着法学教授，一方面做着执业律师。虽然偶尔有困惑和痛苦，但获得更多的还是快乐。人生有很多的选择，无论是做法学教授，还是做律师，我都认为是对的。如果有来生，我还是会作出同样的选择！

张海水：一个律师的来路和去向

张海水律师系江西明实律师事务所创始人和主任，1991 年毕业于北京大学法律系。尽管他接受教育的大学让人不得不仰视，但他却低调得让很多人容易忽视。除了担任南昌仲裁委员会仲裁员和江西省消费者权益保护委员会特聘公益律师、常务委员之外，几乎很难找到他耀眼的社会职务。但没有那些所谓的光芒又如何呢？在这个很容易失去自我的社会，张海水却是我见过的难得的理想主义者，他坚守着自己最初的信念，绝不随波逐流！这个结论是建立在我与他这些年的交往和观察中的。在他身上，我清楚地看到了一个正常人的善良，看到了一个法律人的守望和良知。可以说，正是这些深深地打动了我，让我在选择南昌律师代表性人物时，坚定地认准了他。

律师是属于喜欢思考的一类人，适合琢磨此类从哪里来向哪里去的深奥问题。

建章兄立下宏愿，要记录20年来改革开放大潮中南昌律师业这一朵浪花，要将我缀为这朵花的一瓣花叶。此乃美事，当玉汝于成；因之欣然受命，故有本篇。先自然应该说说我是怎么走上执业律师这条路的。

20 世纪 80 年代的好，如今差不多已成为中老年两代人的共识了。正好成长在那个风云激荡、昂扬奋发的年代里。读书，实在是此生一大幸事。

在家乡小县城读完高中，我得以以文科状元、天之骄子的荣耀考上了北京大学。那个时候还是农家小儿，不谙世事，人生这第一步大跃进是兄姐们帮我拿主意定下的——读法律，这就为此生以律师为业开始做铺垫、打基础了，只是真不知道这基础扎实不扎实。那时候实在不像如今重视本科教育，课堂上就没见过什么鼎鼎大名的先生给我们本科生上课，常常是研究生毕业不久、大不了我们学生几岁的助教上讲台。而且，当年除了招商引资跟外国人打交道急需的屈指可数的几部外资法律以外，就连民事基本法律还只有民法通则，民事诉讼法也只是试行！要说学到什么法律专业知识，我觉得实在不过寥寥而已。但那知识爆炸、各种思潮风起云涌的年代里，北京大学当风云际会之所在，她的学生是终究要被熏陶的。那琳琅满目、应接不暇的各种思潮，那年轻的心对新事物的好奇激情，那知识分子从梦魇般绝境中解脱出来，又可以指点江山激扬文字的惊喜与豪情，那从上层统治者到底层平民百姓上下一心立志叫这华夏神州旧貌换新颜的昂扬振奋，人们重新燃起对美好生活的向往憧憬……这些为我的人生储备下了丰富的营养，纵然此后的律师生涯无论如何颠沛挫折、磕磕绊绊，我都能够意志坚定，没有什么犹豫、迷茫，能够摆脱各种诱惑、干扰，20多年来坚定方向，为了这年轻时代建立起来的美好憧憬而奋斗，做一个无愧于心的正派人，做一个增加法治正能量的律师。

毕业20年校庆，学校邀请毕业后散处各地的老校友们给在校的师弟师妹留言。我有一语载入留言册：人生的跌宕起伏都自北大四年始，好好准备，创造辉煌人生！此乃夫子自谓是也。

其实做事业如同唱歌，调子起高了，要唱完就实在需要扎实的好底子与不屈的耐力。作为一个北大毕业生，总会引发周围人们更多的关注，这种注目无异于一种很大的压力。要做到不负学校的声名，不辱天之骄子的盛誉，不向宿命认输，就得与自己开杠！在社会中挣扎！累却快乐着！

曾经一位早我几年做律师的兄长，许多年前诚恳而好心劝慰我说，为了当事人的合法利益疏通关节、找领导过问监督等手段谋求胜诉，没有什么说不过去的，人家还可以为了非法利益而无所不用其极呢！一个不能胜诉的律师，怎么可能是一个成功的律师呢？！可是，我依然不能释怀——别人如此，我就也可以这样吗？作为专业人士我只提供专业服务，难道需要向浮士德那样将灵魂出卖给魔鬼，就为了代理一个一个案子吗？

前辈张思之先生据说没胜过几个官司，可没有谁不承认他是个大律师！

现在，我正式介绍自己的从业经历吧。我于1987年至1991年在北京大学法律系就读，本科毕业后，分在省农牧渔业贸易中心上了两三年班。

对我而言，这真是奇异的两三年！大大开眼见识了比战场还凶险的商场。我分配所在的单位顺应邓小平南方谈话发出的强劲改革开放之风，解放思想，“屈尊”与一位南昌市本地大概有一定势力的商人合作，成立了一家糖酒副食品为主的批发采购站，下派我去体验生活，地址就在这中山路八一商场旁边的采购站上班。刚刚毕业出来的学生娃，天天混迹于一帮类似于缩微版的“青红帮”之流的亦寇亦商者之间，真算是给我上了人生大社会的第一课。一天，我真真切切地在办公室迎上了三五个地痞罗汉（南昌方言），他们怀揣大砍刀鱼贯而入，气势汹汹要寻出我们的那位合作方老板，说是要教训他一通。着实惊险！好在那位老板预先得知了消息，避开了风头。那帮彪形大汉没能将他如何，却最终被国家法网网罗了进去，铁窗内待了许多年！出狱后，他还来找过我。世事变化，他风光时的做派已然过时，不适应世道了。可人这德性真是难改！就他这落魄境况，还口口声声有这儿的朋友，那儿的熟人，可以拿下这里那里的大工程，揽到一个就大发了，而他自己连出差去跟人谈事的开支还眼巴巴地指望我给他呢！真是蛤蟆鼓气充大个儿。

此人后来如何，我已多年没有音讯了。可他与他的事对我作为一个年轻律师的影响不浅。此后，我知道了市井与庙堂会有多么的不一样！在社会这个大熔炉里，就算是金刚不烂之身，也难保不遭受剧烈灼痛；何况在我们这自古严格上下尊卑等级的礼制秩序却又宣扬温情脉脉的文化社会里，要建成一视同仁、法律面前人人平等这样的法治社会，是如何的先天不足；法律对于社会经济、文化、个人生活、人与人的关系、人与国家的关系各方面，要起着定海神针般的稳定作用。我们这样的国家要真正走上法治，路漫漫其修远兮。

可是，人总要有一股子劲的，既已选定了路，就该勇往直前。

我当时已经知道，先要取得律师资格。就是在这样的环境里，我关门闭户备考，居然一次通过了 1992 年的国家律师资格统考。

人生回头看，总约略能感觉到某种机缘，所谓贵人相助。我的师傅胡学锦就是我人生中的贵人，是他引我入律师行当，进入后，我才渐入佳境。此师傅之功德也！那年单位有一桩纠纷，请到师傅代理，单位安排我打下手。师傅觉得我孺子可教，极力劝导我跟了他做律师。那时似乎正赶上律师业蓬勃再兴之际，他要自办一家律师事务所，邀我陪同注册登记；我素来逍遥，这无拘无束自由自在的行当实在与我相契，加上又是法律系毕业，术业专攻，太名正言顺了。于是毫不犹豫，1996 年我从单位辞了职，就哑巴吃秤砣——铁了心做律师，这一做就是 20 多年。

跟师傅打下手协助办理的案子，印象最深的就是南昌市劳动大厦（现在叫环湖宾馆吧）的经济案。当年，叠山路、北湖岸边那栋高楼就可算得上巍峨耸立、引人仰视了，围绕这栋高楼的基建、招商引资、后期的宾馆经营与装修等，都是大笔大笔花钱的事情。鸟为食亡，人为财死！因此上演了一幕一幕悲喜剧。除了我们办理的民事官司，记得当年的市劳动局长正是因此大楼的建造或相关经济事项而涉贪腐被判刑！案子的具体细节已经淡忘了，可一直印象深刻的是，这劳动大厦方面操盘决定相关事务的 3 位总经理、副总经理、总会计师相互之间貌似一团和气、实则钩心斗角的浓重氛围，令我感慨良久。古语有云，医者治病救不了命。律师可以努力帮你胜诉，纵然侥幸得一时一案之胜，杯水车薪而已，国家对国有企业管理的体制、企业的决策运行机制、企业管理者的任免及处于这决策位置上的人员的心性品行等，是打官司解决不了的。法律对于经济发展的作用，更在于设立遵循于市场原则的一整套制度，让企业在有规则竞争中脱颖而出，让社会各主体的创造力通过竞争而蓬勃生发。律师应该更全面深入地介入企业法律顾问事务，帮助建立规则秩序，完善有序竞争，提升社会整体的规则意识。

行政诉讼案件也有感触颇深的。办理的案件中，老家同一县域辖区内两片相隔不远的地块先后被政府征收用来搞经济建设，而结果迥然相异。

较早的那片征地，当地政府想要依托于龙虎山景区，在近旁十多二十千米不到的一处小型水库旁边，征地搞旅游开发建设。自然是补偿太低，村民不同意，遂找到我这个律师。已经想不起来，那时我如何起主意通过省政府行政复议，由省政府法制局的一位闵姓工作人员和另一位具体经办。省政府法制局的经办人员非常负责，三番五次耐心细致地听取村民代表与律师的情况反映与主张、理由、法律依据，也数度召集地方政府、专门国土管理部门研究分析，更实地到被征收土地现场考核，最终遏止了土地征收，村民保住了青山秀水，也因此而盛赞我这个律师了不起！于是,就又有了这后一起征地的“滑铁卢事件”。

这一次,当事人村民代表已经数年信访,并非要阻止征地,只为多给些补偿。在这数年的信访中，村民代表享受过当地干部小心翼翼地哄劝，甚至有些低声下气的求告，也遭受过被有关部门拘留这样控制人身自由的严重打击。反反复复，来来回回，总毫无结果，终于对信访丧失了信心。听闻我这个律师有本事能够拿回被征收的土地，自然喜出望外，求告而来。这回，我替他们选择了行政诉讼这渠道。诉状提交到中级人民法院，居然整整两年毫无进展，拿不到一张受理通知书，也不给不予立案决定文书，就这么撂着，能拖多久是多久。后来，中央政法委放话，最高院出台文件要求各级法院开门立案，不准设置各种隐性限制条件，这才终于立案受理了。其实，受理了也就意味着案件的结果八九不离十，政府方要败诉。果不其然，法院判决政府征地没有事前公告征求村民意见程序违法。可是违法又怎样？事实上，没有任何单位、任何人对此违法行为承担任何责任，村民集体土地依然被征收，补偿丝毫未增加。村民们赢了一场没有结果的官司。

再小的石子投入湖中，总会泛起或大或小的涟漪。法院的行政判决绝不是小石子，而是大石头，应当惊起巨浪。国家设立行政诉讼，就是通过法院的行政判决，在一定程度上约束政府，让政府知道权利是有边际的，政府也是有限政府，这正是立法与制度设计的初衷。

公民和法人有了纠纷，争执不下就上法院，这是国家提倡的疏导之法，纾解民怨，化解纷争，这是大好事啊！尤其是行政诉讼，实为国家分忧的好途径。可早期有些法院个别法官不明白这个道理，受理行政诉讼时总是顾虑太多，立案时显得犹犹豫豫、扭扭捏捏，这是对国家设立行政诉讼制度的重大误解。从上述案子就能窥一斑而知全豹。还有的法官对于行政案件的立案审查不是形式审查，而是从严全面实质性内容审查。决定是否立案时已经八九不离十能够判断出案件的结果，这就等于给自己揽进一个“烫手山芋”，进退失据。自1991年行政诉讼法施行以来，这个问题没有能得到很好的解决！此乃我等法律人之困惑也！

还有一桩事需要说说。2009年底，我作为省地矿局法律顾问，代表下属一地勘队伍某地调队为一桩招商引资开发钨矿的项目提供全程法律顾问服务。投资方为A集团一下属企业，投资额总计20亿元。毕竟来头不小，所涉资源的地方政府十分重视，为此参加签约的，甚至惊动主官。投资方为此项目特意聘请了北京一家大型律所提供专项服务，而我代表招商一方予以应对。项目本身金额巨大，所涉及地质勘探开采的技术事项、钨金属矿作为国家战略资源的宏观政策、探矿权采矿权的行政许可、矿山开发的环境影响与保护、国有事业单位从事投资经营活动的特殊性质等法律问题，非常复杂。为商讨研究确定合同文本之需要，双方谈判团队共聚京郊某宾馆，前后历半月之久。双方团队为此付出了辛苦的劳动。但令我不解的是，如此兴师动众而且最终签署了正式投资合同、已经落地的这么大一个项目，最终竟然不了了之，全部合同文本、法律文书被束之高阁！若干年后，大家才隐隐约约得知，原来，项目停摆是因为涉及有关人员落马。为此，作为法律人，我非常感叹。我在想，为什么我们很多投资的成败只系于一人？为什么我们辛辛苦苦制作的合同文本明明在法律上没有问题，但现实中却无法履行？

如同新生儿蹒跚学步，社会主义法治建设虽然磕磕绊绊、趔趔趄趄，但总体趋势一直不断前行。正如孙中山先生所言：世界大势，浩浩荡荡，不可阻挡。作为律师，社会法律工作者，跟随国家法治建设这滚滚洪流，我一路行来，一路充实、成长。回望来路，真该好好想想如何前行才不枉这一路艰辛！

我以为：核心在于明白并牢牢锚定做律师的价值取向。到底为什么做律师而不是别的三教九流、七十二行？

做律师自由！不用上班打卡，无须看上级眼色，也不必于小圈子里钩心斗角，可以做顾问，可以办案子，一时帮不幸被撞伤了的受害人追索赔偿，一时为身陷囹圄的犯罪嫌疑人依法抗辩，为这家顾问单位去商务谈判，为那位当事人审核合同文件，法庭上意气风发、挥斥方遒，办公室字斟句酌、运筹帷幄。朋友但凡有疑难，总第一时间想到我，客户解除了困惑，也心悦诚服感谢我……这样的生活，在我看来很好，为何不矢志不渝？

做律师荣光！律师行业属于国家上层建筑组成部分，无论称之为国家法律工作者还是社会法律工作者，也不管是财政资金供养还是有偿服务自力更生，律师工作的本质在于推进国家法律的实施、法治的建设。诉讼业务的开展，直接体现一个国家的司法制度设计及其现实展开，直接反映一个国家的法治状况；非诉讼业务，律师利用自己的专业智慧，将立法机关颁行的写在纸上的法律贯彻到经济、生活、文化等社会活动的各领域各方面去，让公民、法人、各主体感受到法律规则的作用，培养起依循规则、合理预期、协同安排各自行为的习惯，这正是法治社会公民的应有素养。律师为国家法治建设建功立勋，乃职业之本质。从我做起，戮力前行，立志于通过自己的律师职业为法治建设做贡献！

虽然也会有迷茫、质疑，但我觉得恢复律师制度 40 多年来的实践，证明律师是我们国家社会主义法治建设的一支重要生力军。我们律师对于刑事辩护的不屈不挠，执着坚守，不断推进了国家刑事诉讼法律制度的完善，推动人权保护条款写入宪法；我们律师普遍担任国家机关的法律顾问，对于依法行政的深化功不可没；我们律师对社会经济各领域的不断渗透、提供的非诉讼法律服务，对于社会各界整体的法治意识提升起到了春风化雨、潜移默化的影响，这远远超越了具体事务中法律服务防范的风险、促成的交易这样局部、短期收益，而是对整个国家、社会的法治化进程奠定基础作出了贡献！这是我们律师的无上荣光，我们能不爱惜自己的羽毛吗？

做律师要不断自省、反思、净化、提升。记得爱德华·吉本在《罗马帝国衰亡史》中，将律师视为悠久传承的贵族事业，我突然间如醍醐灌顶，恍然大悟为什么英美律师与法官一样要戴个假发！对律师渐渐变得一门心思盯着委托人的钱包而忘却了高尚的情操，吉本痛心疾首，他在帝国衰亡史中专门阐述律师行业的堕落，可见他认为律师行业对于国家社会的重要性。

一段时期以来，社会上不少人将律师视作为法律掮客、讼棍、“白手套”、蝇营狗苟的势利小人……我们律师一直以来就这样吗？还是从何时起变成了这样？或者这只是一粒老鼠屎坏了一锅汤？如果律师业原本是一种追求正义这样高尚情操的贵族行业，那为什么就被人们看成了讼棍呢？你、我、他，我们队伍里的每一个人扪心自问：那粒老鼠屎是我吗？

做律师要厘清与当事人的关系。律师为当事人提供代理服务，并非单纯民法上的委托代理。我们知道，民法上的委托代理，代理人没有自己的独立意思表示，其遵循委托人的意愿行为，行为后果也由委托人承受。但律师代理强调专业性以及基于该专业之上的独立判断能力，律师的主体独立性是我们律师处理与当事人关系的最根本核心。独立刑事辩护是最鲜明的例证，甚至嫌疑人没有聘请，法律规定部分情形下也必须为其安排律师辩护，这时候的辩护律师很明显就不仅仅是嫌疑人的代理人了，而是国家法律制度的实施结果；IPO 首发、国有资产转让、政府债券发行等特定经济事项中的律师出具意见，也都特别提示独立发表意见，不受委托人意愿的制约。其实很好理解，正因为法律的专业性不为当事人完全知晓与理解，因为法律的严肃性不容当事人规避与违抗，国家设定了律师制度，在向社会提供法律服务的同时，维护法律得到遵循，监督、抑制违法行为的发生，以取得法律实施的应有效果——引领预期，稳定秩序。所以，律师界广为流传的说法——收人钱财替人消灾、受人之托忠人之事，都不过是肤浅势利的认识！我们在为当事人提供专业服务的同时，应时刻不忘传扬法治理念与精神，宣扬遵循规则、正当谋利、合理作为的意识，这是整个社会有序运行，从而每个人从中获益的普遍基础，任何以非法手段、措施谋求一案、一事之利益而沾沾自喜、忘乎所以的当事人与律师，都是败坏行业声誉，败坏社会风气"老鼠屎"！

现在，很多的"90后""00后"这些生力军加入我们律师队伍，一起追随国家、社会改革开放的步伐，在社会主义法治建设中栉风沐雨，辛勤耕耘，我坚信只要久久为功，就一定能够春华秋实。我们也一定能够挖掘、壮大律师行业追求公平正义和自由平等的基因，为法治国家的建设和进步添砖加瓦！

成新生：一个成功律师的范本是如何炼成的

成新生，江西求正沃德律师事务所高级合伙人。如果说一个职业一定有一个范本的话，成新生是我见过的最像律师的律师。他专业、专注，温文尔雅，遇到任何事情都从容不迫，一副运筹帷幄的大将风度。可以说，任何当事人将自己的事交到他手里都会放心。有人说，他是一个真正有实力的律师，尽管他低调，但没有人能忽视他。这样一个范本式的律师，如果没有纳进我的采访，必定会是《南昌律师二十年》的遗憾。这样一个重量级的律师，怎么能少了呢？

我本人与律师职业结缘完全是偶然的，这是高中毕业考大学填写专业时的误打误撞。我高中毕业是在 1985 年，想想距今已经很遥远了。该年，江西高考还在沿袭两个做法：一是预考制度，即参加高考的全部毕业生先集中预考试一次，淘汰一批成绩差的学生，将筛选后成绩较好的毕业生留下，继续参加正式的高考；二是填报录取大学的志愿是在高考成绩公布之前，完全是靠估的。录取志愿还分为第一志愿、第二志愿、第三志愿等。这在今天似乎不可思议，但我们当时就是这样过来的。我报考的第一志愿本来是中国人民大学新闻系，但正式录取的院系却调整为法律系经济法专业，由新闻而法律，似乎是冥冥之中的阴差阳错。这样，我就开始了为期四年的学习法律历程。到 1989 年，我即将大学毕业。毕业前夕，时任江西省委书记的万绍芬特意到北京，召开了在京江西籍大学毕业生座谈会。在会上，她殷切希望在京学习即将毕业的江西籍大学毕业生能回家乡工作，为家乡做贡献。我当时确实被她的话打动，为报效桑梓，决定回江西。

我拿到的毕业报到证是分到江西省人大常委会法制工作委员会。但当我前往省人大报到时，却被告知我的分配情况发生了变化。因为省人大暂时不再接收更多的毕业生，已经确定分配的需要改派。其时大学毕业生还是国家包分配，统一就业，主管分配的部门是江西省计划经济委员会。我印象中，接待我们的是省计委一位姓黄的处长。他告诉我说，你改派的单位是江西省司法厅。

于是，我就前往江西省司法厅报到。当时司法厅也在省政府大院内办公，政治部的吴渤同志接待了我。吴渤后来担任过江西省律师协会的秘书长，再往后又调到江西省高级人民法院工作至今。记得吴渤还和我商量我的具体工作。他认为我是法律系毕业，又是经济法专业的，如果到律师事务所工作，属于专业对口，能发挥特长。听了他的建议，我心里对律师工作充满了向往。如此一来，我的具体工作单位就确定为江西省司法厅下属的江西省律师事务所。从此，开启了我30余年的律师职业生涯，直到如今。由此可以说，我之从事律师工作，既是出之偶然，又是心里的必然选择。

我依然记得，第一次到江西省律师事务所时，事务所还在北京西路省人大斜对面的省机械工业厅的招待所内，是一个临时办公场所。事务所的主任是当时非常年轻的肖敏。肖主任告诉我，同年我们一起分配到江西省律师事务所的共有5个大学生，除我外，还有贾建平、战赢、秦啸、林凯四人。肖主任勉励我们新来的大学生，要迅速融入工作，同时不忘继续学习，尽快通过律师资格考试。

当时的律师资格考试是每两年一次。1986年和1988年分别考了一次，我们1989年毕业的大学生刚好轮空，需要到次年即1990年才能考试。比较欣慰的是，我1990年参加律师资格考试，以高分通过，正式取得了律师资格证书。

让我第一次感觉到老百姓对律师尊重的事发生在我刚到事务所不久。大概是1989年10月，事务所接到一个在万年县的案子，指派胡海若律师具体承办，让我协助。当时的交通不便，万年与南昌之间，现在看来并不算远，但当时的车程却需要六七个小时，而且每天长途汽车的班次很少。那天，当我们办完事情，准备从万年返回南昌时，太阳西下，已近傍晚，也没有了班车。但我们还是很想赶回南昌。当即，我们两人就商量到马路边碰运气，看能否搭乘路过的车辆回南昌。那时我因为还未参加律师资格考试，没有正式的律师执业证，但在报到时，省司法厅给我制作了一个工作证，具体部门记载的是江西省律师事务所。这时，正巧有一辆汽车路过，我赶忙拦了下来并出示工作证，告诉了司机缘由，司机听说我们是省城南昌过来办事的律师，非常客气，马上同意我们搭乘。路上，与司机师傅聊天时，他说律师见得不多，年轻的大学生律师见得更少。我们听司机师傅言语之间对律师职业信任和尊重，至今让我不能忘怀。

我分配到江西省律师事务所后，经历的一件重要的事情就是参加了1991年江西省首届律师辩论技巧大赛。这次大赛是时任省律师管理处处长汤忠赞直接组织的。汤处长早已经退休，他现在是我所在的江西求正沃德律师事务所的顾问。

作为江西省律师界的第一次辩论盛会，当时邀请的评委有江西省高级人民法院、江西省人民检察院、江西省公安厅、江西省委党校、江西大学（现南昌大学）、江西省司法厅的领导和专家、学者。江西举办律师辩论技巧比赛，在全国律师界都算是早的！当时全省律师都十分重视，各个地市都由当地司法局专门组织了辩论队参赛。江西省律师事务所以一个所的名义组织了一支队伍参赛,很荣幸，我是参赛代表之一。

当时比赛的赛题，基本是刑事案例。为了打好这次比赛，事务所在江西宾馆特意包房，事务所的领导亲自率队，还有其他帮忙的同事，吃住都在宾馆。大家一起审题、析题、组织辩论观点，每一场比赛都做了精心的准备。这次比赛十分激烈，也非常精彩。最后，比赛中评选出了 32 名优秀辩论员，我也获得了优秀辩论员的称号。这次比赛，对我以后的律师生涯起到了重要的鼓励和促进作用。因为这种辩论赛不仅能检验一个律师的口才，也能体现参赛律师的法律功底、逻辑思维能力、反应能力，还会让参赛律师注意自身的外在形象，总之，是对律师综合素质的集中检阅。正是因为比赛，让我坚定了做律师的信心。

如果说辩论赛让我认识到自己此生可以以律师作为谋生的职业，那么，接下来我为三资企业服务的一段重要机遇则让我懂得一个律师的专业定位。1996 年，我得到一个机会，为台湾远东集团旗下的亚洲水泥股份有限公司与江西省建材集团合资成立的江西亚东水泥有限公司提供法律服务。这家合资企业是当时江西省最大的中外合资企业之一。到了 1997 年，我又为世界轮胎业前 50 强之台湾泰丰轮胎股份有限公司与江西橡胶厂合资成立的泰丰轮胎（江西）有限公司提供法律服务，该合资公司也是当时南昌市最大的外商投资企业。当然，让我最为受益的，是为美国 PPG 工业公司亚太区的企业的投资活动提供法律服务的经历，从中，我感触颇深。美国 PPG 工业公司至今依然是世界 500 强之一。该公司自 1989 年就在南昌设立了合资企业南吉化学工业有限公司，也是当时最早在江西投资的世界 500 强外资企业。我与这家世界 500 强企业打交道，是自 1991 年，从为合资企业即南吉化学工业有限公司提供服务，逐渐发展为美国 PPG 工业公司在整个中国大陆乃至亚太区的企业的投资活动提供法律服务。这家公司对我十分信任。为了提高我的英语水平，以便更好地沟通和工作，PPG

工业公司还分别于1999年、2000年两次安排我为期各半个月去其香港的办公室工作，方式是上午在英语学校一对一学习口语，下午在办公室上班。

我在为外资企业提供服务期间，比较深的感触就是他们的法律意识已经深入骨髓，对法务工作非常重视。这在当时是不可想象的，而我们的国企和其他企业在这方面不知要落后多少！比如他们当时设立独资企业或合资企业时，均是"交钥匙工程"，即除项目的立项属于高层决策外，一旦确定投资，则从谈判、可行性研究、合资合同的草拟和签订，直至企业的工商登记、银行账户开立、税务的登记等全程都有律师参与，有的甚至连工作人员的招聘等工作也交给律师处理。在这方面，我们国内的企业至今还远远没有这种意识，更不要说放心让律师做。但反过来说，这种方式，不仅要求律师的法律知识水平高，还要求全面。律师不仅仅要懂得三资企业法、公司法，还需要懂得土地、工商、商标、专有技术、环保、人力资源、财会和税务等方面的知识，更要求律师熟悉地方的各方面的政策和规定。

我现在来谈谈我就职的律师事务所吧。刚参加工作的时候，江西省律师事务所和江西省涉外律师事务所是两块牌子、一套人马，合在一起办公。发展到一定时候，为了律师事业的发展，江西省司法厅决定将两个所分开，分别设立。1992年9月18日，司法厅向省编委请示，除将江西省涉外经济律师事务所与江西省律师事务所分设外，还成立了一家新的律师事务所，即江西省经济律师事务所。这样，司法厅下属三家律师事务所。

当时负责江西省涉外经济律师事务所的朱黎明主任征求我的意见，希望我跟他一起去。由于我刚参加工作时就分在涉外科，同时跟随的老师是张美媛，和她一起共同担任过很多进出口公司和合资企业的法律顾问，业务重点在涉外，所以我同意了朱黎明主任的建议。这样，我就转到了江西省涉外经济律师事务所工作。后来，朱黎明主任调到了深圳招商银行工作。省司法厅又将厅律师管理处副处长魏金荣调任江西省涉外经济事务所主任。

我调到江西省涉外经济律师事务所后，1989年同一批分配进来的5个大学生，此时已经劳燕分飞。贾建平留在了江西省律师事务所，秦啸后来也到了江西省涉外经济律师事务所，战赢则去了江西省经济律师事务所，而林凯则调到了江西省政协机关工作。

我们这一代人真正经历了我国律师转型和发展的重要阶段。随着我在国办所工作阅历的增长，认识到律师事业的本质不在公办。1997 年，在我三十而立之年，我萌生出从国办所出来创一番事业的想法。在之前的律师工作中，我接触到了涂韵春和涂红兵两位年龄相仿的同行。当时涂韵春在东湖区律师事务所，涂洪兵从西南政法学院毕业后，分配在南昌市人民检察院工作。一次，我们三个人碰在一起，就谈到了一起出来开律师事务所的事。但是，当时因为很多具体原因，我暂时无法离职。开办合伙律师事务所需要三人，正在他们少一个人的时候，正好郭顺平也有这个想法。其时，他从遂川法院辞职到了南昌第三律师事务所工作，他也希望找一个更合适的平台。这样，就先行由涂韵春、涂红兵、郭顺平三人合伙成立了江西旭日律师事务所。后司法部要求全国律师事务所不得重名，在经过全国检索后，因为其他地方有个律师事务所更早取名旭日律师事务所，这样，江西旭日律师事务所更名为江西沃德律师事务所。沃德，是有几重含义的。其一，中文有“厚德载物”的意思；其二是英文 world（世界）的音译，反映了当时我们心怀世界的抱负；第三，还有一个含义是南昌话“我的”的谐音，让大家有归属感。

到了 1999 年，我发现条件成熟了，毅然辞去国办所的公职，正式成为江西沃德律师事务所的合伙人。2003 年，正好是我担任江西沃德律师事务所的轮值合伙人。这年初，涂红兵因夫人调入深圳市检察院而举家迁居深圳，只得退出合伙。涂韵春考虑自己的业务重组，有意向加入江西豫章律师事务所。而江西省涉外经济律师事务所也早在 2000 年就已经改制为江西求正律师事务所。考虑到原有的渊源，于是，我就与原来的同事，即江西求正律师事务所的合伙人刘卫东等商量，为做强做大，两个所可以考虑合并。大家一拍即合，几乎没有任何犹豫和异议。就这样，两个所就合起来了，并将名称合起来使用，定名为江西求正沃德律师事务所。创始合伙人有 7 个，即江西沃德律师事务所的我和杜红民、郭顺平，加上江西求正律师事务所的刘卫东、王新华、秦啸和兰卫东。关于江西沃德律师事务所的创设以及与江西求正律师事务所的合并过程，涂韵春和刘卫东曾在相关的采访中都作了详细的介绍，内容比我的更全面、丰富。

我就不再赘述。

时光如白驹过隙，算起来，我从事律师工作已经超过 31 个年头，而我在江西求正沃德律师事务所也已工作 17 个年头了。对于律师这份职业，我从来没有后悔。如果让我重来一遍，我想，我还会做律师。

王卿：她是如何成为立于潮头的女律师的

王卿，江西华邦律师事务所资深律师、合伙人。我很早就知道江西省律师事务所（现江西华邦律师事务所）有个叫王卿的女律师，但真正认识，还是在2004年，我们一起随司法厅和省律协领导去香港访问。不过，回来后并没有多少联系。2020年，我们两个和涂书田老师一起合作一个仲裁案，又有了交集。多年以后，王卿没有变，还是那个直率、真诚的律师。当然，给我印象很深的还有她一直秉承的追求公平公正的形象。王卿作为早年从外地来南昌执业的律师，已成为南昌律师界响当当的人物。作为一个女律师,这十分不容易。我在《南昌律师二十年》中，希望尽可能多角度展示南昌律师，王卿正是我想要寻找的女律师中的代表性人物。她的叙述，既反映了一段有意思的历史，又体现了她鲜明的个性。

我出生于1960年，今年刚过花甲之年。我很高兴来谈谈我的律师生涯，聊聊一些执业中的往事。

我的初始专业是医学，毕业后做的是保健医生，与法律似乎没有什么关系。具体来说，当年，我从卫校毕业被分配到鹰潭师范学校，任保健医生兼生理卫生教师。我在进入社会前，曾经梦想做一个好医生，可惜学校并不重视校医室的建设，条件差得连最基本的消毒设备都没有，只应付性地为学生准备了一点头痛脑热的口服药品。这样的校医室有点像农村的医疗站，我则相当于“赤脚医生”。多年以后，当我作为一个成熟律师，反过来检视当时的自己，竟然吓了一跳！因为从现在的角度，严格按法律要求，我当时的行为可能要定为“非法行医”了。

其实，当时我已经有所意识。校医室只有我一个人是专业医务人员，涉及医疗的所有责任肯定都由我承担。记得有一次，半夜一名学生突然咯血，是支气管扩张出血，如不及时作处理，那是非常危险的。但以学校校医室的条件，我根本处理不了，只能打120急救。幸亏及时送医院治疗，才避免了出现危险情况。这件事的发生，对我触动很大。我产生了害怕心理，觉得凭我一个人实不敢担如此“人命关天”之重责。

我想到了离开。当时第一个想法是调入医院工作。但当时鹰潭的医院编制名额有限，进去很难。不过，我去意已决，我下定决心，必须离开鹰潭师范学校。

为了离开，哪怕放弃医学专业，也在所不惜。正是在这种背景下，1985年，我误打误撞调到了当时隶属于鹰潭市司法局的鹰潭市法律顾问处（后更名为鹰潭市第一律师事务所），改行从事法律工作。说实话，当时从事法律服务并不是我心动的职业，因为我对此根本就不了解，完全是懵里懵懂入的行。试想，一个没有任何法学背景的人，突然变为法律工作者，这会有多尴尬？因为那时我就是个完全的门外汉，这让我非常的不自信。好在当时法律顾问处真正法律专业背景的人也就一两个，也算给了我一点宽慰。既来之，则安之！我只能是硬着头皮干！

记得法律顾问处主任第一次安排我写的是一份离婚诉状，估计他是想看看我的文字功底如何。老实说，当时我连诉状格式都不清楚，在这种尴尬的时候，我只能请教同事,并以同事写的诉状作范本,“照葫芦画瓢”,勉强写完后“交卷”。但主任点评我的诉状时，说文理还算通顺，就是少了法言法语。主任的话给了我些许鼓励，我内心却倍感惭愧。我是非常要强的人，我暗自发誓，一定要学好法律！于是，我一边工作，一边自学法律。每当看到那些上门求助的弱势当事人，看到他们对法律工作者（当时包括我在内不少人还不叫律师）所寄予的殷切期望时，我都忐忑不安，总有生怕没有帮到而对不起他们的愧疚感。入行之后，我才发现律师这个职业的独特作用，才慢慢爱上了这个职业。我逐渐体会到律师与法治社会的密切关系。有时，我会不自觉地把律师与医生比较。我认为，医学是自然学科，医生是修复患者个人的肌体创伤和病痛，解决的是芸芸众生中的个体问题；而法律是社会科学，法律工作者是帮助人们中的个体维护权利，并通过个体维权推动整个社会的公平正义，解决的是社会问题。

我开始有了对法律的信仰，有了自己的信念。但我当时的想法又是十分的单纯，就是既入这行就得干好这行。为使自己成为一个合格的法律人，我向当时的顾问处主任提出申请，要求参加法律成人高考的脱产学习。要知道，当年成人高考学习要脱产并由单位付学费，报名要具备一定条件，且有名额限制。主任虽然为难，但最终还是同意我报考。这一年，我参加成人高考，以优异的成绩取得江西大学（现南昌大学的前身）法律系的录取通知，得到了两年的脱产进修机会。巧的是，入学不久，正遇上1986年的全国律师资格统一考试，这是第一次全国律师资格考试。我果断报名参加，没想到居然通过了！在这两年，我是如饥似渴地读书。经过两年的专业学习，我有脱胎换骨之感。我对律师执业有了信心。

学成后，我回到鹰潭，继续在鹰潭市法律顾问处做律师。有了法律学历打基础，我感觉办起案来也算得心应手。当年，在基层做律师，所办案件大多是非常接地气的民事案件，比如轻伤、离婚、山林土地纠纷，还有部分简单的买卖合同等案件；而刑事案件多为伤害、杀人、盗窃和抢劫等，没有现在的所谓“高大上”的案件。但在我看来，做律师不仅仅只为追求大案要案，而是要实实在在为当事人维权，最终维护社会的公平正义。因此，从根本上说，没有什么大案小案的区别，也没有什么价值高低的区别，任何案件如果在律师的努力下得到公正处理，都可以体现一个律师的真正价值。

秉着这样的信念，无论我接受委托的是什么样的案子，都力求一丝不苟，切实有效地维护当事人的权益。记得我办理过一个农村建房相邻纠纷引发的故意伤害案件，我担任犯罪被告人的辩护律师。我在法院阅卷发现，所有证据（证人证言、法医鉴定）都对我的当事人（被告人）不利。但被告人的口供始终不承认伤害了受害人，我会见时他也坚持说自己没有与受害人发生肢体接触，只是发生口角,坚称是受害人自己滑倒在地受的伤。我决心找到案情的真相。于是，我从伤情入手。我的医学背景起了作用。我说服承办法官，要求调取受害人的原始病历和骨折 X 光片。经查阅原始病历和骨折 X 光片，我发现受害人的伤情与案件证人证词以及法医鉴定结论不相符。原法医鉴定认为骨折是间接外力所致,这与证人证言所说打击部位一致。而X光片显示的骨折形态是直接着力引起。这样，我认为此案存在事实不清、证据不足和定性错误情况。我决定为当事人作无罪辩护。为证实我的判断，我借出被害人的病历资料和 X 光片，并找到当时江西省最权威的法医学教授进行咨询。法医学教授看后，他的意见证实了我的判断。他说受害人的骨折很大可能是其摔倒碰撞到地上的石头形成的。听教授解释后，我又到事发现场进行调查，发现地面果然是由高低不平的石头铺成，更进一步印证骨折是摔伤而不是打伤的事实。开庭时，我向证人和受害人发问，在我追问下，他们全都改口，证人承认并没有看到受害人是怎么受伤的，受害人自己也不得不说没有受到被告人的伤害。真相在法庭上得以呈现。法庭当即次两年一次的全国律师资格考试，这也是第一次全国统一出题和统一考试。我们这些电大毕业生当时因为没有拿到毕业证，无法报名。对此，我焦急万分。我当时是学生会的秘书长，觉得应当为大家，也是为自己做点什么，就斗胆跑到邮电局去发了一份价格昂贵的加急电报，是直接发给当时的司法部部长蔡诚的。电报的大意是：现在国家如此重视人才培养，律师资格两年才考一次，像我们这样已经大学毕业，只是暂时没有拿到毕业证的，就不能报考，这样会耽误了大家，也是耽误国家！

让我们惊喜的是，不久司法部就通知，大学生包括成人大学生只要当年毕业，即使暂时没有拿到毕业证，凭学校证明也可以报名考试。这样，我和我的同学们都能参加当年的律师资格考试了。

司法部当年的这种改变，或许与我的“通天”电报有关。

更幸运的是，这年考试我顺利通过了。我有了律师资格！要知道，当时的通过率很低。

我的律师生涯从上饶开始

我从部队退伍后，当时去做什么工作，其实有很多选择。比如当警察，比如到机关，我是有这个条件的。但我却选择了当时的上饶市自来水公司。很多人不理解，连我妈妈一开始也不理解，为什么要这样选？其实，当时我有自己的打算。到自来水公司上班，收入高且稳定，连家里用的水都免收费，福利比机关都好。当年行署专员的女儿也在自来水公司上班。当然，这不是最主要的，我还有更深层次的考虑。我分在自来水公司办公室，只要晚上值 6 个小时的班，其他时间我可以自由支配用来读书。这样，我在自来水公司，就像在部队一样，没有浪费时间，如饥似渴地读了很多书。

1988 年电大毕业后不久，我被借调到市政府重点办担任常务副市长的秘书工作。这让我对政府工作有了更深、更全面的理解。

那个时候有工作单位的人兼职做律师还比较随意。因此，我一方面在市政府工作，一方面申请到上饶市法律顾问处挂职实习。这样，我的律师生涯应该是从 1988 年 10 月开始的。1989 年法律顾问处给我办了律师工作执照，我算是宣判被告人无罪释放。此案虽小，却让我深感律师的专业和敬业精神对于维护当事人的合法权益是何等重要！同时，这个案子也让我真正体会到律师职业的神圣和社会价值，奠定了我立志将律师职业作为终生职业的决心。

决心已下，则力争做到凡事认真细致，力求对办理的案子精益求精。我把这作为衡量自己执业的尺度，认为只有这样才能不负当事人的委托和信任，才对得起自己的良心和职业信条。记得我代理过一起山林权纠纷，当事人已提供了山林权证等关键证据，从形式看，权属清楚，为当事人维权的空间不大。但是我仔细看过权证后，发现权证所标山林位置的四至并不清楚，我觉得这里面可能会有问题，是引起争议的关键所在。为了查明事实，我翻山越岭到实地查看，这才分清了权证上的四至，并将四至现场拍照作为证据，使案件形成了完整的证据链，非常具有说服力。最终，法院采纳了我的意见，当事人获得胜诉。这事告诉我，律师不能凭想象办案，有时深入现场，获得的效果会超出你的想象。

我也知道，法律学历是我的短板，但我并不妄自菲薄。我一直坚持学习，不断更新知识，不放过任何一个学习法律的机会。同时，在执业中总结经验，不断思考。我得出自己的执业心得，就是律师要以最低的时间成本，让当事人付出最低的资金成本，达到维护当事人权益和解决纠纷的目的。这是我多年来秉持的理念，也是我获得越来越多客户的原因。

1995 年，我因家庭原因，从鹰潭调入南昌，加入当时的江西省律师事务所执业。我在鹰潭市执业多年，离开前已经是律所副主任，业务上也小有成就。这种情况下我来到南昌，依旧顿生一种失落感，对在省城开展业务又有一筹莫展的困惑：一无客户；二发现自己的学历在省城与他人相比明显不够。但我稍加调整，内心没有气馁。我知道此时只有放低“身段”，才能最终赢得“身价”。我像实习律师一样从头开始，一点一滴地积累口碑和客户，无论大小案件，无论收费高低，我都来者不拒。最关键的是做好每一个案件，让当事人为我口口相传，赢得更多客户的青睐。执业多年的经验优势，也能帮助我更快地融入新的环境。

尽管我为此付出努力，但老实说，一路走来真不容易。在南昌，我经常因为不会本地方言而难堪，加上我是一名女律师，自然还会受到社会上对女性律师的一些偏见，这为接洽业务增加了难度。记得有一次，经朋友推荐，一个当事人持我的名片找我来咨询。朋友没有告诉这个当事人我是女律师。这个当事人找到我办公室见面时，他一见我就夺口而出："怎么是女的？！从名字看我以为是男律师呢！"当时我着实尴尬。我将他咨询的法律问题条理清晰地做了分析，并提出了解决之道。经与我交谈后，当事人对我非常认同，当即决定将案件交由我办理。这事之后，我坚定地认为，作为执业律师赢得客户信任的不是性别，而是那份专业，是那份责任心。

随着国家社会经济的发展，对法律服务提出了更高的要求。2000 年，律师改制彻底走向市场，从此，法律服务竞争更日趋激烈。做一个优秀律师是我内心的追求，而我深深地知道，能够立于塔尖的律师并不多，这对女律师来说尤其不易！我见过许多女律师在竞争中被淘汰，不少女律师不要说大的成功，有的连生存都非常艰难。对此，我有清醒的认识，我深深意识到竞争的残酷性，也为被淘汰的女律师们惋惜。我知道，要让自己立于不败之地，必须有自己的"金刚钻"，这就是要有强过别人的独特的专业水平，所谓"术业有专攻"。律师的专业化是趋势，是必然之路。为此，我在执业过程中，有意识地对自己的执业方向作出调整，选择一些自己喜欢的、能发挥自己原有专业背景和知识特长的领域。我慢慢介入建设工程、政府采购、3P 项目、知识产权、互联网、医疗事故等民商事法律服务，在这些领域向有关专家学习，不断积累和丰富自己。随着自己在这些方面的经验的增加，我逐渐得到客户认可，为自己在行业立足打下了坚实的基础。我目前所服务的工程类客户有城市轨道交通、市政工程、高速公路工程、港口码头、船闸枢纽工程；其他客户还有互联网知识产权保护（商标权、著作权等）、生物医学、医学伦理等方面的单位。我做得较多的有 3P 项目的招标投标、主体法律关系以及合同关联关系、3P 项目退库处理等，算是比较有成就的领域。

正是由于自己对专业的坚持和淬炼，我有幸被选为江西省政府法律顾问团律师、省纪委监察委法律顾问，还担任江西省消费者权益保护委员会法律顾问团长。

社会在发展，技术在进步，伴随着的是不断涌现出新的法律问题。作为律师，我们必须高度注意这些变化。出于兴趣，我持续关注人工智能、生物医学科学的发展和涉及的法律变化，我深信这些必将给社会带来深远影响，涌现出新的法律关系，创造出全新的概念和规则。科学、伦理、法律三者从来没有像今天一样会有如此紧密的关联，这是新的课题。律师必须跟上社会发展的步伐，只有这样才能立于潮头。

再说说女律师的话题，因为我对此深有体会。律师是一个非常理性和思辨的职业，对于天生感性的女性来说，会不会是一种短板？还有人会说女性从事法律职业，柔韧有余刚毅不足。这些总是困扰女性律师，为女律师的发展提出了挑战。为了克服这个差异，我在实践中不断磨砺自己，渐渐地也养成了刚毅、直率的性格。在法庭上，我总是善于抓住问题的本质，让语言具有杀伤力，不让女性的思辨缺失。

女律师也面临婚姻家庭、生儿育女的问题，这是无法避免的。我爱家、爱孩子，但我也爱我的事业。在家庭与事业之间我无法作选择题，如果要选也只能双选！只有努力协调，避免冲突。这让我必须付出比男律师更多甚至双倍的努力。律师职业不仅工作强度大，还常常面对一些来自当事人的风险。我生性好强，且坚信正义终会战胜邪恶，公道自在人心。记得曾代理一起玉米供应合同纠纷案，后来才知对方是南昌县有名的饲料购销老板，业界都知道其是以欺诈起家。我代理的当事人是东北某国营粮库，因向南昌县这个老板供应饲料玉米，结果货物被调包。南昌县这个老板反咬一口，起诉我的当事人供货质量不合格，提出索赔，大概这是他惯常手段。当时，我根据当事人的案情叙述，认为其中一定有诈。为了帮当事人维权，我一面代理提起反诉，同时，我不露声色地只身一人来到南昌县调查。结果，我找到了我当事人被调包的货物隐藏处。于是，我马上申请法官到现场查封。当时，我义愤填膺，指责对方的不诚信。开始，对方欺我是外地口音，知道我不是南昌人，又是女性，居然当着法官的面用南昌话对我进行语言威胁。但我无所畏惧，义正词严。对方见我丝毫不退缩，自知理亏，最后主动提出调解，并恭维我，说今后有纠纷也请我做代理律师。此案虽小，但给我的感受却很深。这让我从来不曾忘记，这个世界无论存在怎样的邪恶，正义才应该是王道。这世界需要有人主持正义，需要在关键的时候有人大吼一声，而律师经常就是那个大吼一声的人。

同样，在维护正义上，我们经常遇到挫折，遇到各种阻挠，而我始终坚信：正义有时可能会迟到，但绝不会缺位。

我曾经做过教师和医生，但我自从无意撞进了律师这个职业后，就不曾想过离开。作为一个律师，我已经执业 36 年，正是心怀一种信念，才一直走到今天。律师，是最适合我、最让我有成就感的职业，也是我无法释怀、深深挚爱着的职业！我愿意终生为之奉献！

徐一新：时间的玫瑰

徐一新，高级律师，江西豫章律师事务所高级合伙人。当我征求徐一新律师意见，希望把她列为《南昌律师二十年》人物篇采访对象时，她有点惊讶。她谦虚地问我：相对于以往已经采访的人物，自己是不是有点“嫩”？我告诉她，她的阅历完全符合我的要求。我再次强调，我采访律师，主要考虑的还是有独特的故事和具有一定代表性。

我是在审阅她的经历后慎重作出的决定。根据我与她的交往，她给我的印象是：与生俱来的高雅、口才出众、办案踏实认真，是一个对当事人负责任、讲信用的好律师。

该怎样概括这次对她的采访呢？当我正在心里搜罗词汇时，突然看到书架上摆着的一本世界玫瑰大师、日本知名玫瑰研究专家御巫由纪所著《时间的玫瑰》，对了，用“时间的玫瑰”来做这次文章的题目最为恰当。徐一新律师的家世不就像一株玫瑰吗？即便这株玫瑰曾经受到过摧残和践踏，但是随着践踏的马蹄声渐渐远去，这株玫瑰又坚强地重新焕发出生命，徐一新和她的晚辈，正是新绽放出来的玫瑰花。我们看到了玫瑰的美丽，也闻到了阵阵的芬芳。

建章律师正在写《南昌律师二十年》，希望列我为人物篇的采访对象之一。在他提出采访的那一刻，我一阵惊喜，真的是我吗？！我知道建章律师选择采访对象是严肃的、慎重的，可能有不少人希望被采访，但却遗憾地没有进入他的名单。在确定没有错后，我内心感觉特别荣幸，为此暗暗兴奋了许久。但回家冷静下来后一琢磨，顿时诚惶诚恐！首先，我感觉自己不配。在强手如林的南昌律师界，我太过渺小了！我合适吗？我能谈些什么呢？因此，我担心辜负了这份好意。同时，我觉得自己向来不喜欢回忆，一度认为，一个人只有到了老得坐在摇椅上的年龄，才应该慢慢咀嚼前尘往事，而我现在还未到这个时候。这样一来，我有点动摇。这事就拖了下来。

但，在律师工作忙碌的间隙，在偶尔眺望远方的刹那，我总会突然想起建章律师对我的邀请。我这才知道，这份期许我内心没有忘记。春节闲暇，翻看《黄帝内经·素问》，读到其中几句：“春三月，此谓发陈，天地俱生，万物以荣，夜卧早起，广步于庭……”这正是万物生发的时节。是的，指缝太宽，时间太瘦；

人生几何？岁月如梭。于是，我决定整理思路，接受采访。

漂泊在南昌的异乡客

人海中漂泊
孤身漂泊
异乡竟掀起千层浪
迎风中渴望
我去望远乡
心
别让我凄怆
——《思乡》

走在南昌的大街上，没有人会把我当成外地人。是的，我已经很“南昌”了。我的同学、我的同事都以为我是土生土长的南昌人。然而，事实上我是一个地地道道的外地人。我之所以看起来像南昌人，是因为我也刻意把自己看成是南昌人，我想融进这徐姓祖宗徐孺子的故乡。然而，我的内心却无法消除异乡客的孤独。当我看见陌上花开时，当我出差坐在晃荡晃荡飞驰的列车上时，总会让我想起这首《思乡》的诗。我到底算哪里人？我的故乡在哪里？似乎没有人给我确切的答案。是的，茫茫人海里，我就是那一叶孤舟，漂泊，漂泊！

慎终追远，其实我家最早的漂泊源于我祖父的先辈。祖父的祖籍在江西金溪，但这并不是我理所当然成为江西人的确切依据，因为很多代以前祖父的先辈就迁入湖北，成为湖北人。祖父的先辈一直在湖北襄樊从商，曾经富甲一方。可惜到了祖父这一代，家里一艘到国外进货的船因故翻了，船上的进口物资全部沉没，家道由此中落。我的祖母姓“力”，这是她的祖上为“朝廷”建立了卓越功勋后由皇帝赐的姓。我从祖母和其他长辈那得知，力家因此成为显赫家族。力家十分注重读书，尤其是经世致用的学问。由此，力家出了三朝御医（连父亲的表姐力伯畏都是解放初期中南海保健组副组长），在现代一门又出了 4 名院士。在此我想提到的是祖母的父亲力钧，即我的外曾祖父，他是个十分了不起的人！祖母是福建人，外曾祖父力钧生于福建永泰，是清末民初著名的医学家、文献学家、藏书家和教育家，是近代中国中西医结合治疗的开创者。作为宫廷御医，他起步于中医，却在访南洋、渡日本、游欧洲诸国后，提出临床时应当中西医结合治疗的全新方法。他将此付诸实践，产生了当时医学上的奇效。由此，他首创了中西医结合的医学理论体系，创办了全球第一家“中外医学研究会”。在实践之余，他还写了《热病论》《释瘟》等大量医学著作，是中国医科馆藏的主要贡献者。据说馆藏的1325部古籍中，就有800多部来自于他的著作和藏书。民国名作家庐隐当时与冰心、林徽因齐名，一起被称为“福州三大才女”，她是祖母姑姑的女儿、亲表姐，也是父亲的表姨。

祖父和祖母，都来自名门望族，只不过一个是商贾子弟，另一个是官宦世家。他们在北大相遇，都学的是经济专业，成为同班同学，两人最终走到了一起。祖父母从北大毕业后，本来可以出国，当时他们很多同学就去了国外，但他们心系祖国，几度出国又回国，最后定居上海。1949年5月，祖父母在解放军兵临上海城时，应北大同学之邀请，带领父亲几姐弟乘船去了台湾。但因为1949年10月，即开国大典之后，祖父受中共中央统战部委派到香港工作，祖母又带着一家人从台湾赶到香港与祖父团聚。1950年7月，祖母再一个人拖儿带女从香港回到北京，住在外曾祖父力钧在北京老墙根购置的大宅里。祖母在中央对外贸易部就职。1953年8月，随着祖父从香港调回上海工作，祖母带着儿女从北京回到阔别了4年的上海。

父亲正是在这样的家庭中出生和成长。他很小的时候，就是背带裤、西装头，小车接送，住在祖父母上海的威海别墅里，一副公子做派。如果没有政治运动，如果没有反右和“文化大革命”，也许父亲的人生会十分顺利，完全可以改写。但祖父母那一代知识分子在政治运动没完没了的年代，注定难逃厄运。谁叫祖父母是北大毕业的呢？！果然，1957年，祖父受到反右运动的强烈冲击，他被批斗和劳动改造。父亲和他的姐弟境遇急转直下，顿时没有了依靠。姐弟四人为了生存，减轻家庭负担，各奔东西，小姑支援祖国建设去了新疆。父亲则从上海报考江西的技校，来到南昌，开始了艰苦的求生。“文化大革命”开始后，在反右中还没回过神来的祖父，又受到更加猛烈的打击。祖父含冤去世，直到

6年后的1979年才得以平反。我知道的，就是他在上海住的别墅也被充公。

父亲毕业后分到电力系统工作。为此，他从技工做起，爬过高压电线杆，做过车工。在那里，他遇到了母亲。母亲也是一名焊工。当时父亲与母亲的相遇又是一段奇遇。彼时，母亲是湖北人，早年流落九江星子县，实因为随我外婆讨生活来到南昌。母亲是贫下中农出身，地地道道的无产阶级。多少年以后，母亲叙述到她的贫寒家境时，说她夏天只有一条布裙，晚上洗、早上穿，最怕碰上下雨。母亲的家里是靠糊火柴盒和卖劳力勉强维持生计的。父母这样两个完全不同人生的人、正常情况下完全不在一个轨道的人居然走到了一起，他们结合了，组建了我的原生家庭，生了我们三姐妹。有时家里开玩笑时会说，我们姐妹们到底遗传了哪边的基因？是无产阶级的？还是资产阶级的？

我从小跟随祖父母在上海生活，7岁读小学才来到父母身边。潜移默化中，我受祖父母的影响较大。他们对我的礼仪教育、要求谦虚谨慎的行事风格深深地影响了我。祖母给我的人生格言是："笨鸟先飞，有备无患。"后来，在学习和工作中，祖母的这句话总被我派上用场。

父亲虽然没有遇到美好时代，但毕竟出身于书香门第。父亲的绘画才华在那特殊年代还是显现出来了。由此，他由工人转到厂工会做起了宣传工作。父亲引以为傲的是，他创作的漫画多次被人民日报、工人日报、电力报、南昌晚报等发表，得到了社会的关注，他也一度当选为全国水利电力部漫画协会副会长。他心目中的英雄是中国著名漫画家华君武，开会时与华君武的合影成了他漫画创作的动力。小时候，父亲因为画漫画得到的小小一笔稿费，为我们当时窘困的家庭带来了加餐的欢乐。

这样的原生家庭，带给我的影响是必然的。心理学家荣格说："一个人毕其一生的努力，就是在整合他自童年时代起就已形成的性格。"原生家庭的特有气氛、家族传统和生活习惯，无疑会传递到孩子们身上，影响着孩子日后的选择和表现。而父母来自完全不同阶层形成的反差或者不同思想的碰撞，奇怪地造就了我们姐妹三人的"能言善辩"。

想不到冥冥之中让我最终成为一名职业律师。

选择做律师，是命运的安排？还是上天的指引？

我的祖上从来没有人专业搞法律，如果说与法律有渊源，只能牵强地说，父亲当年在上海就读的中学就是现在赫赫有名的华东政法大学的附中。有意思的是，我后来拿到的也是华东政法大学的法学学士学位，这难道真的是命运的安排？

高考那年，我的志愿填了又填。那时，我一直想学中文，因为中学时爱上了文学，算是一个文艺青年。喜欢写些小文字，散文或诗歌，为赋新词强说愁的那种。所以，当一个语文老师曾经是我的理想。遗憾的是，录取的江西科技师范大学当年没有中文系，阴差阳错调剂到政法系。从此，我与法律结下不解之缘。大学期间，我骨子里的某些“才华”慢慢迸发出来。我热衷于演讲、朗诵、配音，学校但凡有此类比赛，我从来都是第一名。由此，老师和同学们都半真半假地调侃道：只要有徐一新参赛，我们只能争第二。当然，这或许是学校规模不大，人数较少的缘故。通过这些比赛，我得到了很好的锻炼，这也让我建立了今后做律师必要的自信心。那时，我是初生牛犊，并不知道也不管他天外有天、人外有人，只顾在自己的空间自娱自乐。

1992 年毕业时，我突然发现，同学们各显神通，纷纷落实了单位，而我似乎如梦初醒。我被分在了青云谱区工作，那里有一家率先实行承包制的国办律师事务所——南昌市第八律师事务所，主任叫姚志洪。进去后，因为没有律师资格，拿不到律师执照，律所领导安排我做出纳。我没有拒绝。我觉得我的优点是能够暂时接受现实，所以没有因为不是做律师而自哀自怨。由于经常跑银行对公业务，久而久之，我算钱的速度又准又快，可以与银行柜面上小姑娘一拼，百元大钞几种算法都会。当时自嘲地说，我虽然天天算钱，可惜自己每月收入只领到一张百元钞票多一点——每月 142 元，算钱再快，也是英雄无用武之地。

自 1993 年开始，全国律师资格统考实行每年一次，改变了以往每两年一次考试的惯例。我 1992 年毕业，没有赶上当年的考试。但 1993 年的改变来得很是突然。记得 1993 年 7 月，上面来通知说，9 月律师资格考试。当时，很多人认为这对 1992 年考了但没过的人来说是一件好事，而对我们一直打算 1994 年考的人来说，却很是匆忙。自接到通知到考试，只有两个月的时间复习。但我还是毅然报了名。那时，因为我们是一家承包制的律所，地处城市边缘，去一趟南昌市内都要说是进城。律师事务所案源少，也别想分配案子，没有律师执照的窘境更是让我记忆犹新。

不过相比现在，那时法条不多，只有考试指南和实务两本书可以参考。指南是理论上的，基本就是背；实务就是读法条。我给自己定的考试策略就是指南硬背，实务靠理解，并且不看 1992 年考过的题目。我分析，既然是第一次改为每年考一次，出题应该是全新的模式，先试点以后再完善。实务可能会偏向案例题，故法条不能靠背，要靠理解。本着轻装上阵，抱着今年试试、来年再考的心态，我复习了两个月进入考场。果然我的策略是对的。那年，案例题多且分值大。成绩出来后，我压线通过，开心得不得了！这就像踩点赶火车，再晚一分钟就赶不上，而我刚刚上了这趟车。压线通过的喜悦大过了多考几十分，有一种“多考一分都是浪费”的小窃喜。后来，每每谈及幸运的事，我都会想到这次考试，觉得人生充满了戏剧性，而自己无比幸运！做律师肯定是老天赏饭给我吃，我乐意接受这命运的安排！（采访者笑着点评：你这也太凡尔赛了吧！）

第二年，因为一直有上海情结，我报考了华东政法学院的本科班，并如愿考上。三年后，我成为班上仅有的几名拿到法学学士学位的学生。

从业过程中，我把所有的经历都当成财富

释迦牟尼说：“无论你遇见谁，他都是你生命中该出现的人，绝非偶然，他一定会教会你什么。”

人生充满了挫折与失败。但它只属于现在，把它交给时间，你会发现，一切都是最好的安排。

人生海海，每个人都有其不同的成长故事，欢喜也罢，悲情也罢，说与不说都在那里。

做小出纳的经历居然有助于律师业务

正如前述，我刚工作时是在一家不大的律所做出纳。如果单纯只会数钱，

那我一辈子只能成为一个好出纳。但我天生是一个不安分的人。由于有那么一段时间,我在律所和大家一样,平时都很闲。我利用闲暇自学了财务方面的知识,之后顺利拿到了会计证和税务师证。尽管这两个证是那个时代的产物，现在已没有用了，会计行业早已经实行注册制了，但我得到的财务知识却经常可以派上用场。遇到需要时，有了财务知识的我相比而言总是得心应手，有时会出奇制胜地得到律师业务。记得 2013 年，有一个张某诉某民办医院，是一个承包合同纠纷。因为涉及很多财务问题，该医院在洽谈委托律师时，先是派了一个财务人员接待我，向我介绍相关情况后，又问了我一些财务方面的知识，还让我谈了对案情的简要分析。财务工作人员离开后,换了一位副总进来与我继续交谈,进一步听我对案情的分析。这位副总听完后，又换了一位老总。我这才明白了,他们是在考察我呀！我心想，这哪里是在聊业务，分明是在对我层层面试啊！我很快镇定下来，心想，就算是面试，如果前面没有过关，后面老总也不会来见我。我胸有成竹地向老总说了我对该案的观点，其中谈到了老总十分关心的承包人记账、报表、算账之类的财务问题。老总听完后，表情越来越轻松。他爽快地对我说 :“我们这个案子的律师就是你了！我们之前见过几位律师，都很有名气，但对财务知识不太懂，所以我们迟迟没有委托。你虽然名气还没有他们大，但我们前面两位见过你后，对你的能力非常有信心！我也非常认同他们的看法，所以过来拍板。”这单业务就这样顺利签下了。

类似的情况我也时有遇到。最近代理一起作为被告的执行异议之诉，同样案卷里涉及 8 份审计报告和 2 份专项司法审计报告，还有一大堆财务凭证，所涉内容均与财务有关。当事人找了几家会计师事务所看，都说看不出太大的问题。此类案件，对于律师而言，省事的最好办法就是对当事人说 : 我只负责法律，财务的事由会计师负责。但我没有这样做。我们团队花了一周的时间加班,在众多的材料中我终于找到了切入点 : 从对比同年度的财务报表、资产损益表、利润表以及审计报告的内容，并用财务知识找出了做账凭证中的相互矛盾，再结合法人人格混同的法律问题,找出了两公司存在财务人员混同、经营场所混同、财产混同的依据。我们写出了长达 13 页纸的质证意见，用于支持答辩观点，在庭审中信手拈来，最终取得了案件的胜诉，赢得了当事人的认可和称赞。

由此，我得出结论：只要学到的终究是归你的！它总会在某个时间某个地方回报给你！

我曾经也做过保险业务员，多年以后，我成为保险公司的法律顾问

等我拿到律师证再拿到华东政法学院的法学学士学位后，年龄已经不小了。当时在第八律师事务所年轻律师居多，受地域等各种因素限制，大都没有案源，于是各显神通，纷纷另谋出路。有的通过调或考到了政府部门，有的进了公检法。我是没有门路调走的，又因生孩子落下了考试。那时，考试机会不像现在这么多，也没有现在规范，错过了就错过了，真正叫“机不可失”。失去机会的我，在所里显得孤单单的。我仍然像当年那个毕业分配无处可去的学生，成为一个无案源、无收入、整天无所事事的小律师。为了生存，我不得不低下头另寻出路。我开始关注报纸，在报纸上找应聘的单位。打了好多电话，总算有一家酒店说可以让我当餐馆服务员。通知上班的那天，我一个人在家左右徘徊，内心无比挣扎。想到自己大学毕业居然一事无成，当年在学校那个还算出类拔萃的我，那个好学上进的我，怎会落到如此的境地？！不！这不是我想要的！最后时刻，我拨通了那家酒店大堂经理的电话，明确告诉他说不去了。电话放下的那刻，我听到了他骂我的声音。我抹了一把眼泪，同时暗暗攥紧了拳头。

一个偶然的机会，我成为一名兼职保险业务员。起因是我一个中学同学向我推销儿童保险，我在请教他相关问题时，他竟答不出来。我说，不如我来看下保险条款吧。看过后，我跟他探讨如何让客户接受保险。我提出，重点应当看保险责任，并且要针对不同的人群介绍和设计不同的险种，这样有针对性地介绍，更容易打动人。他听我说完，顿时对我刮目相看，马上对我说：不如你来卖保险吧？反正你暂时也没啥事。我想了想，就答应了。于是，我真的进了保险公司，先接受培训然后开始跑保险业务。我发现，学过法律的人对保险的理解更快，尤其是很多保险条款我能烂熟于心。我不把自己当作单方面的推销员，而是站在客户角度，为客户着想，推销保险做到与客户双赢。事实证明，这样的推销理念，让客户得到了应有的尊重，并很容易接受我的建议。经过这番实践，勇敢地面对社会，原来一脸学生气的我很快融入了社会，暂时解决了基本生存问题。

我在做保险业务员的时候，时刻不曾忘记自己是法律人，我知道我的专业是法律，我的志向是律师，而保险不过是暂时的。一次，保险公司举办演讲比赛，这可是我的强项啊！结果，自然我得了奖。这让保险公司领导发现了我。同时，领导还发现，保险公司业务员里我的学历最高。因此，准备重用我，对我一留再留。而我去意已决，婉言谢绝了。

我必须全身心回到律师队伍！

这一次，我从第八律师事务所转所，来到了市中心的南昌市第二律师事务所。该所地处花园角，时任主任是张工。离开八所时，我请姚志洪主任吃告别饭，他说了一句意味深长的话："你早该离开了。"我这才知道，自己是多么没有出息！多么安分守己！为什么不早点到市里呢？

多年以后，那家保险公司的老总辗转找到我，说他们聘请了几任法律顾问都不满意，因为都不太懂保险业务。他说现在想请我，因为我做过保险业务员，对保险业务很精通，现在又从事专职律师，认为我是最合适的法律顾问人选。他问我意向如何？我当然欣然答应，心里有一种有人将我曾经丢失的一样重要东西，突然送回的感觉。于是，我做了这家保险公司的法律顾问，这一做就是10年，其间换了四任老总。

在一起保险合同纠纷案件中，我一口气跟法官说了一个小时的保险知识，差点让法官觉得我在推销保险了（暗笑）。最终该案在开始非常被动的情况下胜诉，这让我有了不小的成就感。

做保险业务员经历的另一个好处，就是让我在与人交往时不怯场。

错过有时或许是最好的安排

入行之初一直不温不火，甚至无所事事。

从青云谱到市内的南昌市第二律师事务所，是我律师生涯的重要转折。那一年我已经29岁了，有人说，我已经错过了从事律师工作的黄金季节。

我有危机感，但内心并不想认输。知道错过的好处就是会更加努力。我时时告诫自己：再不努力就晚了。那时，只要有案子就接，管他收费多少，管他路途远近！有一次，一个温州的刑事案件，我只收了600元，大半夜坐车赶到温州，第二天开完庭又连夜赶回。为了早点赶回来，我当时连跑带赶，还是眼巴巴看着一辆中巴车开走了，只好等下一趟。心里还在懊悔为什么不早一步？等到上了第二辆车后，在路上看见前面一辆中巴车出了车祸，造成了死伤，凄凄惨惨叫声一片，定睛一看，原来正是前面我错过的那辆车……我的背脊一阵发凉，十分后怕！这谁曾想到？！如果刚才赶上的是前面这辆车，我会如何？不敢想象，不能想象。我突然悟到：有时，错过或许是最好的安排。我的律师生涯不正是如此吗？！

活着，没有谁是容易的

有一次我去贵溪出差办理一个收费500元的小案子，到了目的地已经是晚上了，为了节约成本，我就找了个10元的小旅舍。这是有生以来住过的最廉价最简陋的外出住处。关上房门，我发现门锁是坏的，于是找旅店老板娘说不安全，她说那没办法，你用凳子顶一下。她接着说，问题不在门，关键是你要注意窗子，那里经常会有人用钩子把客人的包勾走。我一听，好家伙，可把我吓得不轻！那一夜，我都是和衣而躺，怀里抱着公文包，整晚都没有睡着。

还有一次去东北调查。正值寒冬，天气预报是零下20℃，但当时的我穷得叮当响，身上穿的是一件仅花20元买的棉袄，就像现在的空心棉袄，真是冷得够呛。凌晨一点在哈尔滨站下火车，白雪皑皑。一个出租车司机为了拉业务，主动帮我提行李箱，深一脚浅一脚在雪地里走，我跟他在后面。突然，他一个踉跄摔倒在雪地里，爬起来时，我看见他脸摔得通红，手里还怕摔坏了我的行李箱，对我连说对不起对不起……此时，我深深体会到各行各业都不容易，会心酸的绝非我一个人！

那些披星戴月的日子，那些风餐露宿的日子，我都经历过。有一句话说：谁替你坚强，全靠自己死撑！

《诗经》里有一句:天之生我，我辰安在？意思是，老天爷你生我来到世上，我什么时候才能时来运转？这是多数人处于彷徨时的发问。但没有吃过苦，又如何能体会时来运转的快乐和幸运呢？经历之后，其实能说出来的苦都不是苦。每当我想到之前的那些事时，我只会会心一笑。

我在辩论赛中成长、成熟

说实话，我在到南昌市第二律师事务所之前，对于律师业务而言，只能是序幕，算是为我后面的职业生涯做铺垫，我内心一直觉得是一种无根状态。1999 年，我转到了南昌市第二律师事务所做专职律师。2000 年，国办律师事务所改制，我成为江西豫章律师事务所的一员，从此算是找到了归宿。

2001 年，江西省第二届律师辩论大赛引起了各方空前的关注。这种关注正如电视机刚出现时，许多人围在一台黑白电视前观看《射雕英雄传》久久不忍离去。此时，豫章律师事务所刚成立不久，只有 20 多人。我被所里赶鸭子上架，与当时已经在律师界颇有名气的何大年、战赢、邬建平律师组成搭档。经过数日奋战，取得了团体第二名的好成绩。到了 2004 年，江西省举办全省诉辩大赛。这次是律师与全省检察院的公诉人同台竞技。为了选拔律师参赛辩手，在省诉辩赛前，南昌市司法局先举办了市第三届律师辩论大赛。因为有了前面的比赛经验，我毫不犹豫地报了名。这一次，我幸运地获得了南昌市第三届律师辩论大赛的个人第一名。我也顺利进入与省检察院对抗的诉辩赛。比赛结果是，我被评为全省十佳律师辩手，是十佳律师辩手中唯一的女律师，登上了新闻。

之所以能取得这些成绩，既与我在学生时代、保险公司时期多次参加演讲、朗诵等阅历相关，也与我平时喜欢读文学书关联。当然，这一切的成绩都离不开我们豫章律师事务所的全力支持。每次律所都派出了指导，派出了律师助理全程陪练、帮找资料。这两次辩论赛上的小小成绩，让我两次荣立南昌市司法局颁发的三等功，为我的律师生涯添上了浓墨重彩的一笔。因为比赛，我也认识了不少优秀同行和优秀公诉人，从他们身上我学习到了很多。现在这些当年的参赛选手，大部分都成为法律界的行家里手，都在为国家的法治建设添砖加瓦。

参加律师辩论赛，让我不断成长，也让我逐渐成熟。得到了业界的肯定，从此，我的律师业务走上了正轨。曾经的丑小鸭，尽管不能说变成了白天鹅，但最起码有了一双天鹅般的翅膀。

因为喜欢，所以坚持；因为热爱，所以执着

孔子说：“知之者不如好之者，好之者不如乐之者。”我的理解是，“好之者”就是喜欢和热爱，而“乐之者”则是以之为乐，因之而执着。一开始，我和多数人一样，把律师职业当成谋生的手段。但律师职业就像有一种魔力，做着做着就爱上了，并且越爱越深，甚至“为伊消得人憔悴”。如今，律师已经不再仅

仅是我谋生的手段。通过做律师，我看到了人生，看到了人性，也看到了社会的深层，律师职业已经在我内心被赋予更深更广的内涵。

2010 年，我办理了一起故意杀人案，李某是个看起来很老实本分的女人，却与她的情人吴某共同杀害了自己的丈夫。案情反映，两被告人经过密谋，在深夜由李某暗中打开房门，让吴某潜入李某夫妻的房间，并钻入床底。待李某丈夫熟睡后，吴某用一元钱购买的铁丝套住李某老公的脖子，李某按住丈夫的双脚，最终致其窒息而亡。事后，李某还协助吴某将尸体丢弃。这个案子一时舆论哗然，都说是现代版的“西门庆和潘金莲谋杀武大郎”。和类似的案件一样，死者家属带着掀起的民意，强烈要求判处两案犯死刑。我作为李某的辩护律师，在认真看了案卷后，对李某杀夫的事实没有异议，但对李某杀夫的动机却产生同情。确实，李某嫁给丈夫像潘金莲一样完全不是本意，她与丈夫没有感情。她的丈夫却不是武大郎。她为丈夫生儿育女，却常常被欺负，动辄非打即骂！当李某遇到吴某后，她内心的爱情像火山一样迸发。她提出过离婚，但她丈夫扬言要杀了她全家。或许是对丈夫的彻底失望，她选择了极端的方式。一审时，我整理了辩护思路，为李某做不该判处死刑立即执行辩护。但还没开口，台下的听众已经把我当成为“潘金莲”辩护的坏人，谩骂声不断从台下传来。我保持理智，辩护时第一句话就是对李某的行为向死者和家属道歉，为李某的行为表示遗憾。当然，我也要忠实履行法律赋予辩护人的职责，把我的观点和依据和盘托出。庭审结束后，我被死者家属围攻，是在法警护送下才走出法庭的。一审的结果毫无悬念，李某和她的情人双双被判处死刑。在那种氛围下，这是我预料的结果。二审时，我继续为李某辩护，可惜仍然维持了原判。从中我深刻体会到，在我国，越往基层，法治精神离民众越远。接到二审判决后，我到看守所征求李某意见。她已经接受了这样的结果，一副生无可恋的表情，只等不远的死期。只是，在谈到两个儿女时，她终于没有忍住滚滚而下的眼泪，直叹两个孩子从此无依无靠。一刹那，我看到了人性的光辉。我很想继续为她在死刑复核程序辩护，但她自己的父母一是失去了信心，二是确实经济拮据。我内心产生为她最后一搏的想法，决定免费为她在最高人民法院写一份死刑复核辩护意见，重点针对该次谋杀过程中，她的动机、她在杀人案中的作用和地位，对每个情节都不放过。我最后提出：本案只适合判一个死刑，另一个即李某应当判死缓，这才能更加体现刑法精神。经过焦急的等待，最高法采纳了我的辩护意见，最终只核准吴某死刑，李某则改为死缓。

然而，我的心情仍然沉重，因为虽然李某的命保住了，但为她杀人的情夫吴某，也是两个孩子的父亲。吴某判处死刑后，孩子背负着杀人犯儿子的阴影。李某自己的两个孩子，从此没了父亲，而母亲是一个联合情夫杀害父亲的罪犯。这样的两个孩子，又是在一种何其复杂、何其自卑的环境下长大？！最后一次会见李某时，她似乎并没有表现出死而复生的侥幸，相反，她对我说，自己活着也是煎熬，生不如死。

这是成功的辩护吗？

2016年我和同事徐谦律师共同办理了一起故意杀人案。吴某杀人后未被发现，躲到外地逍遥地过了8年。一天在火车站，他当时是剃了个光头，穿着一件印满字母的T恤，被巡逻民警盘查，民警发现他的指纹与8年前的一起谋杀案案发现场指纹一致，遂将他捉拿归案。当年城中村医务室老太常常会借点小钱给周边人打麻将，自己则通过“放贷”赚取小利。吴某借住于此，平时没事也会打打麻将。那天他输了些钱，也向老太要借1000元。老太欺他不是本地人没借给他。这件事当时大家都不以为意。谁知,吴某却怀恨在心。当晚月黑风高，吴某爬树进入村医务室，将老太杀死。第二天警察到现场排查时，他像个没事人一样，居然没被发现。周围人谁也没提起当时不借钱给他的事，因为这事实在太不起眼，当时又没发生争吵，谁会想到是他呢？！过了些时日子，他就搬离了那里，四处闯荡去了。我们在阅卷后，发现疑点重重。当时医务室人来人往，司法机关仅凭一枚指纹而且是在门柱上的指纹怎么能定案？而且时过境迁，当年现场勘查做得不细致，证据缺陷多多，杀人事实只有被告人的口供，物证及其他证据均难有证明力。开庭时，我们做了证据不足的辩护。这场庭审，法院在网上全程直播。从庭审辩护角度和现场效果看，非常不错。但最终的结果，吴某仍然被判处了死刑。法院的依据就是吴某自认，证据有瑕疵或者证据不足不影响判决。

此案也深深印在我的脑海。从事实看，吴某多次自认杀人，判处死刑似不为过。但假设吴某不承认结果又会如何呢？会让他逍遥法外吗？还有，不是说“只有被告人的口供，没有其他证据的不能认定被告人有罪”吗？法院这样判，到底是判对了还是判错了呢？我陷入了困惑。

这是失败的辩护吗？

成功的无罪判决一样让我感怀。自执业以来，我办过一些无罪案件，但每一起都是那么艰难！作为律师，我对无罪辩护是十分慎重的，如果对案件没有把握，我是不会做无罪辩护的。因此，做无罪辩护需要十足的勇气。记得多年前办理的一起邬某强奸案。当时公安局抓获了嫌疑人邬某，案发地的百姓长长地舒了一口气。邬某归案后，在某种手段的逼迫下，他被迫交代了“犯罪事实”。但随后，几份笔录都在翻供，且提出了自己的理由。经过阅卷，我发现了很多疑点。在会见邬某后，反复跟他确认且仔细观察他无意中的表情，促使我慎重地思考要不要做无罪辩护？当我决定后，我的切入点是从案发现场离邬某家的距离开始。为了求证，我还到现场走了一趟，根据各方的表述，计算了时间。邬某当天的着装和受害人陈述中有矛盾，且邬某提到当时在看电视，有邻居经过，我核实了当天的电视节目单，果然与邬某所说一致。为此，我申请法院叫邻居出庭作证，其证词也与邬某所说一致。再从节目时间与案发时间对比，确认邬某不在案发现场。庭审辩论非常激烈，法院也高度重视。这个案子最终判决邬某无罪。

这当然算是成功的辩护。但这样采纳律师观点从而判决无罪的案件实在太少。律师的意见往往容易被忽视。轻视律师的作用，显然不符合依法治国的要求。律师们对此一方面无奈，另一方面只能苦苦坚守。建设法治社会，律师的作用当然不是万能的，但没有律师却肯定法治不彰。近年来，中央提出刑事案件律师辩护全覆盖，相信这是中央对律师作用的肯定。作为一个长期从事刑事辩护的律师，我期待尽早落到实处。只是，希望不要在实践中变味，成为另一种走过场。

律师工作之外，与孩子们一起成长

1999 年刚到南昌市第二律师事务所执业时，我尚在县城生活，而儿子才 1

岁半。每天上班，我都要转几趟公交，路上要折腾很长的时间。2001年，我东拼西凑,在市区购买了一套37平方米、小一室一厅的房子。下单后,我有一种“终于成为城里人”的归属感，心里在欢呼雀跃。但“有马无鞍”，房子还缺装修的钱。这也没有难倒我。我的策略是:边赚边装。当然,我没有也不想装修得豪华,只为实用就好。到2002年上半年，房子装好了，但最后还差灯没有钱买。真是皇天不负有心人（笑），过了几天，我就赚了500元。于是，开心地跟闺蜜说：走，帮我一起买灯去！如今想来，似在眼前。那时，我的快乐是多么简单朴素！但现在，似乎看到再昂贵的东西都激发不出当年的开心。所以，我们最需要珍惜的是眼前所拥有的,时间也罢,亲人也罢,这些最容易疏忽的其实是最宝贵的。

房子装修好时，儿子已经10岁，我马上就将他从县里接来南昌。因为一时无法找到合适的幼儿园，我干脆就让他读了小学。也多亏当时学校对年龄卡得不算紧。所以，儿子读书比同龄人早，小小的个子只能永远坐在第一排。记得他上学的第一天，上完第一节课，铃声一响，他背起书包就往家里跑。老师叫住他，他才明白过来，还要继续上课。当时在那么小的房子里，连个像样的桌椅台灯都没有，但照样没有耽误儿子读书学习，我则上班工作。那时，我们都很快乐。我先是骑自行车，后来改骑电动车，每日在城市穿梭。在儿子成长的日子里，我要接送他学国际象棋、学奥数，风里来雨里去。下雨天，儿子躲在我自行车或电动车的雨披下，为了让他安心，我就向儿子炫耀自己高超的车技……后来，儿子考上大学后，他在校园里骑着单车带我兜风，恍惚中，我突然有一种穿越时空的错觉。

作为母亲，我曾经陪着他在全国各地参加国际象棋比赛。小升中时，我伸长脖子看南昌十中少年班的招生放榜。尽管我没有说出对儿子的具体要求，但他没有辜负我的期望。作为一种业余爱好，儿子国际象棋比赛得过全省第一名，相继成为国家二级运动员和一级裁判员。16岁那年，他就接到了名校的录取通知书，从此离开家独自上大学。儿子学的是设计专业，世界三大设计奖中，他18岁获得“红点奖”,21岁获得“IF奖”。如今他23岁,博士在读……一路走来，点点滴滴，回忆都是美好，作为母亲，我甚是欣慰。

为了记住那段美好时光，无论后来怎么换房，我都没舍得将那间37平方米的小房子卖了。也许是念旧，但它更是一段历史。我要留着它，我要经常去看看，那所处于一条被称为“赐福路”的小房子。

很幸运，我还有一个女儿。我希望她与哥哥一样健康快乐地成长。我没有跟他们认真聊过关于我们徐家的家世，没有特意谈到祖辈们的那些辉煌，但我想告诉他们，一个家族的兴衰，与每一代人的向上精神和努力奋斗相关，与国家命运相连。家世的精神力量是可以传承的，我在呵护他们成长的过程中，我自己也在不断成长。

刘锡秋：我“异样”的律师经历

刘锡秋，江西刘锡秋律师事务所主任，长江律师职业培训学校校长。在南昌律师界，刘锡秋绝对是个“异类”。他的所作所为似乎总是与众不同。当大家都在追求做大做强律师事务所时，他却坚守个人所，认为律师职业本身是看律师的个人能力，律师事务所并不是大就强；当大家都在埋头赚钱时，而他却执着于几乎没有盈利的律师职业培训，认为每个律师都应当不断学习；当律师们都在谈专业化时，他却“不务正业”，喜欢关心社会问题，醉心于当电视评论员的兼职，经常在电视中尖锐地批评各种社会现象；当律师们有机会当上人大代表或政协委员后，大多因为珍惜而总是表现得诚惶诚恐，并且尽量不去得罪人，他却把人大代表真当一回事，经常以人大代表的身份找各种官僚现象的“麻烦”。

刘锡秋是江西律师中口才和出场非常出众的一位，但我更欣赏的是他不同于普通律师的独特想法。他的办公室堆满了各种书籍，是我认识的律师中少有的喜欢读书的人。这年头，律师界讲究实际的人多，而刘锡秋是少数关注“灵魂”的律师。2020 年 8 月 18 日，我采访了他。听完他的侃侃而谈后，不得不说，他确实是江西律师里最有故事的人之一。

建章把我列为南昌律师发展简史采访的对象之一，我感到很荣幸。这件事你做得非常有意义，我们律师应当留下自己的历史。

我的父母都是军人

我父母都是军人，我从小是在部队和市委大院长大的。父亲是河北乐亭人，母亲是山东莱西人。父亲是中国人民解放军第四野战军的，母亲是三野的。我父亲的部队从东北一直打到江西。父亲的最后一次战斗，是 1949 年 5 月 11 日四野为了准备渡江战役而发起的夺取湖北团风的战斗。那一仗部队伤亡 115 人，其中牺牲 43 人。四野继续往南打，一直打到海南岛去了。但我父母就留在江西搞地方建设。进入江西后，父亲的部队就隶属南昌军分区。母亲则在省军区干部疗养院担任护士工作。父亲和母亲在江西相识、相恋、结婚和工作。后来，父亲、母亲都在上饶去世。父亲被授予烈士称号，他们被葬在上饶茅家岭烈士陵园旁。从此，长眠于赣鄱大地。

父母亲一共生育了我们五个子女，我行五，是老幺。父亲从 1952 年开始，就开始担任县一级地方兵役局局长或武装部副部长、部长。我 1962 年出生在吉安。1965 年父亲被调到上饶市任武装部部长，兼任市委副书记和市革委会副主任。在那动荡的特殊年代，他实际上是把市里党政军权一把抓了。“文化大革命”时，父亲常常被“造反派”拉去批斗，另一方面却又没有被真正打倒过，一直在位。直到 1978 年 4 月，那年我还不到 16 岁，父亲因患肺癌去世。父亲对我的影响，深刻而久远。

年少丧父，突然让我成熟和长大了不少。送别父亲的那个晚上，我把自己关在屋子里，号啕大哭。我模模糊糊地意识到，从今以后，一切都将会改变了。对“含着金钥匙出生”的我来说，人世间的各种冷暖和艰辛，是从父亲的去世之后，才开始真正感受到的。父亲走了之后不久，我就逼迫自己养成了一年四季洗冷水浴的习惯。数九寒冬的自来水，打在身上，冒出来的都是腾腾的热气。每次冰冷刺骨的淋浴，都是一次考验。这个习惯，一直坚持了 10 年左右。

1978 年高中毕业，我稀里糊涂随大流地参加了恢复不久的高考。当时同学里面以文化课水平考上大学的极少。但有一个我们称之为“天子”的同学，居然考上了北京师范大学，而且还是理科。我由于家庭特殊的机缘，从十三四岁开始，就读到了当时被列为禁书的许多中外文学名著，如《安娜卡列尼娜》《红与黑》《三个火枪手》《红旗谱》《烈火金刚》《青春之歌》《啼笑因缘》等，而且读得如饥似渴、废寝忘食。学文科，我应该是比其他同学更有条件。如果高二选择学文科，或许当时就考上大学了。但是，懵懵懂懂在“学好数理化，走遍天下都不怕”的时髦段子左右下，随大流选了大部分课程没学过的理科，落榜是自然的了。

从军岁月

作为军人后代，当兵就是一个自然而然的喜好与选择。当时也很崇拜拿破仑的一句话：不想当将军的士兵，不是好兵。1979 年，我刚满 17 岁，就踌躇满志带着将军梦到福建当兵去了。决心人生从部队开始。

我的部队是当时全军的十个战斗值班师之一。老山战况激烈的那年，连队接到了开赴前线参战的命令。我们每个战士都写了遗嘱，并时刻准备奔赴前线。结果临出发前战斗任务取消了。由于训练刻苦，表现优异，到部队的第二年，我就当上了副班长。调到军直属坦克团特务连之后不久，任了班长。在部队一共待了四年，获得过四次连嘉奖，并入了党，还荣获了团里“军旗下照相”的奖励。这个奖励仅次于三等功，如今部队已经没有这个奖励了。

我非常感谢在部队熏陶和磨炼的四年。那是个充满正能量的地方。正是从部队开始，我才真正开始了读书、思考和醒悟，并认识到读书、求知才是我一生的志趣和追求。在部队，我第一次读到了唐诗、宋词，学习了中国通史、世界历史、哲学、美学、中外文学史等，还自学了英语、数学。幸运的是，那是个知识爆炸的年代。当时部队的师部、军部都有流动书店，会时不时下到连队来卖书。我从来没有看到过这么多的好书！大开眼界！我平生第一次买了《英汉词典》，还有《政治经济学》（还记得是兰州大学编的）这样大部头的书。我把部队的津贴和家里给的钱几乎都买了书。由于1978年高考时被数学“痛虐”过，于是，我在部队开始自学数学，学完了四册《代数》自学丛书。我发现我爱上了数学。

从部队退伍后，我已经有了明确方向：考大学。

继续读书，直到博士毕业

1983年我退伍回到了上饶。回到上饶后，参加了高考补习班，准备考大学。但是，退伍到地方后定睛一看，时过境迁了！参加普通高考估计是不行了。但突然峰回路转，邓小平同志提出了国家要办成人大学，要办“没有围墙的大学”。这样，就有了成人高考。电大、夜大、函大等成人高等教育风靡一时。

经过一年多的高考补习，尤其是恶补了数学。1985年，我参加了当年的江西广播电视大学的成人高考。结果，我居然以372分考了第四名！数学平生第一次考及格了，67分。其中代数几乎拿了满分。我当时的专业兴趣，只有法律和新闻，而当年电大的专业，文科只有党政和法律，所以，我选择了法律。我自己经常对人说：如果此生可以重新选择一次专业，我希望是天文物理学。那才是我真正的兴趣所在。

在电大时，我如饥似渴地学习，课余时间还阅读了大量课外书。《西方法律思想史》《心理学》《西方哲学史》《意识论》《伦理学》等书就是这段时间看的。当时，我还和几个趣味相同的文友，成立了一个“信江青年理论学社”。大家经常交流学习、写作和发表文章的体会。当时主要成员有我、钱卫清（现北京大成律师事务所合伙人）、徐文秀（现中组部干部）等人。我的努力没有白费。我在读书期间还在《法学杂志》上发表了一篇论文，即《试论建立有中国特色的国家授勋制度》（与钱卫平合作）。

1995 年，华东政法学院开设了法学本科班，南昌设有教学点，我就参加考试，进入了华东政法学院的本科班学习。读完本科，我又读了省科学院办的中国政法大学与澳门科技大学联合培养的法学硕士研究生班。本来说好由澳门科技大学发学位证书，哪知读完两年，估计是教育部干预了，澳门科技大学不给我们发了。他们称如果要发，就要到澳门实地去再读两年。我不想放弃，只能继续读。这样，我经常跑澳门去上课。终于，我拿到了硕士学位证书。

接着，我得知还可以报考澳门科技大学法学院的博士研究生。我是一个喜欢挑战的人，马上又报了名。这个博士班，是宽进严出。好在要求的外文可以是中文，这让我稍微轻松了一点。我的博士读得很艰难，共读了五年，几乎是班上最晚一个毕业的。这与我博导的严格要求有关。有同学就说我“活该”，自找了一个难过关的博导。当时，澳门科技大学的博导允许学生自己到国内找。我的博导就是北京大学的，是由我们当时法学院院长、原哈佛大学法学院副院长戴维·斯密斯（David N. Smith）亲自写信去聘请的。博导是一个饱学之士，博闻强记，才高八斗，精力过人，涉猎广泛，学术规范严谨，又是个谦谦君子，儒雅有余，谦逊有加。他在百忙中，指导我完成了博士论文《论陪审制度的历史研究》。该论文不但获得答辩委员会一致通过，还在法律出版社得以出版。读完博士以后，我还想继续读博士后。可惜年龄、工作等条件都很难允许。我很想继续研究哲学问题。

惊险中得到参加律师资格考试的机会

1988 年，我电大毕业，但毕业证暂时没有发下来。当年，司法部举办第二第一批拿“律师工作执照”的律师。我时不时会同法律顾问处的同事去办案子。

大概到了 1991 年前后，我发现自己越来越喜欢律师这行。或者说，越来越不喜欢待在政府里。机关工作，文山会海，开会、做记录、写报告、写简报、做协调，迎来送往。我从内心不喜欢这样的工作。但我又要感谢这几年的机关工作经验，从中学到的东西，对我以后的工作有很大帮助。包括后来当人大代表时，我比很多人容易理解政府，会从政府角度，建设性地思考问题，也知道被监督对象所能承受的限度。

我越来越想做律师。其中，喜欢律师独来独往、自由自在、自主自立的工作状态。我想离开政府，调到法律顾问处工作。但按当时要求，要到法律顾问处，就先要调到司法局。因为法律顾问处的律师是有事业编制的。一问，司法局满编了，调不进去。最后，我还是找市长解决的。市长批准我先调进去，编制择机调整解决。

由于兴趣浓厚，个人努力，同事热情帮助，加上我做律师也还算有悟性，我在上饶很快就风生水起。当时上饶只有两家法律顾问处，一家是我所在的上饶市法律顾问处，当时我、李智勇、蔡清平、迟非、罗贤良等都在这里；另一家是上饶地区法律顾问处，虞政平（现最高院第三巡回法庭副庭长）、吴德贵、吴德君（现上饶市律师协会会长）、周重和（现在监委工作）等在那。记得有一个影响很大的杀人案，吴德贵做被告人的辩护人，我做被害人的代理人。审判长是早年毕业于华东政法学院的市法院刑庭庭长林军。当时这种科班出身的法官是十分稀缺的。这次开庭，上饶地区法律顾问处全体律师在曾主任的率领下出席旁听、观摩。各方都发挥得很好。我发表了很多“创造性”观点。庭后，我还应邀参加了地区法律顾问处的聚餐，大家畅谈了旁听、观摩感想。记得虞正平还与我进行了辩论。那以后，我听说林军庭长对我的评价是：这个律师不错，不会乱讲话！那个时候，从事法律工作但讲法律外行话的人不少，无论是法官、检察官，还是律师。

罗贤良律师年龄比我大不少，最初和他一起办了好几个案子。记得一个冬天，我和他去原乐平县一个叫大山村的地方办理一起农民与政府发生冲突的案子，住在村民家里，夜里骑自行车走田埂去调查，黑灯瞎火的，我又是个近视眼，结果连人带车一头栽到田里去了。他来自国企，也当过兵，是个慈眉善目和敦厚的人。一次，他对我说：锡秋，这世界上，人和环境的关系大致有三种，一种是他的能力、素质够不上他所处的环境，第二种是他的能力、素质与环境正好匹配，而第三种人的能力和素质高于他所处的环境。第一种和第三种经常会导致人与环境发生冲突，对个人发展不利。他的意思大概是上饶地方小了。他的话，在一定程度上善意提醒了我，促使我思考要不要离开上饶。

从上饶到南昌，因为爱情，也因为律师职业

我真的离开上了上饶，除了追求更大的平台，还有爱情。

一切源于机缘巧合。江西省第九届运动会在上饶召开时，我是运动会筹资部门的法律顾问。因为工作，我要经常跑南昌。每到南昌，我有时间就会去找我的发小。他在江西师大当体育老师。他夫人，是一个十分优秀的心理学老师。我还在自来水公司“看大门”的时候，他夫人背后对他说：你别看刘锡秋现在什么都没有，我和他聊了几句，发现他谈吐不凡，今后一定会是你同学里最有出息的人之一。那年，发小告诉我，他夫人发现我还是单身，要介绍她自己的闺蜜给我。她的闺蜜，就是我现在的爱人。我第一次见到她，就心动了。她是那么的漂亮，而且大气、质朴、善良。凭着她的条件，她可以在南昌找到条件比我强的对象。为了和她在一起，我也不想过夫妻两地分居的生活，所以，我下决心到南昌来发展。

在来南昌之前，即 1993 年 12 月，我离开了国办的上饶市律师事务所，和同事李智勇、蔡清平辞职“下海”开办了上饶第一家合作制律师事务所，是上饶第一批“吃螃蟹”的人。当时，刚刚允许开办合作制律师事务所。这家合作制律师事务所开始称为上饶地区经济律师事务所，后改名为江西帝经律师事务所。我们原来的上饶市法律顾问处，后更名为上饶市律师事务所，最后改制为合伙制的江西东方律师事务所 。

由于“情势变更”,我在上饶地区经济律师事务所待了不到一年就到南昌来了。

我到南昌后，进的第一家律师事务所叫江西国际贸易律师事务所，后更名为国贸所，也是合作制律师事务所。这家所是魏治林、曹印民和陈小平三位律

师办的。我当时选择国贸所并成为合作人之一，是因为我热衷做国际贸易案件。

国贸所在老福山南昌宾馆 7 楼，有一间大会议室和一间容得下 3 张办公桌的房间。办公条件有限。有个九江来的律师晚上还需要睡在办公桌上。那时办所还没有与国际接轨的理念，还是机关单位办公的观念：一张桌子、一把椅子就可以开张了。后来，所里允许合作人自己去找办公场所。

请美国律师来江西

1993 年下半年，我因为办案需要，要到美国出差。当时出国尤其到欧美是严格控制的，办理出国手续需要经过好几个月的时间。但经过努力，最终还是办了下来。如今，境外所在国内开得很多，很多国内所也到国外开分所。但这样一来，地处内陆南昌的我们，基本就没有以前的涉外业务了。我因为要配合美国律师办案，连续多年到美国出差。和美国律师一同办案、工作，改变了我许多关于律师的观念，极大地拓展了视野。

那时，中国改革开放正逐渐步入佳境，流行“走出去，请进来”，就是我们要看看世界，也让世界了解我们。我因为办案，认识了那家合作律师事务所的一个资深合伙人 Ron Given。他的办公室与曾经做过商务部部长的戴利律师的办公室隔着不远。这位律师对中国非常友好。合作中，他向我提出，如果有机会，他愿意到中国访问，向中国的政府、企业和民众介绍如何在美国投资、经商，介绍美国有关投资的法律制度。我一听，认为是好事，符合我国政府、企业和民众的实际需要，因而毫不犹豫就答应了。

有意思的是，当时请美国的律师到中国来，不是一件随便的事，需要向有关部门报备和得到批准。我当时是向省司法厅律师管理处报告的。司法厅非常支持，再向省里报告。据说省里说此事需要请示北京。也许是这家律师事务所和所邀请律师的资历、身份足够重要或有一定影响，北京回话说，这个律师可以请来，但他先要落北京，再到江西。这样，我邀请的美国律师到中国后，据说先在北京受到当时外经贸部领导的接见。等他到南昌后，又得到省主管外贸的周懋平副省长的会见。我一起陪同参加了这次会见。这些背后的报备、报批、会见安排工作，我都没参与，都是事后听说才知道我的一个邀请背后的工作如此复杂、严谨，也可以看出，当时国内对中美关系的重视程度。

这位美国律师到中国来，在江西的行程都是我安排的。当时的司法厅律师管理处处长汤忠赞、省律师协会会长李长庚基本全程陪同。我们以省律协主办和国贸所协办的名义，在当时的省外经贸厅礼堂开了一场讲座，由美国律师向我省外贸系统干部职工介绍美国的投资法和贸易法。当时听讲座的，还有不少南昌的律师。不少听过课的人都说开了眼了。

事后，汤忠赞处长对我说：锡秋啊，你可是为我们省律师行业做了一件开创性的、很有意义的事！

创办个人的刘锡秋律师事务所

1998 年，由于魏友援主任的再三邀请，我离开了国贸所，加入到江西华兴律师事务所。华兴所是和国贸所一样，也是厅直所。转到华兴所后，我就将办公楼从鄱阳湖宾馆搬到中山路八一起义纪念馆边上的新宝大厦了。当时是新宝大厦的老总免费为我提供的办公场所，和他的办公室在同一楼层 。我当时就把车停在八一起义纪念馆里面。

2000 年左右，我在华兴所时，基本是随大流。当时华兴所在南京西路南昌中院对面临街的二层楼里，没事也不常去。当时南昌市国办所被要求改制，成立合伙所。南昌市有几位想出来办所的律师都曾经向我发出过邀请，我都答应同意考虑。但是，后来市司法局以做大做强为目标，将几个国办所整合成现在的豫章所。邀请我办所的事情自然就不了了之了。回头看，当时司法局的举措是正确的。

华兴所剩下的律师，搬到了省社科院。有部分人也想改变一下现状，尤其是年轻一点的律师。在部分律师的推荐之下，大家一致选我当了主任。我当时想，大家既然这么信任我，那我就要好好干一次。按照我的理念，律师事务所最起码办公室要漂亮一点，要与国际接轨。于是我准备装修律师事务所办公室。这样一来，就有人提出罢免我。 这离我当选主任只有一个星期。这次经历，让我有很深的感触。对于他们罢免我的理由，我是百口莫辩，也无须辩。自知也很难改变大家形成的理念和习惯。我确信自己是孤掌难鸣，自己的想法很难得到实现。因此，我下定决心办个人所。我知道只有个人所才能实现自己的意愿和抱负：办一家律师事务所，另外办一所律师学校。当时全国人大在审议《中华人民共和国律师法》修改草案，据说有一些对个人所持限制和反对意见。我一听急了，立即写了一篇文章，投到中国律师网。结果，修订草案没让我失望。

直到 2009 年 12 月 11 日，我才从华兴所出来，开办了江西刘锡秋律师事务所。这是省直第一家以个人名字命名的律师事务所。

当律师的间隙，我成为电视评论员

大概是 2002 年，我有幸得到一个上电视当新闻评论员的机会。在电视鼎盛的时代，上电视是有好处的，很容易出名。这次上电视也让我一炮打响，并为大家所了解。彼时，南昌电视台台长王国昌很有魄力。他拟开办一档脱口秀谈话类节目，叫《阶梯论坛》，当时这在全国都算是开了先河，是一档很前卫的节目。为了这个节目，先是请了省内 5 个重量级学者来当嘉宾，包括江西日报副总编杨西麟、著名散文作家省三、知名经济学家李建德、省社科院马雪松研究员。还有一个就是陈东有，他当时是南昌大学党委副书记，继而担任了省委宣传部常务副部长。据说他们 5 个人碰头一合计，认为还少了一个人，就是一个懂法律的律师。那就找一个律师吧。事后得知,当时选这个律师要符合三个标准：一是要口才好；二是要有观点，不能只是个掉书袋；三是要形象好，不能是那种天天吃喝玩乐的“勾兑律师”。于是，有人就推荐了我。经过考察，并试做了一期节目，我有幸通过了。而且，那期试做的节目直接就播出了。

据说当时的南昌市委书记也喜欢看这档节目，目的是通过这档节目来了解南昌和江西的社情与焦点问题。之后，我又从南昌电视台走到了江西电视台。至今，我还不时去电视台做评论节目。

我在电视台做评论员的风格也得到了认可。2018 年 10 月，南昌市包括纪委在内的几个部门在南昌电视台开辟了一档“电视问政”直播节目。第一期据说效果不太理想。有关领导认为，这种问政有点不痛不痒，官员们不脸红、不出汗。到第二期的时候，有人提出，叫刘锡秋来做观察员。我当时不想来，我夫人也坚决反对。因此，我一直推辞。但有关方面一直说服我，拗不过他们的软磨硬缠，我最终答应只做一期，帮忙做个示范。这次问政，我多次亮黄牌，可以说“火药味”十足，让坐在台上的有关官员有些“狼狈”。效果自然十分的好。看过的都说：“这才是电视问政！”

后面的电视问政，我虽然不再参加，但有了上次的示范，后面的人也知道如何做了，出场的目的达到了。

今年，南昌市纪委又一次找到我，要我做一期“电视问政”的评论员。我仍然不想去，但实在拗不过他们的盛情邀请，不得不答再做一期。这次“电视问政”有关我发言的录像，被市民放到抖音上，传播甚广。这是大家对我的认可。

我有幸成为南昌律师界第一位省人大代表

我当上省人大代表，也与当电视评论员的身份有关。我是2003年开始做的。回头看，我当人大代表的时候，南昌正处在一个思想大解放的时期，时任省委书记、市委书记推行思想解放。江西的政治环境相当宽松，人们在江西传统的保守和踟蹰不前的文化桎梏里，看到了南昌发展的希望和曙光。很多人称那个时候的南昌是一个“激情燃烧的岁月”。南昌电视台的《阶梯论坛》就是当时思想解放的产物之一。否则，我估计我这样的“异类”是冒不出来的。

一次应南昌市委邀请，我们6个电视评论员到南昌市委机关集体授课、交流，反响不错。加上我几乎每个星期都在电视上本着思想解放的原则“大放厥词”，大家认为我讲得好。和我同去的省三就对市人大的负责同志推荐说，刘律师最适合做人大代表。有关领导问我：想不想做省人大代表？我说，当然想啊！这样，经过组织考察、审查程序后，我当上了江西省第十届人民代表大会代表。

后来的事实证明，我没有辜负省三先生的推荐，也没有辜负组织的信任。我这个人大代表与一般人大代表确实有点不一样。我不想做一个人云亦云的普通人大代表，我希望用自己代表工作的实践和法律专业知识，推动我省地方的民主与法治建设，推动地方社会的进步与繁荣。因此，我努力把人大代表的作用发挥出来。

我之所以能发挥人大代表的作用，有以下4个原因：

一是得到了省人大常委会和有关领导的支持。领导们其实都希望听到真话，都希望人大的工作能切实推动江西的发展。

二是我认真履职。我作为人大代表的发言，从来都是有理有据，这与我事前做调查研究是分不开的。我在履行代表工作中，发言从来都不仅仅只有批评，更有建设性的意见，做到批评有理有据、有力有节，建设性意见有操作性，有利有益，能发挥现实作用和意义。

三是我出于对江西的真正热爱，心系江西，满腔热情。因为热爱，才希望江西越变越好。

四是我有很多学习的机会和榜样。应该说，省人大常委会的领导集体，汇聚了一大批从我省各个一线岗位的优秀领导干部。我经常有机会和省部级、厅局级领导一同亲密无间地工作，经常得到他们热情的指教、点拨。他们丰富的工作经验，过人的胆识，以及善于解决实际问题的工作能力，还有高度的工作责任心，都让我深受其益。他们的表率作用以及鼓励和支持，也是我做好代表工作的重要动力。

从 2003 年开始，我当了三届、十五年省人大代表。在此期间，我利用自己做律师的职业优势，提了很多代表建议，平均下来，每年 10 个左右，如涉及环保的《环保法修改建议》《请省人民政府立即采取有力措施关闭东江源区定南县境内的小钢铁厂》《关于建议尽快对赣江上游采取生态补偿初步措施的建议》；涉及民生的《关于建议对生米大桥捆绑收费进行完善的建议》《关于对福州路动物园改建为人民公园组成部分的意见》《关于建议采用修建城市高架道路的措施尽快改善省会南昌市城市交通问题的意见》；涉及司法和律师的《关于建议我省对司法领域渎职行为加强监督和治理的意见》《关于建议依法保障律师会见权，保障我省公民基本人权和维护法律尊严的意见》；等等。尤其需要提一下《请省人民政府立即采取有力措施关闭东江源区定南县境内的小钢铁厂》这个建议，得到时任省长的亲自批示，要求查办，效果非常显著。

如果一定要用一句话来总结我的代表工作生涯，应该就是：岂能尽如人意，但求无愧我心。

最后，我还是谈一下对律师的个人认识。我认为律师职业就是一个不断学习的职业，要具备不断学习的品质。作为一个法律专业的知识分子，要对法律和法律的边际知识有无限兴趣。

我女儿高中毕业参加高考，被大学录取后，也选择了法学专业。当她问我律师是什么时，我回答她：

第一，律师是一份职业。律师是我们生存的方式，通过这份职业让我们赚钱生活；第二，律师是一份事业。如何理解？当我们打开国门之后，当我们融入世界之后，我们在追求建设一个国家的民主与法治，这是国家强大的条件！而这，离不开我们律师！我们要把律师这份工作当作事业来做，而不仅仅是为了谋取饭碗。第三，律师是一份志趣。我们可以通过律师职业的视角、法律人的视角吸取无尽的知识，更可以通过这份工作获得无穷的乐趣。从法律和律师职业来观察世界，你会拥有一个精神丰富的世界！

杜红民：传承家风，做正直的好律师

杜红民律师曾经是我的大学师弟，比我晚一届。不过，大学时我们并不认识。大学毕业后，我们都分配到南昌市司法局所属的律师事务所工作，只不过我在一所，他在二所。这样，我们彼此才开始接触。1997年底，我们一起参与创办南昌市司法局所属第一家合伙制律师事务所，即江西阳光律师事务所。这让我得以对他有更多、更深的了解。后来，因为种种原因，我们先后离开了江西阳光律师事务所，分别转到不同的合伙制律师事务所执业。我采访杜红民，不是因为他是我的师弟，也不是因为我们曾经共事，而是基于两点：一是他无可挑剔的扎实的专业功底，尤其是在处理建筑工程纠纷方面的造诣。他在业界具有良好的口碑，得到了广泛的认可和肯定。二是因为他的阅历本身。他先是在国办所做了9年的专职律师，然后先后参与创办和组建了3个合伙制律师事务所，包括江西阳光律师事务所、江西沃德律师事务所和江西求正沃德律师事务所。

作为一位资深律师，他有什么不一样的故事呢？请看他的叙述。

弹指算来，我从事律师工作已经32个年头了。我认为，做律师也是一种修行，成魔成佛，都在个人。一路走来，从最初的朦朦胧胧，到对律师职业、对人生的深切感悟。这么多年的变化太大了！我经历了律师体制的改革，法律服务市场的巨变。我不敢说自己有多成功，是否能做他人的榜样，但我懂得了这个职业本身的神圣，也懂得了珍惜。因而，我总是努力把每一个案子做好，追求的是让每一个案子都通向公平正义之路。

回首以往，如果说我得到当事人和社会的一些肯定的话，我首先要感谢时代，是时代给了我机遇。我也要感谢我的父母，我庆幸自己在这样一个家庭长大，得到父母无私的爱，我坚信后面的幸运都与这有关。父母一直教育我做一个善良和正直的人，耳濡目染，我在执业中的正义感离不开小时候的环境和家教。

建章是我的大学师兄，他希望我讲讲自己的执业故事，我感谢他对我的厚爱。但很惭愧，我不是出身书香门第，也没有显赫的家世，虽然历经曲折，却没有什么惊心动魄的故事。恭敬不如从命，只好如实说说自己的平凡经历。

四十多年以后，我才得知了自己真实的身世

我40多岁快到50岁的那年，父亲病重。母亲把我拉到身边，欲言又止，犹豫了半天，才含泪告诉我："我们不是你的亲生父母。你是小时候我们收养的。我们应该把实情告诉你。"当听到这段话的时候，我震惊得半天没有反应过来。我不相信我面前的父母，如此善良、慈祥，如此疼爱我的父母，不是我的亲父母！

我自记事起，就是在他们的庇护下成长的。父母的文化程度都不高。父亲虽然读过小学，但没毕业；母亲则完全没有进过校门。不过，父母都喜欢戏曲，尤其偏爱京剧。也许戏曲是中国人的另一种学校。很多没有读过书的人都是从传统戏曲中学到家国情怀、学到爱恨情仇、学到分清是非曲直。因为这些戏曲故事中，融进了中国人的文化和道德观。父母不但对《三国演义》《水浒传》《红楼梦》耳熟能详，而且对"精忠报国""包青天怒铡陈世美""梁山伯与祝英台"等爱憎分明的戏曲桥段，更是爱兹念兹。他们总是用这些中国人坚守的思想和伦理教导我，让我不知不觉中接受了崇尚英雄、为人正直的观念。父母是聪明能干的、是勤奋的。尤其是我的父亲，虽然只有小学文化，但靠自学钻研电子技术，能修理和装配收音机和电视机。在那个年代，电视机还是稀缺品，普通家庭买不起，但父亲自己动手组装了一台电视机。记得当年审判"四人帮"的电视直播，左邻右舍都来我们家里观看，真是座无虚席！此情此景，犹在眼前！父亲靠自己的能干和努力当上了厂里检验科副科长。他还利用业余时间发明了多项检验新方法、新技术，并多次荣获市级劳动模范称号的奖励！

父母自己文化不高，却很重视我的培养教育。我才几岁，他们就开始教我看图识字。上小学前，我已经认得上千个汉字，这在那个年代还是非常超前的。我从小就是爸妈眼里的好孩子、老师心中成绩优良的好学生。父母对我的爱是无微不至的。我小时候体弱多病，三天两头要进医院，父母就给我买各种营养品 。父母把他们全部的时间、精力和金钱都用在我的身上。所以我小时候的记忆，都是满满的爱和幸福的味道。

父母在给予我的同时，对我的要求也非常严格。他们经常教诲我做人要诚实、正直，不能说谎；做事要守规矩。这些谆谆教诲，我一辈子没齿难忘。

在我心中，他们是这世界上最好的父母！然而，世界上这最好的父母，怎么会不是我亲生的呢？我无法接受！但我毕竟是有阅历的成年人，理智告诉我，我必须接受这个事实：这两个深爱着我的父母确确实实就是我的养父母。我知道，此前，他们是因为舍不得我，担心我离开而不敢告诉我。但现在，他们是出于善良和本分，想在关键的时候把真相告诉我。我握着他们的手，对他们说："无论我是不是你们生的，但我是你们哺育成人的，我的生命也是属于你们的，我永远都是你们的亲生儿子！"说完，我们一起都流下了真挚的泪水。

当一个人突然发现，这个世界除了养父母外，还有生母和血肉相连的哥哥姐姐的存在，那种希望知晓自己身世的欲望就像心跳一样不断敲击我。我开始了寻亲行动。我首先得知，我的生母还健在，已经 90 多岁了。还得知，亲生母亲年龄大了，她委托姐姐们也曾找过我，大概她也想在有生之年知道我活得如何，但没有留下联系方式。于是，我在《江南都市报》刊登了启事。我的亲哥哥姐姐看到了这条启事，马上联系了我。我大哥拿出珍藏了几十年的《收养公证书》。我在发黄而破损的纸张上看到养父那熟悉的签名笔迹，证实了一段不堪回首的往事。

我出生于 1965 年 9 月 3 日。我家属于贫穷的城镇手工业家族，生父母靠的是做豆腐为生，收入微薄。我是他们第七个孩子，前面还有 2 个哥哥、4 个姐姐。我出生前，生父得了严重的肺病，此时已是奄奄一息。家里本来就十分困难了，生活的重担全压在生母一个人肩上。我的出生，无疑是雪上加霜，生母柔弱的肩膀实在难于支撑这样一个家。她没时间带我，就交给乡下一户人家寄养。说是寄养，但这户人家实际也没怎么管，只能让我听天由命，处境岌岌可危。我出生 3 个月左右，生父依依不舍离世。生母实在没有办法，没有能力养活这么多孩子，就动了将我送个好人家的想法。不久，经熟人介绍，找到一个夫妻双方都有正式工作的人家，这就是我的养父母。那时，养父是一家国营大型机械厂的职工，养母是某纺织厂女工。当时议好的收养条件是，小时候不能来往，怕养不亲。生母只想为我找个好人家，没有收取任何补偿，只希望养父母对我好。为此，同样善良的双方去公证处办理了正式的收养手续。

我的出生是不幸的，但我又是十分幸运的。养父母待我如亲生，甚至胜于亲生。养父母收养我，是因为养母宫外孕切除了子宫，不能生育。养父母感情非常好，当养母子宫被切除，医生告诉他们失去了生育能力时，养母痛不欲生。为了不影响养父，她主动提出离婚。但养父是个有情有义的人，坚决不同意。他们经过了一段时间的痛苦纠结，最后决定收养一个孩子。我成为那个他们要寻找的幸运儿。

当我知道这一切时，我为养父母无比感动。同时，我也深深地理解亲生父母，尤其是我那吃尽世上苦难的亲生母亲。她哪舍得丢下我这个亲骨肉？！是迫不得已啊！好在老人家最终见到了我，了却了近半个世纪的夙愿。她在我们相认一年多后去世，我们都算是没有留下遗憾。

经历当兵、做工人，两次高考后，我开始接触到法律

1982 年，我 17 岁。当年我高中毕业，和大家一样参加了高考，却以 7 分之差落榜。我有点迷惘，也有点气馁，但还是抖擞精神准备来年再考。

就在此时，社区居委会上门来统计应届高中毕业生情况，说我可以报名参军。按当时的规定，从城市参军的，退伍后负责分配到国营企业工作，这在当时不失为一条不错的出路。我瞒着家人报了名。经过严格的体检，我居然通过了！从正式入伍的通知下来，到集合出发，我养父尚出差在外。等他回家时，我人已在部队了。他一直不知道我这个私自行为。但当他知道后，也没有过多责怪我。多年以后，我对自己这次的鲁莽十分愧疚 。

一辆运兵车把我们拉到一个陌生的火车站，然后又被汽车拖到了一个偏远的山区。我们这些新兵蛋子都很茫然，这是哪里？后来才知道，这是福建漳州市林下镇的一个山区。原来我们分在福州军区的一个炮兵团。

部队的生活像钟点一样准确。早上 6 点吹起床号，立即到操场集合跑步。完后洗漱整理内务，被子必须叠得像豆腐块一样棱角分明和坚挺。房间必须打扫得干净整洁，一尘不染 。

我所在的部队是一个火箭炮连。部队训练严格，艰苦程度不言而喻，“平时多流汗，战时少流血”，这是教育鼓励战士刻苦训练的口号。

1983 年 10 月，我在部队已快一年了。突然，中央军委决定裁减两百万军

队的号令下来了，我们连由 6 个班缩减到 4 个班。这就需要安排一些未服满兵役的战士提前退伍。当时，农村来的战士都希望留下来继续服役，因为马上就要实行军衔制了，可能有提升的机会。城市来的，即使提前回去也有工作分配，所以，提前退伍影响不大。在此背景下，我服从组织安排提前退役。离开部队前，战友们依依不舍，挥泪告别。

回到南昌后，我被分配在一家大型国营工厂——江东机床厂做工人。我在部队时间虽然短暂，但战友之情很深，退伍后大家仍然保持联系。2020 年，战友们还组织回原部队参观，受到部队的隆重接待。让我们惊讶的是，30 多年过去了，部队面貌发生了翻天覆地的变化，原来的平房变成了楼房，军事装备已经现代化了。这些新式武器我们看都看不懂，只感慨如今军队先进和强大，我为有这样一支强大的人民军队感到骄傲和自豪！

总结部队生活，收获还是蛮大的。我从一个不谙世事的青年，经过短暂的部队熏陶，身体比原来结实了，部队的那些守时、守纪的作风，那些付出与回报成正比的道理，就像胎记一样深深刻在我脑海。我还懂得与人相处了，也理解了团结协作，不怕吃苦，更重要的是明白了责任与担当。

我在江东机床厂车间里做了一年多的工人，从事的工种有吊车工、磨工等，深刻体会了做工人的辛苦。这段时间，我总是利用业余时间，要么上夜校，要么自己一个人复习。我没有放弃上大学的梦想，而做工人的体会更坚定了一定要上大学的信念。我感觉自己已经复习得差不多时，时间已经是 1985 年。这年，我第二次参加高考。结果出来了，我考得不错，上了全国重点大学分数线。我考虑还是上离家近点的大学，故没有报考外地的学校，而是直接填写了当时按重点线录取的江西大学。结果如愿被录取了，顺利进入江西大学法律系学习。江西大学作为我省高校中唯一的法律本科学校，师资力量不错，老师大多是“文化大革命”前被打成右派的学者或实务法律人，只是年龄偏大。我进校时比其他同学大些，又有当兵和当工人的阅历，因而被大家推选为班长。我还在学校入了党。大学四年的生活是丰富多彩的，当学生干部也锻炼了我的能力，为毕业后工作打下了基础。

毕业分配进入国办所开启律师生涯

1989 年，我大学毕业了。当年大学毕业是包分配的。学法律的，党政机关和公检法是首选。但那一年情况特殊。江西省级、南昌市级机关都没有本省大学毕业生的分配名额，公检法机关当然也没有。好在南昌市司法局的大门还没有彻底关上。于是，我得以有机会进入司法局。

到司法局政治处报到后，当时给了我 3 种选择：机关、公证处、律师事务所。我当时毫不犹豫地选择了去律师事务所。在我的内心，做律师是潜在的梦想。因为我隐隐地觉得，律师是一个崇高的职业。这样，我被司法局分配到了南昌市第二律师事务所，成了一名专职律师。

南昌市第二律师事务所是国办所。律所有 4 个业务科，1 个行政科。办公地点也分在两处，总部在当时的阳明路司法局大楼 5 楼，另一个分部在明德路的花园角。律所主任是熊火根，副主任是刘化时。我被分到了业务二科，科长是老律师王训贤，副科长是张工，即现在的省律师协会会长。按律所分配，张工成了我的指导老师，因而他是我进入律师行业的领路人。参加工作不久，张老师带我去南京出差办案，记得代理的是南昌铁路局通讯段的一个经济纠纷案，案子在南京铁路运输法院受理。这是我第一次经历开庭，第一次坐在了庄严的法庭上。当时的心情既兴奋又紧张。老师看出了我的不安，鼓励我放松，要我相信自己。他说，你是法律本科毕业，专业肯定没问题。只要认真细致，尽心尽责，就一定能当一名好律师。他的话对刚刚出道的我是一种莫大的鼓励，坚定了我从事律师工作的信心，所以我一直记得。他其实只比我大一岁，毕业却早好几年，已经很成熟，在律师界小有名气了。在这次法庭上，我观察到，张老师根据当事人双方的观点，简单草拟了个提纲，把案情事实和法律关系清晰勾勒出来，然后按照提纲有条不紊地发言。他的条理清晰、侃侃而谈的风度，令我十分佩服。这种方法我学到后，一直沿用至今，真是受益匪浅。庭审结束后，考虑我没来过南京，张工还陪同我一起游览了中山陵，一起合影留念。

除了张工外，带过我的老师还有刘化时先生和张辉律师。 每个带我的老师都有他们自己的特点。张辉老师做事特别有条理，每日的工作计划都写在台历上，法律文书言简意赅，逻辑清晰，容易让人记住。刘化时先生法庭发言不流于形式，特别注重实效，以理服人，以情动人，情景交融，具有很强的感染力。

我初到国办所，自己没有业务，只能由律所主任和指导老师分配案件。每次接到案子，我都认真负责地办。我印象很深的一个案子是热心村营养补给厂货款纠纷案，这是我单独出差办理的第一个案件。欠款单位是远在河南的一个小县城，也是一个村办企业，地方十分偏僻，要先乘火车再转几次汽车。我第一天出发，直到第二天很晚才到目的地。当年企业经营很乱，不讲信誉拖欠货款现象很普遍。因此，委托单位知道该笔货款清收难度很大，对我这次出差几乎不抱什么希望。我几经辗转找到当地法院，提起了诉讼。被告负责人还是一个村委会主任，与法院很熟。立案后，法院按程序通知了对方应诉。由于拖欠贷款事实清楚，几乎没什么争议，案件很快达成调解协议，约定好第二天付清货款。我非常高兴，以为一切顺利。但第二天，对方不但没有按调解协议付清货款，人还消失不来了。我在法院苦苦等着，拿着这份由法院主持达成的民事调解书坐在那发呆。此前，我一直善良地相信人与人之间的关系，相信讲信誉。我等得焦急，算是领教了老赖的厉害！我在心里盘算，这是我第一次单独出差办案，身受企业重托，老远来一趟不易，不能就这样空手而回！我的倔强劲来了，坚定了要讨回公道。心里暗暗发誓：不达目的绝不收兵。我在简陋的住处，写了一份要求法院强制对方履行调解书的材料。当时是初生牛犊不怕虎，每天去找法官、庭长、副院长、院长，坚决要求制裁不讲信誉者，维护我方权益。这样，我连着一个星期，每天上、下午两次去法院，法院很多人都认识我了。终于，功夫不负有心人。在我的持续交涉下，对方迫于司法压力，终于履行了调解书。我带着5万元现金，心情愉快地回来。路途似乎不远了，简陋的交通工具也变得舒适起来。我把这5万元货款完好地交到委托企业的财务时，厂长高兴坏了，当即奖励我2000元。我当时惊得下巴都要掉下来了。要知道，90年代初期，我们的月工资不到100元，5万元货款就算是巨款，而一次奖励我2000元就是我20多个月的工资。我第一次体会做律师的价值。尤其是当当事人认可你的时候，尊重随之而来，你会觉得此前的一切艰辛都值得。

由此我得出，一个律师对于正确的东西，就要敢于坚持到底。而只有坚持才会有结果和回报。之后，我更加认真负责地办好每一件案子，逐渐赢得了当事人的信任。有了好口碑，就慢慢有当事人主动找我，我也开始有了自己的案源。因此，律师的信誉和口碑都是在实实在在地办案中积累起来的。厚积薄发，不要单纯追求速度，每一步都要走得踏实。

走出国办所，创办合伙制律师事务所，积极参与市场竞争

几年以后，我的律师业务已经取得了长足进步，在所里开始崭露头角。在与青年同事的交流中，我们有一个共同的感受，就是当时的国办律师事务所体制已经明显制约了律师事业的发展。当然，那时的大背景是，各地已经开始出现合作制事务所，外地也有部分合伙制律师事务所。大家感到有必要冲出旧有的体制，打破铁饭碗。于是乎，当时的第二律师事务所副主任周兴武牵头，由我、邬建平、徐建章、赵永云、姜建民 6 人共同创办了南昌市司法局所属第一家合伙制律师事务所，即江西阳光律师事务所。我们租了叠山路的一套五室一厅的住宅作为办公楼，办公条件简陋。我们每月都会开会总结上月的业绩，所里会请来厨师做饭，大家一边吃饭，一边交流掌握的各种信息和做业务的体会，气氛十分融洽。与国办所相比，大家的精神状态大不一样。在阳光律师事务所的墙上，挂着书法家徐林义所题“风华正茂”四个飘逸的大字，正是我们当时的写照。这几年是我律师专业水平提高最快、业务发展最迅速的时期。这种动力来源于破除体制机制的约束，大家敢想敢干，勇于创新。

在我办理的律师业务中，有一件行政赔偿案非常有意义，值得一提。这件案子就是中国银行江西省分行诉南昌市某行政单位行政赔偿纠纷案。在当时法制环境下，虽然《中华人民共和国行政诉讼法》施行了不短时间，但诉行政单位赔偿胜诉的先例极少。这起行政赔偿案我代理中国银行，经认真研究后认为，此案有胜诉的事实和法律依据 。起诉后，历经一审败诉，二审发回重审，重审胜诉，再上诉，前后历时 6 年。最后，在最高人民法院一锤定音：中国银行胜诉！该案具有开创性和里程碑意义。因而，最高人民法院在人民法院公报中推荐为经典案例，现在还能在百度中搜索到。我办理这个案子深切体会到，律师要有不畏艰险、迎难而上的精神，案子难度再大，只要有事实和法律依据，就一定

要持之以恒，坚持不懈 。通过这个案子，我还坚定了对依法治国的信心，坚定了维护法律和正义的信念。

1999 年，邬建平回到南昌市第二律师事务所担任副主任。2000 年初，我则由江西阳光律师事务所转到江西沃德律师事务所做合伙人。后来，徐建章、赵永运、姜建明等陆续离开，江西阳光律师事务所原始创办人所剩无几，但这次创办合伙制律师事务所的大胆尝试，引领了当时南昌律师事务所发展，代表了未来的发展方向。此后，国办律师事务所的全面改革，证明了我们的意识是超前和正确的。尽管因各种原因，我离开了，但我还是会常常想起当年，想起那初次创业时的美好场景，想起那“风华正茂”的青春岁月。

我到了江西沃德律师事务所后，算是第二次创业。到 2003 年，随着江西沃德所合伙人涂红兵随夫人工作调动移居深圳，另一个合伙人涂韵春转所至江西豫章律师事务所，江西沃德律师事务所抓住机遇，与江西求正律师事务所合并，成立江西求正沃德律师事务所。江西求正沃德律师事务所现今已发展成江西省最大规模的律师所之一，我担任该所高级合伙人至今。

我的律师业务一直是以诉讼和维护顾问单位为主，做的是律师的传统业务。从业 30 多年的经历中，我深切地体会到，要做好诉讼律师，前提必须是有一颗维护公平正义的心。我的经验告诉我，任何一件诉讼，只有确实是有理的，代表的是正义，才值得一个律师去为之奋斗。律师只应该把公平正义作为职业目标，做正义之师，才能理直气壮，这样的职业追求才有意义。任何只为追求经济效益的律师，即使一两次侥幸胜诉，也不该心安理得。一个只为追求经济利益的律师，他们获胜后的内心是丑陋的。真正有良知的律师，不该胜诉的胜诉，是高兴不起来的，他无法过内心这一关。所以，我接受每一个案子都非常慎重，先要认真审查和评估，看看是否有理，是否有事实和法律依据，为当事人作出客观真实的分析和预估，在具体可行的前提下，再谈代理方案。这种情况下，往往有比较好的结果，当事人也会满意。

在漫长的职业生涯中，我一直在思考一个问题，如何不断突破律师执业瓶颈？如何不断提高自己的业务能力和水平？我得出的结论是，律师专业化是必经之路。所谓术业有专攻，律师业务离不开这个规律。因此，我下定决心，要做一个专业律师。

2015 年我办理的一个建筑工程案件，更加深体会了律师专业化的重要性。当时我承接了一个建筑工程施工合同纠纷案，代理的是工程发包方。建筑工程施工合同约定工程价款实行固定包干价，但承包方主张，合同标明的工程价款不包括钢构屋顶，即钢构屋顶需另行计价。查阅双方合同及施工图纸，均未看到对此有明确约定。这样，就出现了各自不同的理解。我当时对涉及这方面的专业知识不足，一度陷入迷茫，找不到突破口。为了办好该案，我日思夜想。最后，我请教了专业的建筑造价工程师，从工程造价和施工工艺上找出了关键问题。原来，双方在合同中约定的根据平面方计算的工程造价，不仅仅是普通的土建造价，里面就包括了钢构屋顶。否则，按正常市场行情计算，土建部分造价不可能那么高,而加上屋顶钢构造价,则正好符合合同中的价款金额。另外，从建筑工艺上来说，当时的手工绘制的图纸可以看出有明显的钢构特征。由于钢构屋顶需在土建时提前设置预埋件，土建和钢构具有不可分割性，在进行造价预算时就应一并考虑，分开计价显然不符合行业惯例和逻辑。掌握了这些专业知识后，我绘制出示意图，在法庭上将其一一展示，清晰地表达着了我方的代理意见。最终，我的意见获得了合议庭的一致采纳，案件取得了胜诉的结果。

因此，在办理大量的房地产和建筑工程法律业务的过程中，我发现该领域的法律业务需要具有相当的专业知识，值得潜心钻研。于是我决定成立律所房地产和建筑工程法律专业团队，创办了团队专业交流网站“律建网”，这在当时的南昌律师界也是比较早的。在这以后，各律所也相继成立专业团队。这证明，律师业务专业化日趋明显。我们房建团队有专业律师 20 多人，不仅定期开展学习讨论活动，还开展了几次比较有影响力的论坛，逐渐在这个专业领域有了自己的影响力。今年，通过公开竞聘方式，我荣幸地被聘任为江西省律协建筑工程法律专业委员会主任。

我的职业信仰的形成，除了来自家教和长期的职业思考，这里还想提到一位令我非常尊敬的法官，他就是被称为“人民的好法官”的胡国运。他除了专业水平高，业务精湛，还有高尚的道德，是一位非常具有人格魅力的法官。他像兄长般待我，彼此交往 20 多年，但却是君子之交淡如水。我经常请教他专业疑难问题，他在为我解疑释难的同时，总是不忘提醒我做一个有修养的法律人。他说，无论是当法官还是做律师，都一定要把维护公平、正义作为己任。即使有时因为司法审理的不公，正当、合法的诉求得不到支持，也不要抱怨，坚持再审或申诉，终究会拨乱反正，正义最终会得以伸张。反之，那些不择手段追求不正当利益的人，最终也会得不偿失，搬起石头砸了自己的脚。但可惜的是，这样一位好法官却英年早逝，不得不说这是遗憾。

总结过去 30 多年的从业经历，我坚信自己的职业选择是正确的。尽管中途有艰难、有迷茫、有挫折，但心中始终充满激情和希望。

除了做律师，我还担任了南昌仲裁委员会的仲裁员，每年都办理了不少仲裁案件。在所办理的仲裁案件中，我也将追求公平正义的理念贯穿之中，努力让每一个当事人都切实感受到与公平正义同在！我也希望通过每一个具体案件，让更多当事人相信和愿意选择仲裁，通过仲裁程序来解决纠纷，实现正义。

也许是受我的影响，原本大学学金融的儿子在银行工作几年后，偷偷自学了法律，并且考取了法律职业资格。他对我说，他也要做一个好律师。现在，他在律师事务所已过了实习期，成为一名正式律师。看来，我家的良好家风已经生根发芽，事业后继有人！

杨爱林：嬗变的人生，不变的律师职业

当我写的《南昌律师二十年》接近尾声时，对代表性人物的选择却变得越来越难。不是找不到优秀的律师，而是难找独特的执业故事。这样一来，本想采访的有些行业翘楚，最后不得不忍痛舍弃。毕竟，这本书要写的人数和篇幅有限。

当我了解到杨爱林律师的故事后，还是被深深地打动。他有很多的头衔和荣誉，但这不是我选择的依据。正如他自己介绍的，我与他相识不算长。几次会议相遇，他俊朗的外表、文雅的谈吐，给我留下了深刻的印象。几年前，他成为江西老牌名所江西华邦律师事务所的主任。之所以是他，我想，方世扬主任和华邦所的其他合伙人一定是看中了他具有过人的地方。而他接手华邦所后，我们已经看到这个源于老牌国办所的律师事务所日新月异的变化。至于我的判断是否正确，还请读一读他的故事再说。

我已经听说，建章兄所写的《南昌律师二十年》即将功成，正在期待出版的好消息。没有想到的是，2021 年 4 月底，突然接到建章兄的邀请，他要把我列为采访对象。我很是吃惊，也有些激动。我虽然早闻建章兄的大名，但与他相识却是最近的事（注：2020 年 4 月）。没有想到建章兄在这本大家都很关注的书临近收官之际，还想到了在下。于是，忐忑间接受了他的采访。

回首我个人从事律师的往事，恍如隔日。我只有如实向建章兄慢慢道来。我的故事，如果对他人有所启发，那将无比荣幸。

波阳（鄱阳）岁月

我出生在美丽的鄱阳县。鄱阳，西邻鄱阳湖，曾经是一个人杰地灵、俊彦辈出，具有悠久历史的水乡。秦时设县，属九江郡。西汉改属豫章郡。隋唐变为饶州府。明清袭府治。直到民国，废府设县。1957 年改名为波阳县，2003 年再恢复为鄱阳县的称呼。著名的鄱阳湖因为鄱阳县的鄱阳山而得名。鄱阳在曾经水路交通发达时期，是南北必经之地，属当时我国经济发达、文化昌盛的重镇。由县改郡或府，均是由鄱阳在当时的地位决定的。明初大移民，鄱阳的瓦屑坝（今鄱阳县莲湖乡）成为全国著名的移民集散地，湖北、安徽很多人的家谱中，记载的祖先都来自“江西瓦屑坝”或“鄱阳瓦屑坝”。可见，当时鄱阳是多么的繁华！

可以说，鄱阳的历史就是江西历史的缩写。鄱阳历史上也出了很多名人，其中我最欣赏的当属南宋著名文学家、音乐家姜夔，也是江西诗派的代表人物之一。他的词风“清空”脱俗，名句“二十四桥仍在，波心荡，冷月无边”（《扬州慢》）正是这一特点的鲜明写照。

1983 年，我初中毕业，以数理化几近满分的中考成绩考进波阳师范。那年代，我们那的乡级中学，读完初中，成绩最好的学生不是继续读高中，而是选择进师范。进师范能当老师、有铁饭碗，这是对我们最大的诱惑。1986 年 6 月，我从波阳师范毕业，被“引进”到波阳县双港中学任教，这是一所乡镇初级中学。我是因能“唱歌、演讲、吹笛子、拉二胡等十八般武艺”这样的“不务正业”，被这所中学看中的。大概他们渴望有一个教音乐艺术方面的老师，他们需要我这样的“不务正业”的特长。我在波阳师范的那几年，几乎忘光了曾经引以为傲的数理化主课，而将兴趣爱好全部转移到吹拉弹唱上。我沉浸在其中，不知岁月之“蹉跎”。

我以音乐老师的身份在双港中学教书，一待就是五年。当然，说是音乐老师，但在这所教师不那么充分的乡镇中学，我差点成为“全能型”老师。我教过音乐、美术、英语、语文等各种课程。那时，我全身心地投入到教学中，把做教师当成终生的追求。我热爱这份事业，我以为这辈子都会待在这里。因为热爱，我创造了双港中学的多个第一：第一个把普通话引入教学的老师；第一个教会学生认识音乐简谱的老师；第一次组织全乡学生办了一场文艺晚会的老师；等等。这些在大地方看起来平凡而普通的举止，带给双港中学的却是一缕清新的旋风，无论是老师还是学生，我都明显感觉到我的做法对他们的冲击和震撼。而这一切留给我的，是发自内心的满足。这些当然谈不上是什么伟大之举，却是一个人可遇而不可求的让地球的某一个地方产生某种改变、哪怕小小改变的机会。

多年以后，每当我想起这些，我都会从内心油然生出一股温暖。而当我再继续联想到那些曾经与我朝夕相处的可爱的老师和学生时，我总被他们的质朴和纯真而感动。已经渐渐远去的双港中学，成为我情感深处永远温馨的港湾。

然而，当一个人面对的世界突然变大时，除了惊奇，那强烈的撞击也会给你原来的习惯带来改变。我放弃一辈子当乡镇中学老师的想法，就是这时发生的。

1991 年，我因一次演讲，被县广播局领导看中，差点把我调去当播音员。但播音员没有当成，我却离开了工作 5 年的双港中学。这其中的原因，是我考取了江西省委党校的经济管理专业，成为省委党校的学生。我到南昌读书了。当我离开波阳，我没有想到的是，从此，就留在了南昌，再也没有回到那所中学。

我放弃一度喜欢的教师职业，因为，我"移情别恋"了。我爱上了另一个更加吸引我的职业，而且我确定这才是我的最终归属。

这个职业，就是之后让我魂牵梦萦的律师。

我的律师职业是从考研培训开始的

我是到了省委党校学习以后，才开始重新审视原来的自己：难道我真的要在乡镇中学待一辈子吗？不，我应该有更广阔的天地。于是，我下决心考研，我希望通过考研来改变自己，寻求更适合自己的事业。然而，考研对于那些读过大学的人而言，只要动了念头，其他也许就是顺理成章的事。而对我，这个只读过师范——一个小中专的人而言，却不是一件容易的事。考研需考五门，分别是英语、政治及 3 门专业课。专业课暂且不说，政治对于在省委党校学习和熏陶的我，也不算是太难的事。唯有英语，于我而言，要达到上研究生的水平，却显得异常艰巨。我对自己是有充分认识的。我知道，要弥补自己的短板，唯有参加培训，通过补习提高自己。于是，新概念培训班、江西师大英语培训班，哪里有能提高英语水平的地方，哪里就能看到我的身影。但毕竟起点不够高，尽管我竭尽所能，参加培训的效果却总不理想。这或许是记忆力下降，或许是学习方法出了问题。1993 年，我第一次参加考研，结果是名落孙山。也是在这一年，我从省委党校毕业。

不过，我考研的信念没有改变。接下来的一年，我破釜沉舟！毕业后，我没有回到波阳。为了静下心来学习，我先后在德安、宜春，寄宿于同学工作的地方，潜心读书。在此，我要衷心感谢我的两位好同学，是他们的友情和无私的帮助，给逆境中的我增添了坚守的力量。我经过充分准备，终于，迎来了第二次考研。似乎上天在磨砺我，这次考试，我自感考得不错。奇怪的是，却迟迟未接到自己报考的北京某高校的复试通知，这令我无比失望。忽然有一天，我接到了一封邮件，打开一看，傻了！这不是北京某高校的复试通知书吗？！可是，此时复试工作已结束半月之久了。这一年，考研之路又未走通。

上天还是公正的。正在我沮丧的时候，我得到了一个意想不到的喜讯：我的律师资格考试通过了。

也是在1994年这年，我偷偷参加了律师资格考试。考试前，我对此并没有信心。要知道，我可是没有上过一天法律课的人啊！我参加律师资格考试，完全是自己对着枯燥的法律书本，一页一页硬啃下来的。为此，几年前我就在做着准备。我这次律师资格考试算很顺利，平均每科分数80有余。这个分数算是对我艰辛学习的奖赏和慰藉。

通过律师资格，意味着我可以从事律师职业。律师，是我内心一直仰慕而不敢告人的职业。当我想到从此我可以堂堂正正做律师时，我真是太高兴了！这次律师资格的通过，我坚定了以律师为职业的信心！同时，也激发起了我学习法律的浓厚兴趣。说来也怪，从此，似乎好运追着我来了。曾经在学习上的困惑，一下子豁然开朗。自此以后，1996—1998年、2005—2008年、2010—2013年，我3次进入校园系统学习，都十分顺利。结果是，我收获了两个大专、两个大学本科、两个硕士研究生、一个博士学位的文凭。在我的这些文凭中，包括汉语言文学、英语、经济管理、法律等多个学科。

所有的一切，都是为我的律师执业服务的。我准备好了！1995年，我正式开启了律师生涯。

做律师，我从江西法正律师事务所起步

我执业的第一家律师事务所是江西法正律师事务所，这是一家以省委党校法学老师为主发起和设立的律师事务所。因而，我做律师最早的恩师王界凯先生、元小勇先生、魏春明先生就在这里，他们都同时是省委党校的老师。王先生现年已81岁高龄，但身体健康，经常往来于他老家辽宁丹东与南昌之间。元先生和魏先生现在还执教于江西省委党校。我从他们身上学到了很多，为此，我对他们一直感恩。

我在法正所办的第一个案子，当然也是我生平代理的第一个案子，就给我

留下了难于磨灭的记忆。这是一件刑事附带民事诉讼案件，我是作为被害人的代理人参与进来的。案子刚刚到法院，那天，我满怀信心带着当事人找到主审法官，准备递交刑事附带民事诉状。我以为按照程序，这是顺理成章的事。哪谁知，主审法官看了我一眼，冷冷地说了一句："诉状我们不收。你交给检察院吧，让检察院来交给我们。""啊！"我一下子懵了。不知道法官说得是对的还是错的？我仿佛被兜头浇了一盆冷水。我支支吾吾不知道如何继续说下去，急得满头大汗还是说不出话来。而当事人就站在旁边。正在我无比尴尬时，旁边一个年长的法官也许看出我是一个菜鸟，又显得比较老实，于是，把我叫到跟前，低声告诉我：到立案庭去把诉状交了。

尽管案子是立了，尽管案子后来办得还算顺利，赔偿结果也在正常范围之内，但我还是感觉到当事人对我的不尽满意。他拿着判决书，嘴里却嘟嘟囔囔，话里话外的意思是案子若由一个经验丰富的律师办理，结果肯定会更好。我听到后，只能讪讪地赔着小心。

这个案子于我而言意义重大。因为，这第一个案子就给了我深刻的教训。事后，我脑海中总在想着这事，对办理过程的每一个细节都进行了分析和思考。我从这个案子中，总结了三条办案原则：一是案子必须踏踏实实地办，对每一个细节都不能有半点疏忽，办理过程不能懈怠。二是要重视办理程序。这里的程序就是按照每个案子特有的步骤和次序，循序渐进，不要企图为省事而任意跨越。三是一定要寻找机会与经办法官认真、坦诚地沟通，让自己的观点得到法官的理解。

此后，我一直是这样做的。我在江西法正律师事务所待了三年。这三年，我办理了各种案件，为我后来执业能力的提升打下了较好的基础。

1998 年，我有幸从江西法正律师事务所调到江西华邦律师事务所。当时的江西华邦律师事务所是我心中仰慕的江西名所。为什么说是调入华邦所？因为那时，华邦所还是一家隶属于江西省司法厅的国办律师事务所，其前身为江西省律师事务所，是江西省司法厅直属事业单位，因此，如果要正式进入，就需要事业编制。很多律师都希望调进华邦所，因而调进华邦所实属不易。

但改革的洪流滚滚而来，中国律师事业进入了新的时代。我调进不久，就遇到2000年全国律师制度改革。为顺应形势，华邦所作为省属律师事务所当然也改制了。这次改制，是在当时方世扬律师的带领下进行的。改制展现了方世扬主任的魄力。具体过程，方世扬主任已在建章兄的采访中有较详细表述，我就不赘述。

改制后，我忝列改制后的华邦所7位合伙人中的一员。为此，深感荣幸。

我在华邦所的成长

屈指数来，我已在华邦所整整工作了23年。这23年，见证了我与华邦所的共同成长，也留下了许多难以忘怀的往事。

我成为拥有证券律师资格的最后一批律师

进入华邦所的第二年，我幸运地碰上了全国证券律师资格考试，这是最后一次全国性的证券律师资格考试。那个时候，我国证券法律制度刚刚建立，上市公司比较少，证券市场尚不成熟，公司发行股票并上市的制度还处于由审批制向核准制过渡阶段。因此，律师要想做证券法律业务，其前提是须取得证券律师资格。这一来，证券律师资格的含金量就较高 。为了准备这次考试，我常常利用晚上在办公室学习。偌大的奥林匹克大厦八楼（华邦所所在地）常常是人去楼空，只有我的办公室在深夜还是亮着灯。灯光先是惊动了大楼值夜班的保安，随后这事也惊动了事务所管理层。我记得所办公室主任为此还找我谈了一次话，目的是了解这深更半夜，我一个人为什么要待在办公室？当然，最后都是先惊讶，然后表示理解和支持。此事就算不了了之。

功夫不负有心人。这次，我如愿拿到了证券律师资格。这个资格对我来说意义非凡。因为华邦所具有从事证券法律业务的资质，这么一个好的平台，从此成就了我这个证券律师。华邦所是省内最早从事证券法律业务的律师事务所，省内首家IPO江西纸业、首单民营企业IPO正邦科技、首单凭借子公司平台注入主业资产整体上市的新钢股份、首单省外IPO飞鹿股份、首单注册制下IPO日月明等，均是华邦所的作品。这其中，都有我的参与。

我经常听人说，律师做证券业务最划算，工作轻松，而且钱来得快。其实，这是一个美丽的误会。证券法律业务和其他的法律业务一样，都需要承办律师付出艰辛的劳动，不存在“轻松”之说。证券业务钱也来得不快，一单成功的IPO，从企业改制到股票成功发行上市，短则两三年，长则五六年，律师需要像养育孩子一样耐心地呵护和坚守。我记得2002年底农历春节前夕，我与胡海若律师为赣南海欣股份制改制提供法律服务，在赣州待了差不多2个月。正准备回南昌过年，惊闻广州发生了传染性很强的疾病。坊间出现各种传说，大家议论纷纷。有人说白醋可以预防这种病，我和胡律师心中忐忑不安，急急打电话回家，叮嘱家人多购一些白醋。哪知道，年后不久即2003年的上半年，当这一疾病在北京悄悄传播的时候，我与方世扬主任为了洪城水业的上市，不得不急匆匆地赶往中国证监会接受预审员的问询。我与方主任从北京回来的第二天，这种叫SARS的致命的病毒在北京流行的消息就在各大媒体传播开来。我与方世扬主任惊出一身冷汗。

办理各种案件丰富了我的人生，也让我深刻

其实，证券法律服务只是我律师业务的一部分，我做得更多的还是诉讼事务，办理了各种案件，民事的、行政的和刑事的，样样不缺。我的阅历告诉我，一个律师只有办理过各种法律事务，才能更了解社会，才会使得自己更为深刻。

2001年，我为一件轰动一时的刑事案的被告人辩护。被告人魏某某等人入室抢劫、绑架人质。在解救人质过程中，本市一位优秀的公安民警不幸被逃窜的罪犯枪杀身亡。枪杀警察，当然是大案要案。该案一审在南昌中院审理。为表重视，南昌中院采取现场直播方式开庭，以这种方式凸显社会影响。案件定性准确，事实清楚，证据确凿，这对辩护律师是一个很大的挑战。没有辩点，会让外界误以为律师被公诉人吊打，因而很容易出现被动。但本人做足了功课，发现我的当事人有一个立功情节没被公诉人认可。在法庭上，我抓住这一点据理力争，不卑不亢，理性沉着，用事实和法律说话。这样一来，法庭效果奇好。尽管最终法院没有采纳和认定我的当事人有立功情节，但我作为律师敢争敢辩的形象却传出去了，并成为美谈。我得出这一判断的依据是，几乎2001年一整年，只要我坐上一辆出租车，就会被的士司机认出，对我明显表现出热情，并问我那天出庭的具体情况。

东磁公司诉我省某市规划局、市建设局撤销错误行政决定案，可算是我办理的众多行政诉讼中比较有影响的案件。2004 年 1 月，东磁公司依法成功竞得某市一商住用地，拟进行房地产开发。开发所需的各种法律手续陆续办完，于 2006 年 11 月开工。截至 2007 年 4 月，已实际投入项目资金 1.35 亿元。但 2007 年 4 月，某市建设局突然通知东磁公司暂停施工。接着，2007 年 6 月，某市规划局作出《撤回项目选址、用地规划、工程规划许可的决定》；某市建设局作出《撤回施工许可的决定》。上述决定，某市规划局、建设局撤回行政许可的事实依据为：人民群众和人大代表反映强烈，因而影响了该市的公共利益。其法律依据则为《中华人民共和国行政许可法》第八条第二款的规定。

接受委托后，我和我的搭档经过认真调查，根据收集的证据，我们认为该案属于一起典型的滥用行政权力案，明显让政府失信。某市规划局、建设局撤回行政许可的事实和法律依据均不存在。

按照正常的逻辑，该案胜诉应该是不成问题的，我们也很有信心。然而，该案却办得一波三折。一开始，某市规划局、建设局的行政决定书就设置了“陷阱”。决定书提出的救济途径是，若东磁公司不服，可向该市基层法院提起行政诉讼。这正是他们敢于违法作出行政行为的依据。我们深知，按此方向走下去，东磁公司最后一定是败诉，且状告无门。所以，我们就管辖权问题提出异议。这项管辖权争议经过多级法院，最后的结果是，省高院提级审理，这样一来，便引起了某市政府的高度重视。开庭的那一天，政府方组织了由某市政府副秘书长带队的庞大队伍参加旁听。庭审整整持续了一天，双方唇枪舌剑，辩论甚是激烈。当然，在辩论中，对方的无理越来越显现。辩论结束后，对方已经判断出结果，因而主动撤回其行政决定，并就赔偿事宜与东磁公司达成了调解协议。

这事让我明白，不管谁乱来，只要违反法律，最终都要付出败诉的代价。只是，真的希望我们的行政机关越来越规范，有权不要任性。

古人云，“莫以善小而不为”。如果说处理好企业职工的权益是小事的话，那么作为律师，这样的“善小”是不该疏忽的。2007 年，我的顾问单位某矿业公司的员工在碎石过程中因不小心，右手五指被机器绞烂。如何补偿？如何处理才能使企业和职工双方都能接受？这是一件不容易平衡的事。我先是充分了解事情的全貌，然后在我的建议下，以职工利益为前提，公司妥善解决了该职工的补偿和其他问题。同时,对企业的安全生产管理提出了合理化建议。2007年,我被授予“江西省维护职工合法权益杰出律师”称号,并入围2009年第二届“全国维护职工权益杰出律师”。

2005年，我在工作之余，主编了一部普及劳动法方面的书籍《打工仔的法律纠纷》，详细阐述了劳工纠纷的各种案例，提出了具体解决办法，书一经出版便受到广泛好评。

华邦所，我们的家

十分幸运的是，自2006年开始，我担任华邦所的执行合伙人，协助方世扬主任从事事务所的管理工作。这我受益匪浅，学到了很多，对律师事务所的管理有了深刻认识。我感谢大家，这是大家对我的信任。华邦所在改制后曾经一路高歌，很短时间内就从改制前的30余人发展成100多人的大所。特别是2006年，华邦所在南昌市福州路的奥林匹克大厦4楼重新购置办公场所，面积是原来的两倍，是华邦所发展历程中的又一个重要里程碑。

当然，华邦所的发展不是一帆风顺的，我们也经历了一段彷徨，合伙人之间出现过一些摩擦，甚至碰撞。我印象最深的是，由于经营理念的差别，华邦所为求突破和改变，有过一次公司制改革尝试。客观上，我们是在为江西律师探探路。为此，我们到北京、天津等地的律所进行考察，走访了金杜、中伦、金诺、天同等公司制律师事务所，并邀请点睛网的刘卫帮助我们策划改革。

改革于2016年正式启动。但是，公司制的运行并不理想，5个月后便紧急刹车了，由此也导致不小的震动。这次改革的不成功，每个华邦人都可以基于自己的认识进行总结。但我想，改革不成功，并不意味着公司制一定不适合我们江西。这可能与我们自己的准备不足，包括思想上和组织上的不足有关，与华邦所的现有人员、业务、文化不合有关，也与江西当前的律师执业现状和司法环境有关。

改革不成功算不了什么。最主要的是，华邦所需要继续发展，这是每个华邦人的共识。2019年4月，经过合伙人会议讨论决定，我们在八一桥头的保利中心购买了约3000平方米办公大楼。2021年1月18日，我们正式入驻。我们希望，这里是我们华邦所再次嬗变的开始。

还有一件大事。2019 年 4 月，方世扬主任辞任，被推为首席合伙人，主任一职则由我来出任。我同时还继续担任事务所管委会主任。我感谢方主任和其他同仁对我的信任，同时感到了自己肩上担子的沉重。

华邦所管委会副主任由朱金龙、刘菊明、涂国虎、吴跃明 4 位高级合伙人担任。他们都是我优秀的同仁，我们将为华邦所的未来一起奋斗！

作为华邦所的负责人，我懂得，没有什么是不可能的。未来可期！只要我们有理想、有情怀 、有担当，把压力当作责任，踏踏实实做事，谦虚豁达做人，不怕苦，不怕累，再难的路我们都能走通。

届时，必将是我们鄱阳诗人姜夔描述的 :“过春风十里，尽荠麦青青。”

黄世棠：律师，让我活出生命的意义

我想采访黄世堂老律师已经很久了。在我的印象中，他是那种低调而有实力、果断而不失担当、睿智而沉稳的大律师。曾经在南昌律师的“江湖”上，他留下了深深的痕迹。尤其是作为南昌市人民政府法律顾问的开拓者，这是他，也是南昌律师界浓墨重彩的一笔。久已退出“江湖”的他还好吗？他曾经的故事可不可以告诉后来人呢？带着疑问，我拨通了他的电话。知道我的意图后，他愉快地答应了。

2021 年 5 月 27 日上午，当我如约来到老人家居住的所在、位于湾里梅岭脚下的保利半山某小区时，他已经在门口等着我。我有很长一段时间没有见过他老人家了。我握着他的手，一边寒暄，一边端详。曾经敦实微胖的他，看起来显得清瘦了。他告诉我，他不久前才从医院住院回来。我们坐在他那光线不错的二楼书房，开始了两个多小时的采访。他的记忆力很好，讲述得条清理晰，让这次采访十分顺利。我称赞他这个年龄思维还如此敏捷，他则告诉我说：“岁月不饶人，这几年各方面衰老得很快。”当我的眼光从他的脸上转到窗外时，“我似乎能看见时光在他的窗台上流逝”（这句话引自米奇·阿尔博姆的《相约星期二》）。

采访结束时，他留我一起午餐，态度真诚而坚决地说：“你今天一定要在我这里吃饭！”我告诉他，我已经另有安排，以后会有机会。老人家见实在留不住我，坚持要送我出门。我示意他停在门里。我的车停在离他家 20 米开外。我走到车边开门后，回头发现他竟然走出了他的家，站在离我更近一些的马路旁，依依不舍地在向我挥手告别。我刹那间莫名地感动，泪水在眼眶中翻滚。我仿佛看到一个正在走向衰老的将军，仿佛看到那曾经的金戈铁马。我不忍直视他，在模糊的视线中，越过他瘦削的身躯，那一道用植物围起的院子里，有几束美丽的花在微风中摇曳。

我说了一句“再见”，毅然踩下了汽车的油门。

我出生于 1932 年，已经年近九旬了。我这个年龄，经历了很多事情，尤其是长期从事律师工作，这可能比不少人阅历更多一些。近些年，有些朋友和曾经的同事对我说：黄老，您是不是应该写点回忆录？出本书啊？我听后只是笑一笑,算是谢绝大家的好意。我常常在心里掂量,像我这样有60年党龄的老党员,为党和国家做了一些工作，哪值得写啊？！我算什么啊？我看过有些人为国家做了重大贡献，但都默默无闻。我与他们相比，没有什么好写的。在我的家里，还留存着工作期间的一些奖状、证书、聘书和其他资料。我家已经是四代同堂了，我留着这些，是想给我的晚辈们看看，想让子孙们了解，我这一辈子，非但没有做过什么坏事，还做了一些对国家和社会有益的事。他们知道这些，我就满足了。这是我的真实想法。

得知建章在写《南昌律师二十年》，我认为你这是为我们律师行业做了一件大好事，我非常支持。你说想让我谈谈自己的经历尤其是律师执业的往事，我很乐意。我愿意把亲身经历的一些故事告诉大家。

我的青少年时期和入伍情况

我生在南昌，出身贫苦。一岁时父亲就因病去世了。即使是放在当时，父亲的病也不是不能医治的，父亲的早逝就是因为贫困无钱医治。父亲去世后，母亲守寡，含辛茹苦把我带大。我的母亲很伟大，带大我很不容易。母亲是做什么带大我的呢？这里还得感谢一个人。母亲当时遇到一个好人，这个人地主出身，当时在国民党江西省政府做秘书。在这里，我不是说地主好、国民党好，但里面个别人为人还是蛮好的。这个秘书一家对我们都不错,不但收容了我母亲,还让母亲把我带在身边。看我到了读书年龄,又帮我找了学校,支持我读书。当时,我们能有一碗饭吃就行了，其他没什么奢望，平时什么菜呀，什么好吃呀就更不讲究。我能够有书读，真是不幸中的大幸。

但大难面前，谁都很难幸免。读书时，日本侵华，抗战爆发，我成为难童，随母亲到处逃难。整个小学，我也不是在一个固定地方读完的，一会儿在南昌，一会儿在吉安，一会儿又在泰和。跌跌撞撞，一直到抗战胜利。回到南昌，我得以继续读中学。由于中途耽误了好几年，等到我进入省立二中（原来叫心远中学，解放初改为省立第二联合中学，接着改为南昌市第二中学），我已经比别人大了几岁。在南昌二中，因为我出身好，追求进步，对党有感情，所以做了学生会主席。这让我在学校很有名气。我的幸运似乎开始了。1949 年刚解放，我就入了团，接着以学生代表身份参加了最早的南昌市人民代表大会。

1950年，我正在读高一，那年我已经18岁。解放军部队到我们学校来挑选学生参军，说是培养部队的机要干部。机要，就是保密。因此，那是很神圣的，对我们学生具有很大吸引力。这次挑选学生很严格，需要出身好、思想进步。我的条件正好符合要求。经学校推荐，部队选中了我。到部队去，是我的梦想。带着这份光荣，我就离开学校，正式成为一名解放军战士。

我是1950年9月入伍的。我进的是中南军区机要学校，学习翻译密码。在学校，我们的学习期限从1950年9月到1951年4月，只有7个月。学完，我被分配到中南技术局。这个局当时隶属于总参三部，设在武汉，专门从事破译密码的工作。那时，我们与逃到台湾的国民党还处于敌对状态。

我没有想到的是，从1950年9月入伍开始，一待就待到1971年，总计21年整。故，我人生的一个重要阶段是在部队度过的。

在国有企业的尴尬处境无意中把我推向了律师职业

1971年，我从部队复员，回到家乡南昌。上级把我安置在南昌工具厂工作，厂子在湾里区。自此，我成为南昌工具厂的干部，当了10年的车间党支部书记。我从部队出来，部队的教育和特殊氛围让我一直牢记“为人民服务”的信念。我理解的“为人民服务”，在工厂具体就是为车间的工人们服务，工人们就是我要服务的对象。我把这个信念化为行动：冬天，我为工人们生火烧水；夏天，我为工人们挑水。车间男厕所，我每天都打扫得干干净净。我这出于自然的做法，无意中赢得了工人们对我的尊重和信任，我成为工人们的贴心人。当时工厂的情况是，如果生产下来了，只要我出面动员，生产马上就会上去，工人们会不分白天黑夜拼命地干。但让我万万没有想到的是，这个时候，我们的厂长对我有意见。为什么呢？他觉得我在工人们心中的威望比他还高，他认为我这是要夺他的权。这个厂长就来整我。他动用权力，批我斗我，叫我去扫车间。我问心无愧，知道自己没有做错，扫车间就扫车间。不就是扫车间嘛！因此，我每天又把车间打扫得干干净净。

其实，所谓夺权，纯属子虚乌有的事。我这个人从来不拍上级，连当时的主管机关即市机械局我都极少去。没有与领导打交道，怎么可能夺权？！

我莫名其妙被打击和挨整，却引起很多同事的同情。古人言："祸兮，福之所倚。"西方也有"上帝为你关闭了一扇门，就一定会为你打开一扇窗"的说法。这些都充满了前人的哲理智慧。我的故事正验证了这些哲理。就在我处境极为困难的时候，一个机会来临了。当时厂里三车间的党支部书记姚则徐和一个供销科的科长（名字记不起来），都是市公安局下放到企业的干部，都同情我的遭遇。记得有一天，姚则徐对我说："你有文化，能说会写，其实是个做律师的好材料。"姚说这话的背景是，当时，中国律师制度刚刚恢复。他们都建议我去做律师。

姚则徐是个热心的人，他把我介绍和推荐给了刚到南昌市法律顾问处工作不久的张马力律师。张马力在 20 世纪 50 年代就做过律师，律师制度在"反右"中被取消后，她到了公安局工作。姚则徐他们与张马力一度同事。80 年代初，伴随着对"林彪""四人帮"的审判，国家要搞法制。当时国家已经出台了《中华人民共和国刑法》和《中华人民共和国刑事诉讼法》，搞法制当然离不开律师。因而律师制度迅速恢复。其时律师人才奇缺，从公安局被下放到湾里区计生部门工作的张马力被重新召回律师队伍。由于她阅历丰富和精明能干，回到律师队伍的她马上走红，成为当时的"香饽饽"。

介绍我认识张马力后，张马力和她爱人胡林都很认可我，对我特别好。张马力对我说：你没有学过法律，那就跟着我学吧。张马力还向南昌市司法局极力推荐我。于是，我就从南昌工具厂出来，跟着张马力到南昌市法律顾问处学习，做兼职律师。她开庭时，会见被告时，写辩护词时，都带着我。所以，张马力算是我的启蒙老师，是她手把手教我的，我对她一直都十分感激。

我成为法律顾问科科长

我进南昌市法律顾问处时，人还不算多。记得有冯惠珉、张马力、刘化时、于巾魁、徐若英、赖必堂、潘光荣、王秀芝、刘益敏、熊火根、岑光明等人。

我调进来之后，过了一年多，冯惠珉退休，沈浩大来做主任。有一天，他找到我，对我说：法律顾问处从司法局下放了，需要我们还债。沈主任说的债，不记得是 2 万元还是 4 万元钱。但即使是 2 万元，在当时也不是一笔小钱。那时，律师们主要办理的是刑事案件，每个案子只能收十多二十元钱。沈主任说，如果按这个收费，把我们全部收入来归还，都难以完成这个任务。

当时正好省司法厅、市司法局要派沈浩大主任和我去调查南昌市中小企业情况，了解南昌市有多少个中小企业。我们一调查，发现有几千个这样的企业。于是，我对沈浩大说：我们应该到企业去当他们的法律顾问。如果我们每个企业每月收个百把块钱，每年就 1000 多元，几十个企业收入就很可观。我说还有个问题，《中华人民共和国经济合同法》已经出台了，当企业法律顾问，假设企业将来发生了纠纷，企业肯定会找法律顾问来处理，我们还可以帮他们打官司，打官司的费用是另外收取的。沈浩大听后很高兴，认为不错，就采纳了我的意见。南昌市法律顾问处的法律顾问工作就这样开展起来了。

有一件事让我成为法律顾问科的科长。当时，江西省土产公司请我们法律顾问处一个律师当顾问，但服务不太理想，企业反映不太好。法律顾问处领导就换我去做。我去后，认真服务，很快就得到了企业的肯定，对我非常信赖。企业的好评也反映到法律顾问处了。这样，我将一个开始差点黄了、反映不好的单位逆转过来了，大家都认为我做得好。从此，南昌市法律顾问处的法律顾问单位就逐渐发展起来了。法律顾问处顺应变化，需要成立专门的法律顾问科，就让我当了这个科长。这算是对我工作的肯定。回顾我的职业生涯，前后担任法律顾问的单位，加起来超过 200 家。

当时，为了提高顾问单位的服务质量和效率，我一个人经常骑着自行车跑顾问单位，从东到西，从江西氨厂到江西袜子厂，一跑就是一天。冬天下雪，夏天炎热，我都没有停跑，没有耽误顾问单位的事。这虽然很辛苦，但骑自行车对我的身体有好处，相当于锻炼。现在，我还受益于当时自己的运动，这对身体是一种付出后的回报。

《中华人民共和国经济合同法》出台后，大概 1984 年，南昌市法律顾问处接到了第一个经济合同纠纷案。这是一起南京汽轮机厂与江西龙南电站之间的合同纠纷。当时的情况是，江西省人民政府决定在龙南县建一个发电站，就由龙南与南京汽轮机厂签订了采购水力发电机的合同。但合同签订后，江西这边付不出钱，于是决定项目下马。南京那边已经下料在生产，那不是要亏损吗？双方无法谈拢，南京汽轮机厂就在南京那边的法院起诉了龙南。我记得起诉标的是 100 万元，即要求龙南赔 100 万元人民币，当时这可是天文数字！龙南一个小县，哪里拿得出？为了避免损失，龙南那边就来南昌市法律顾问处请律师，先找到冯惠珉主任。这样的经济合同纠纷，大家都没有打过。冯主任最后决定交给我，让我去打。我没有推辞。我在心里想：没有打过，可以边做边学啊。

最后，这个案子的结果很好。双方调解了，龙南那边只付了 8 万元。当时调解时，我反复强调龙南穷，钱实在拿不出。同时提出，南京汽轮厂的损失并没有那么大，可以把设备另外卖给他人，不存在浪费。当然，南京那边很讲理，接受了这个很低的条件。

打了这个经济纠纷之后，我就有经验了。律师就是需要去实践，越做越成熟。你不去闯，不去做，哪来的经验呢？

那个时候，江西的律师不多，有经验的律师更不多。下面的地市，甚至县里面发生法律纠纷，很多都到南昌市来请律师。因此，有那么一段时间，南昌市法律顾问处实质成为全省的法律服务机构。

我在南昌市法律顾问处工作时，无论是开始的冯慧珉，还是后来的沈浩大，乃至于市司法局的领导，对我都很信任，给了我好的机会。

从法律顾问科科长到南昌市人民政府法律顾问

1986 年，南昌市法律顾问处分成南昌市第一律师事务所和南昌市第二律师事务所。我和张马力等人分在沈浩大做主任的南昌市第一律师事务所。

1988 年 2 月，时任南昌市市长程安东提出要请政府法律顾问，委托主管律师的南昌市司法局帮助寻找合适的律师。程市长大概提了做政府法律顾问的两个条件：一要是党员，二要水平高一点。我听说，开始准备在南昌市第一、第二律师事务所共选 6 个律师。但后来不知什么考虑，还是决定只在一个所选 3 个律师，这个所就是南昌市第一律师事务所。

经过比较挑选，第一批南昌市人民政府法律顾问产生了，分别是南昌市第一律师事务所的沈浩大主任、胡晓华和我。市政府的法律顾问，我能被选上，说明当时司法局和律师事务所的领导对我的信任和好感。

第一律师事务所与市政府签订法律顾问合同的那天，是 1988 年 2 月 8 日。程安东市长接见了我们 3 个法律顾问。从此，律师事务所就与市政府正式建立起合同关系。但沈浩大主任只去了这一次，此后再也没去过。

南昌市人民政府聘请法律顾问的同时,成立了市政府法制科,对接法律顾问。但当时法制科没有正式的科长，也没有正式的其他干部。根据约定，法律顾问每个星期三要到法制科,即法律顾问室去值班。开始,我去值班时,问有关人员，政府是否有什么事要我们顾问办？回答说没有事。后来来了一个科长。我又问，有没有什么事？也说没有事。过了三个多月后，法制科换了一个姓钱的女科长。

钱科长来了以后，情况发生了变化。她上任后，法律事务也来了。我们江西属于华东地区，当年的 9 月，南昌市要召开华东地区经济交流会，会议涉及很多材料。钱科长交给我的第一件事,就是审查会议的 7 份文件。我接到材料后，就认真看了起来。在开会前，钱科长突然对我说：程安东市长要在南昌宾馆会见你，请你对 7 个文件从法律上提出意见。我赶到南昌宾馆，见到程安东市长后，把 7 个文件中的法律问题就一一提了出来。程市长一听非常高兴，马上对在座的其他人说：“你们看，这些问题大家都没有注意到，我们的法律顾问发现了。我们请法律顾问请对了！”

程市长谈完事情后，立即交代政府秘书长：“你安排我们的黄顾问吃饭。”我知道这是程市长对我们顾问工作的肯定，由此政府法律顾问算是一炮打响了。从此后，程市长经常向我咨询法律问题，或者要求我对政府文件提出法律意见。程市长对法律顾问工作越来越重视。他总结了一套聘请法律顾问的经验。后来，他就政府聘请法律顾问的经验，在全省乃至司法部组织的有关会议上去交流经验。在他的几次发言中，我们都可以清楚看到，他对法律顾问的评价很高。我觉得当时作为政府法律顾问，我们也是很幸运的，因为遇到这样好的市长。程安东市长思想超前，很有水平。

我现在还保留着程安东市长在 1989 年 8 月 22 日和 1989 年 9 月 1 日写的题为“发挥法律顾问作用，促进政府法制建设”的经验交流发言材料。在这份发言材料中，他列举了好多件发挥法律顾问作用的具体事例。由于这些都是我亲自参加的。我可以介绍两件记忆较深的事。

第一件事，就是关于私营经济（民营企业）能否开放的问题。当时私营经济开放还是一个争议话题。程市长问我，法律对私营经济允不允许？我当即回答：可以！因为全国人大已经通过了宪法修正案，明确规定："国家允许私营经济在法律规定的范围内存在和发展"，"国家保护私营经济的合法的权利和利益。对私营经济实行引导、监督和管理"。私营经济的开放，自然对促进当地经济发展有好处。程市长一听，就说我们必须开放。第二件事，就是如何保护厂长经理权利。当时国家提出了厂长经理负责制，刚开始，一些国有企业的职工不理解，因而在个别地方，出现了职工打厂长，甚至凶杀厂长的极端事件。这样一来，全国出现了一窝蜂地保护厂长、经理的呼声，纷纷制定保护厂长经理的相关地方规定。我们南昌市也出现了这样的问题，也要制定这样的规定，当时拟出台的文件叫《保护厂长经理安全的十条规定》。市政府让我审查这份文件的合法性。我思考后，提出了不同看法。我认为保护厂长经理是对的，但法律面前人人平等，厂长与职工都是平等的，厂长与职工要平等保护。如果只强调厂长的特殊权利，那职工的权益呢？我们不能设定特权，否则就是片面的，违法的。况且目前出现的极端情况，只是暂时的。法律对涉及刑事违法犯罪都有现成的规定，无须每个地方另外制定特别规定。程安东市长一听，认为我的意见有高度，非常欣赏。所以，就把上述十条规定修改成《企业领导人依法行使职权，维护企业正常生产、工作秩序的若干规定》。这个规定与其他地方的不完全一样。

程安东市长对法律顾问的信赖和尊重，也表现在他对政府其他人说：你们要好好对待法律顾问，要给法律顾问待遇。程市长还做了一个很重要的决定：法律顾问列席市政府常委会。我想，也许正因为程市长水平高，后来他才能升任省长。他也是一个有决策力、敢于担当的领导。在他手上，建了南昌市当时非常超前却争议很大的经济大楼。

在市政府法律顾问任上，我为政府决策勇于建言

我为南昌市政府做了 20 来年法律顾问，历经了五任市长，参与的政府决策很多，无法一一罗列。每任市领导的风格不同，对政府法律顾问的要求不一。

比较而言，我经历的市长中，更加重视和支持法律顾问工作的，除了程安东市长外，另一个是刘伟平市长。

刘伟平市长规定，凡是我们政府要制定的规章，还有需要提交到人大的条例，如果法律顾问在常务会上提出没有问题，就算通过；凡是法律顾问没有表态或提出异议的，都暂时搁置，等继续修改完善后再提交。

有几件事，我在这里提一提，以此说明政府法律顾问对政府决策的意义，也证明我们律师对南昌市建设的一份贡献。

第一件事，就是关于红谷滩新区开发的。南昌的一江两岸，大家都认为很漂亮，做得好，但能够有今天，其中还有很多波折和故事。一江两岸最早是邵式平省长提出来的。他在南昌人心目中有很高地位。他非常有远见，看到了南昌的未来。但他在任的那个时候，一江两岸没有条件实现。一直到了90年代中期，南昌市真要开发红谷滩了。但是，当时没有经验，政府把整个红谷滩的开发承包给了北京的一家“世纪开发公司”，由这个公司吹沙造地，造好的地按3万元/亩给这家公司。这么一大片土地，归一个公司开发，显然是不妥当的。当时的市委书记钟家明和市长刘伟平一商量，说让一家开发商来搞，这么大面积，这会出问题。此事还是应该由政府来搞比较稳妥。但当时与别人已经签订了合同。对此，领导们很焦急。刘伟平市长就找到我，问从法律上有没有办法处理。我说先拿合同给我看看。我看过与北京公司签订的合同后，对刘市长说：尽管这份合同经过了省政府批准，但依据《中华人民共和国土地管理法》规定，省政府权力范围内，只能批准非耕地2000亩以下的土地开发权，哪能批准这么大的土地？这20000亩都不止，所以省政府的批准显然越权了。这种情况下签订的合同，依法无效。刘伟平市长一听我的法律意见，高兴坏了。他当即说，马上收回来！当然，刘市长还说了，那家开发商，人家吹了多少土地，我们都做适当补偿，不让人家有损失。

这样，红谷滩的开发权就收回来了，由政府自己填地，省了很多钱！更主要的是，政府可以主导城市规划，你看现在开发得多好！这一个决策，就为政府财政收入作出了很大的贡献，产生了相当的经济价值。这件事应该有我们律师的一份贡献。

我再说一件事，发生在余欣荣书记、李豆罗市长任内。

那年，国家开发银行江西省分行要贷款160亿元给南昌市。市政府秘书长找到我和张工，说余书记、李市长问我们，这个贷款能不能要？我说：这是天上掉馅饼的好事！什么是国家开发银行？就是为支持地方政府建设，特别是基础设施建设的专门金融机构啊！是低息贷款，非常划得来。我们还怕还不起吗？大胆地要！秘书长转告了我的意见后，余书记他们还不放心，又要秘书长叫我们当面咨询。我和张工、市政府法制局廖南萍局长一起去见书记和市长。我当他们的面坚决地说：这个钱可以大胆要，天上掉馅饼的大好事，为什么不要？！

领导为慎重起见，又要我在市五套班子会上去做解释。除市委、市政府外，包括市纪检、市人大、市政协班子在内的领导都在。我在大会上对大家说，这个不要怕，这笔钱对南昌的建设有用，低息贷款，也不存在还不起的问题。而且这160亿元，不是一次性给我们，是分期分批给的。当时有个参会的土管局的同志就说：还钱没有问题，可以从土地出让金里出。现在看来，哪有这样好的事啊？

除上述外，还有一件事，就是青山湖边上的一块土地，是个半岛。当时被一家外贸单位私自转让了。刘伟平市长问我，这种转让是否有效？我看了材料后，就对刘市长说：土地不能由企业私自转让，这种转让无效。刘市长一听，也很高兴，就把这块地收回来了。很多人都说，这是一块宝地啊！风景这边独好！后来转让给了省供电公司，建了一栋地标式超高层，还有一些附属建筑，这就是省供电大楼建筑群。这块地的收回，让一块好地用得其所。

我的一点执业体会和对青年律师的寄语

我早已经退出执业了。人生如白驹过隙，回想往事，总是令人感叹。但世界是往前进的，我衷心希望我们的律师事业越来越好。在这里，我想对年轻律师提几点忠告：

第一，要想成为一个好律师，就不要把律师当作职业，而是把律师作为事业来做。职业的概念，职就是为了饭碗，是赚钱。但一个好律师，光盯着钱不行，一定要把律师作为终生奋斗的事业来做。如果当成事业，就会珍惜价值，就会做出意义来。我自己就是从做律师中，活出了生命的意义。第二，律师要专心耕耘，不过多计较和看重收获。在我的职业生涯中，得到了很多肯定，获得了不少荣誉。但我认为，律师不要过多在意这些，做律师要吃得亏。我每年为律师事务所创收不少，但当时的国办体制下，律师本人得到的回报有限。记得90年代初，鹰潭农业银行遇到一个承兑纠纷，他们访了很多律师，最后找到我。我认真代理，开庭时当地的名律师来听，他们听后都对我竖了大拇指。这个案子我收费6万元，在当时算是放了一个“卫星”。律师事务所给我的提成只有百分之五，真是少得可怜。但当时我们都很满足。在律师改制前，我和徐若英老律师是最后在司法局退休的。但后来有关部门不认账，把我们的档案转到社保一起，我们无法享受事业单位待遇。这对我们这个年龄的人来说，是非常吃亏的。但面对这些，我也只能接受，且心态放宽。

一个律师，只要你一心一意去做了，认认真真做好了，就会有回报。这种回报，会体现在一定物质上，但更主要的是在精神层面。你的付出，最大的收获是看不见的，因为，收获的是人们的尊重，是社会的进步。这就是做律师的意义，还不够吗？

附录

怀念与回忆

那些年，一所三科的那人那事

文 / 徐建章

“一所三科”是什么梗？不是梗！是原“南昌市第一律师事务所第三科”的简称。

我大学毕业后分配到南昌市第一律师事务所工作，1988 年 8 月 8 日我报到的地方，就是一所三科。

一所三科在南昌市长途汽车站三楼靠中间的两间办公室。报到以后我才得知，一所本部其实是在江西饭店一楼，有两个业务科和秘书科将那里作为办公室，而三科则单独办公。过了不长时间，一所本部搬到新建成的阳明路司法大楼六楼，但三科还在长途汽车站，直到 1991 年以后，一所购买了广场东路 117 号的办公楼，全部科室才集中到一起。

一所三科的两个办公室很简陋，搁现在看差不多就是毛坯房，当然粉刷是有的，灯却是那种最平常的长型日光灯，单调地吊在天花板上。公共厕所离办公室不远，我犹记得飘过来的异味，久之，就习惯了。

办公室面积每间估计都超过 50 平方米吧，否则放不下那么多办公桌。近楼梯的这间是主要办公室，所主任沈浩大放了一张比大家的大一点的办公桌，在进门右手中间位置。我们三科科长是王一帆老先生。他的办公桌在沈主任相对的另一边靠窗的位置，也是一张单独放的桌子。沈主任和王一帆科长的桌子背后靠墙的位置，是副科长陈卫和科长助理任琪两人对着的两张办公桌。在王一帆科长的前面，是岑光明和陆向红两位律师对着的两张办公桌。最靠近进门的也是两张对着的桌子，一张是彭喜根律师的，另一张最初坐的是裘保志。我记得他不算是所里的正式律师，可能是因为他一直没有考到律师资格。

隔壁办公室有季春华律师，还有两个在长途汽车站工作的兼职律师，即邓南生和王人松。记得还有出纳程莉、打字员小李。年底时，通过招考进来的华光也在那间。这间办公室放了一些所里的资料和打字机、油印机。那时律师写的法律文书都是通过小李用铅字排版打出来油印的。对了，在这间办公室靠近门口边，放了一部电话。当时，程控电话刚刚兴起，一所赶了时髦，我尤记得电话号码是：64721。

沈主任不是每天都来。他是江苏宜兴人，可能是从部队分到南昌工作。1984年，他从南昌中院调到南昌市法律顾问处当主任，法律顾问处是事业单位，顾问处主任是副县级干部。法律顾问处在1986年拆分成一所、二所后，他分到一所当主任。沈主任一口江浙口音。据说他在上海待过。因为这个原因，与下放到江西的上海知青任琪律师很谈得来。还有一个，他们两个人都喜欢文学。我听他们多次谈到知青文学话题。也许是爱好文学、喜欢读书的原因，沈主任尽管没有读过正规大学，但文字功底不错。

王一帆老先生的老家是江西鄱阳，他在南昌市青云谱法院做过民庭庭长，而到法院前在南昌罐头啤酒厂。比起做法官，我觉得他更适合做律师。他的口才出类拔萃，字也写得好。大家都叫他王老，但他那时还不到60岁啊！我以为凡是叫什么老的人，都应该在七八十岁吧，而五十几岁的王老最初不知是谁先叫开的。他很乐意别人这样叫他。他喜欢利用中午的时间与我们年轻律师聊天，天南地北，相当于临时小沙龙。他告诉我们留住当事人的诀窍，其实就是做律师的功夫。他反复跟我们强调的是，当一个律师拿到当事人递给你的案件材料时，翻过一遍后就能看出案件的关键问题，分析法律关系要“八九不离十”。等他说得高兴时，就有人会趁机提出要他中午请客。他便带我们到汽车站边上的一个很小的饭馆，小得只能放下两张小桌子的那家打牙祭。一般是四个菜一个汤，那时价格便宜，每餐不超过20元钱。王老一高兴就会问我们：你们看我有没有宰相之才？当国务院副总理没有问题吧？我们当然一起附和，都说那是肯定的！但心里谁也没有当真。回想这个场景，犹在眼前。现在想想，王老说不定真有当副总理之才呢！

陈卫副科长长得高大英俊，且风流倜傥。他来自九江，据他说与当时非常红的也来自九江的央视著名主持人程前很熟，两人一起长大的。陈卫的夫人出身于高干家庭，是一家金融类报纸的记者。由于夫人家的关系，他调到广东农业银行去工作了，后来做了某市级行行长。他给我印象很深的是在一次科年终总结会上慷慨激昂地说：“现在司法环境不好，律师办事很难。”我想，这话放在现在，似乎仍然没有过时吧？！

任琪助理给我的印象就是做事非常认真踏实，这是上海人的特点。她带我做过好几个案子，其中记忆深刻的是一起做江西省金属回收公司的法律顾问。她家住人民公园附近，我们科的同事跟随沈主任一起到她家吃饭。在她家，我这辈子第一次吃了小龙虾。她有个姐姐在香港，所以那时她就去过香港，回来讲讲香港见闻，令我们非常羡慕和向往。

我查到了原始资料，岑光明律师是南昌最早的律师事务所党支部副书记。他是广东人，广东口音非常重。我刚刚毕业时，他就带我到吉安永丰县出差，这是我职业生涯第一次出差。不久，他突然调到二所去了，我便坐了他的桌子。

彭喜根律师毕业于华东政法学院，是我老乡。他总是戴着一副眼镜，文质彬彬，一看就像一个读书人。那时，他是一所里我们这些年轻人最羡慕嫉妒恨的红人。因为他总有做不完的案子，有案子当然收入就比我们高啰！他的夫人万伟是我们一所的财务人员，是一位漂亮、贤惠而善良的姑娘。

坐在我对面的是陆向红律师，是我的师姐，一个大美人。当时一所有好几个女律师都长得非常漂亮。其中有一位美女律师叫赖莉，我来不久就调到合肥去了，后来她来南昌我还见过。留在一所的，有两位名气最大，一位是熊英律师，我听过她的刑事辩护，非常精彩。另一位就是陆向红。她长着金黄色的头发，皮肤白皙，当时很多人都在传，说她有西方白人的基因。那时她是我们一所三科的天使，王老中午请客，提要求的往往就是她，我们跟着沾光而已。她十分聪明，脑子反应敏捷，性格外向洒脱，能喝酒、会打牌。每次打牌或麻将，十次必有九次赢。可惜她没有放多少精力到律师业务上。

隔壁的季春华律师，为人低调谦虚，有内才，文章写得好。他是从老师岗位换到律师的。我们后来住同一栋楼好几年。我从一所辞职出来后，他还一直留在一所。一所后来改名改制，成为今天的洪城所。他至今也没有离开。由此可以看出，他是个稳重而可靠的人。如今他也经常写一些回忆性文章，令很多老律师特别感慨。

华光1990年以高分取得律师资格，后来一直做律师。我和他一起办案，因而结下了友谊。2000年律师改制后，他勇敢南下深圳。据说事业做得不错。每次我去深圳，他都会开车接送，令我感动。这几年，我虽然也几次去深圳，但都是来去匆匆，没有惊扰他，不知他过得可好？

1989年夏末，又有一个大学生分到一所三科，他叫黄雅兵，毕业于华东政法大学。雅兵来之前已经在一所实习。他是一个特别注意自身形象的人，我一直觉得他是那个时代引领时髦的典范。穿戴非常得体，从不马虎。他几次热心帮我选购衣服，但明明穿在他身上好看的，到我身上却十分别扭，使我真正懂得了橘生淮北则为枳的道理。他的外语很好。那年司法部选调外语好的律师培训，所里本来先是选我去的，但我担心外语不过关，所以就推荐了他。他出去后，就再没有回到南昌。2003年，豫章所派我们到上海国家会计学院参加独立董事培训时，约他相见。他来看望我们，我才知道他离开南昌后的不凡经历。几年后，他又从上海移民澳大利亚，现在在墨尔本定居。我在朋友圈经常看他旅游和在高尔夫球场的身影。显然，他是一个成功比我们早的人。从他身上，让我知道了人是需要走出去的。2018年，我和夫人到澳大利亚旅游，他热情接待了我们。

一所三科，有几位兼职律师。有办公桌的好像只有王人松和邓南生律师。他们两人一瘦一胖，两个人在长途汽车站是同事，在律师事务所又是同事。但似乎他们彼此有点不服气，大家称他们为“哼哈”二将。可惜的是邓律师几年后因肺癌英年早逝，当时他的两个孩子都刚上大学。

那时，我经常会在办公室看到吴豪律师。豪哥风华正茂，虽然瘦削，但精干，充满活力。当时他尚未调进来，跟着王老当学生，是王老的得意门生。现在想想这是有道理的，因为当时我们做律师还没有真正入门，而他那个时候早已“开窍”，且正是能做事的年龄。

其他兼职律师，我记得的还有杨炳富、宋国彬、成回等人。

我曾经猜测，一所三科的律师是当时会见被告人最多的。因为南昌市看守所就在对面的老福山。我经常被其他律师叫去陪同会见。印象深的是同张马力副主任一起会见一个杀害自己老婆和3个儿女的被告。我犹记得那杀人犯的眼神，那是丧心病狂者露出的凶光。还有一次是跟随黄世堂律师会见一个浙江诸暨来南昌抢劫洪城大厦金银珠宝柜台的被告。此人身材魁梧，但不知为什么铤而走险，公然抢劫，真有点齐人攫金的味道。另一次是会见一个原在检察院工作的女被告，她开枪杀死了在公安局工作的老公。这形形色色的人，让我慢慢体会到人性的多面性！

南昌长途汽车站距离南昌铁路运输法院较近，因为这个得天独厚的优势，我们一所三科的律师经常可以办南昌铁路运输法院的刑案。当时非常有意思，被告人家属基本是外地的，不知道到哪里请律师。于是，铁路运输法院的法官们真的服务到家，经常领着被告人家属到我们一所三科来请辩护律师。那时的铁路运输法院的法官是律师们认为最好打交道、最有修养的。记得有一年，我在该院办了十多起刑案。该院的刑案主要是铁路盗窃，当时规定，盗窃人民币3万元就是死刑。我办的案件中，有一个长得非常标致的年轻人，不到20岁，盗窃数额刚过3万元，被上海铁路中院判决死刑，后他上诉到上海高院。上海高院的经办法官非常认真，特意到南昌来与辩护人见面，听取意见。但由于超过法定数额，尽管我极力为他辩护，恳请法官手下留人，但最终还是维持原判。我至今还会偶尔想起那条鲜活的生命。南昌铁路运输法院后来升级，院长成为南昌铁路运输中院院长,而当时的庭长也成为新成立的南昌铁路运输法院院长。

对一所三科也有非常温馨而小资的回忆。我们那层楼从我的办公室往里走，就是南昌长途汽车站工会办公室。工会有个女孩，五官精致，长得非常漂亮，是那种端庄大气又温柔的漂亮。那女孩看起来比我们都要大几岁，所以，尽管大家会开玩笑说她，但谁也没有勇气做什么，甚至都没有与她说一句话。每次那个女孩经过我们办公室，大家只是彼此会意地微笑。不知当年的那个女孩如今安在？还是那么美丽吗？

1991年，南昌市第一律师事务所购买了广场东路的独立办公楼，全所都搬到新地方办公，一所三科也就不存在了。屈指数来，我在一所三科差不多只有3年左右。这段时光是如此美好，以至于我记得比任何时期都深刻。也许是我人生进入社会的开始吧。一所三科的那些人，早已经物是人非，但那些往事却难以忘记。让我不忍提起的是，沈浩大主任、王一帆老先生、邓南生律师、杨炳富律师、宋国彬律师都已经作古。而陈卫副科长南下广东，任琪助理已经退休回老家上海，同样在上海的还有彭喜根、万伟夫妻。岑光明律师回到珠海，也已经退休。华光在深圳的近况我也不是很清楚。专职律师里留在南昌的只有季春华、陆向红和我了。

想起那段青葱岁月，我不禁唏嘘！

孺子风范　法律工匠

文 / 吴　豪

打开我 2014 年记事本，时间定格在 12 月 6 日，上面以“一曲挽歌”为题，记录着以下文字：

我省律师界知名资深律师（江西洪城律师事务所高级律师）王一帆先生不幸于公元 2014 年 12 月 5 日因病逝世，享年 82 岁。他以法律人的才华、智慧、思维，影响了南昌市乃至江西省一代律师，其生前逝后足以堪称荣光。我辈作为王老先生的学生，当时惊悉噩耗，泪水盈眶，哀思如潮。在此，我谨以最虔诚的缅怀，最深切的悼念，为先生吟诵一曲挽歌：

法律工匠

一手文章孺子风范，
舍身求法报国颂。
一身正气律师生涯，
仗义执言为民呼。

呜呼哀哉归来兮，呜呼善哉远行兮，愿先生风悬一帆，踏波逐浪，一路走好。

我是在 1987 年盛夏的一天被先生相中而开始担任他的助手的，那时我干律师还不到一年。记得先生对我说：“你文笔不错，悟性还好，但我不知道你作为一名兼职律师,能不能有时间办案?”先生说话时语气严肃,但一脸信任的神态。我感觉我的运气来了，能为这么一位当时在南昌乃至全省都颇有名气的大律师当助手，实在是一个千载难逢的好机会，我梦寐求之已久。于是，我连忙回答：“王律师，我一定会安排好，绝不会耽误您交办的工作。”

“那好，咱们就一言为定，祝你早日成为一名优秀律师。”先生用他宽厚的手握了一下我的手，算是“君子一言，驷马难追”，我的承诺成为我与他的一生约定。

从那时开始，我就正式拜先生为师，成为他的一名学生。

曾记得，我白天在单位上班或挤时间跑法院后，一盏孤灯伴我度过了无数个不眠之夜，为完成先生交代的任务，我几乎每天工作到凌晨一两点钟。开始是整理阅卷笔录、询问当事人笔录，阅读当事人提供的材料，查找、研读法律条文或案例，写向先生汇报的办案思路提纲。后渐渐撰写诉状、答辩状、辩护词和代理词、法律意见书和办案小结。

刚开始写的法律文书交先生审阅，底稿上总是密密麻麻写满了先生用红笔修改的红字,包括标点符号。每当我拿过先生改好的文稿拜读,深深为先生认真、求实、严谨、近乎苛刻的文风和一丝不苟的工作态度所折服。后来我慢慢揣摩，一次次借鉴斟酌，文稿上先生修改的红字越来越少了，用先生的话说：“你的文字功夫大有长进。”我听之心头一热，先生是在“十年树一人”，而我是在“十年磨一剑”啊！如果说我现在的文风有传统、公谨、辛辣、真诚的一面，那是得了先生的真传。

尤其是办案小结，先生要求我每案必写，附于案卷最后，以记录下每次办案的点滴心得体会，以及似电光火石般稍纵即逝的对事实和法律的“灵感”，力求做到从个案中寻找共性，找到办案当从宏观着眼、从微观入手，遵循客观规律，办一案进一步，反复磨炼，终至娴熟。那时，我撰写的论文基本上是以办案小结为素材或线索，律师实务贯穿于论文始终。

先生只念过初中，但通晓中国古典文学，十六七岁即以与其年龄、学历不符的过人学识当过教师，后又当过鄱阳老家乡村小学校长。进城后，先后在南昌罐头啤酒厂、青云谱区法院、区人大常委会工作过。因其熟悉法律，笔杆子过硬，才华出众，于1984年在当时南昌市法律顾问处沈浩大主任的极力举荐下，调入南昌市法律顾问处工作，开始了叱咤风云的律师生涯，时年50岁，是“大器晚成”的典范。先生写得一手好书法，自成“王体”，遒劲有力，龙飞凤舞，俊秀中透风骨，风骨中透飘逸。先生还能刻印章，对金石篆刻颇有研究。至今，我还珍藏着先生赠送的两幅卷轴，每当展开观赏，总是赢得亲朋好友的一片赞叹。

曾记得，我刚开始参与庭审时，举证不够沉稳，质证不够严实，辩论不够精彩，有时答非所问，辩非所驳，难以切中要点，与先生比较相形见绌，我陷入了焦虑之中。但先生从不责难，也不“鞭打快牛”，总是微笑着不急不慢地说：“这次比上次好，对自己要有信心。关键在于要吃透证据，吃透法条，把握住一案一例的法律关系，任何法律之争都是权利义务之争，须提纲挈领，方能做到胸中有数，胸中有法，只有敢讲才能做到善讲。但善讲又不是卖弄炫技或胡搅蛮缠，而是要让法官听清楚，让当事人听明白，尤其是要让当事人感受到法律的温度和公平正义。”我正是从推崇先生口若悬河、有条不紊、抑扬顿挫、逻辑清晰的辩才开始，先刻意模仿，后找到感觉，渐入佳境，遂成今天庭审中的我。我自信现在能够驾驭自如，因为我辩论时，先生的风采总是在我脑海中浮现。

拜先生言传身教5年后，我开始既当助手又单独办案，经常是受先生之托赴外地办案，其中颇令人难忘的是：

1995年，我因一起担保合同纠纷案赴北京最高人民法院代理二审诉讼，经我再三恳请，承办法官请示后打破最高人民法院二审书面审理的惯例，决定临时通知对方当事人来京开庭，我又在北京静候了3天。经庭审后，终获改判我的当事人由原承担连带担保责任为承担补充赔偿责任。该案例被收入当年的最高人民法院公报。

1996年，我因一起提单纠纷案赴杭州浙江省高级人民法院代理二审诉讼。该案一审系宁波海事法院承办的第一起海商案件。我三上杭州，累计15余天，经据理力争，改判我的当事人不承担45万美元的赔偿责任。该案我方发表的“追加第三人须与讼争合同有直接相对关系”的观点，被当年最高人民法院的司法解释所吸收。

上述两起案件的胜诉，均是在先生的悉心指导下完成的。我虽是“孤军奋战”，但总感觉先生就在身边。记得在浙江省高级人民法院领取二审判决书后，我信步走在西湖苏堤畔、断桥上，远山青黛，杨柳袅袅，湖光山色，尽收眼底，面对西湖美景，我真想大喊一声：“先生，感谢您把我推上了律师舞台！”

曾记得，2000 年律师事务所改制，我未能同先生一道从南昌市涉外经济律师事务所到江西洪城律师事务所，而是选择了和 7 位青年才俊一道组建了江西豫章律师事务所。这或许是我的自私，也或许是我人生的一个拐点，我至今对先生心存歉意。先生，我虽与您不在一个所执业，但您永远还是我的先生！从那时起，我与您渐行渐远，有时一年难有一两次见面，更多的是电话问候。每次闻悉您在江西洪城律师事务所仍老当益壮，坚持在一线办案，顿心生敬意，深表钦佩，从内心深处道一声：“先生，您该歇一歇了。”而最使我内疚的是，2014 年春节前，我妻子几次唠叨今年春节她要同我一道去向您拜年，但又因临时决定去外地过年而耽搁，岂料竟成永别！

先生，您出生于鄱阳湖畔，成长于豫章古郡，您继承了江西先人古朴淳厚、勤学敏思、乐观豁达、淡泊功名的孺子风范，您没有显赫的头衔，没有累赘的名号，没有大律师的矜持高冷，您一手锦绣文章，一口能驳三江的辩才，一颗法律人缜密思维的头颅，无愧于当今律师中的孺子雅士。您用一生践行鲁迅先生的“横眉冷对千夫指，俯首甘为孺子牛”。

先生，您对律师业务精雕细琢，精益求精，品质唯先，追求极致和完美的“工匠精神”，是我终生学习的楷模，至今还鞭策着我为了一起不大的案件，仍要去基层法院与承办法官敞开心扉交谈，同时交上一份尽量赏心悦目的书面意见，否则心有失落。只要还在执业，我就要像您一样当好一名法律工匠，专注于事，勿忘初心，完善自我。

大国工匠，其中也应包括法律工匠。您虽是一介平民，一袭布衣，平凡普通，但于细微中见品格，于极致中见卓越，于执着中见初心。历史长河，大浪淘沙，您就是一粒闪着金光的沙砾，在太阳的照耀下，发出七彩光芒！

先生，我谨以这些迟到的文字，作不能忘怀的祭奠。

旧事细说——南昌律师事业发展一瞥

文 / 季春华

历史，是不应该被忘记的。

自 1979 年恢复律师制度以来,南昌律师事业的发展,已走过了 39 年的历程。为了留住这段历史，尤其是南昌律师事业前 20 年的发展史，显得尤为必要，尤为紧迫。早几年前，就不断有提议，希望能编写一本南昌律师发展史，但一直没有落实。值得庆幸和敬佩的是，南昌市律师协会副会长徐建章律师，毅然自告奋勇，有意担此重任。用徐会长的话说是，“决定献个人绵薄之力，记录这段南昌律师简史”。为支持徐会长的义举，提供一点的素材，于记忆之中翻出了几件旧事，并作一细说。

壹

这是一张当年南昌市法律顾问处的收款收据：收费项目是代书，收费金额是伍元整，承办律师是季春华。当年南昌市法律顾问处迁入花园角两层的小木楼办公后，在马路临街设有一间法律咨询代书接待室，主要由徐干生老先生负责接待咨询和代书。我调入不久，对律师业务完全是陌生的，沈浩大主任便安排我在接待室，坐在徐老身边，从解答法律咨询和代书学起。逐渐熟悉业务后，我试着帮徐老代书，徐老代书的特点是，善于将一件复杂的事，用简洁明了、通俗易懂的文字表述出来。帮徐老代书，尽量体现徐老的特点，徐老过目后，基本上就不作改动了。

这张收款收据，体现我从徐老身边学徒期满出师了，我可以独立代书，承办律师代书业务了。这也是我第一次独立为南昌市法律顾问处创收。

贰

有一张集体合影照，是参加南昌市司法局第一次团代会的代表合影。南昌市法律顾问处参加团代会的代表有张工、苑德闽、邬建平、季春华。记得团代会是在劳教所召开的,团代会结束后,每人发了一本当年流行的相册作为纪念品。当年南昌市法律顾问处，完全是南昌市司法局里的一个处室，法律顾问处的领导是由市局任命调派，在编人员都具有国家干部身份。法律顾问处有严格的人员编制限制。在法律顾问处有编制的称为专职律师，不在编的称为兼职律师。

参加了市局第一次团代会后，30 多年过去了，市局团代会不知开到了第几次，以后市局的团代会，似乎没有印象了。

叁

1988 年前，是没有统一的律师工作证的，各地各自为政。南昌市法律顾问处制作了自己的工作证，而不是叫律师证，只是在工作证上职务一栏，填写“律师”。我这本工作证是彭喜根在长途汽车站办公室帮填写的，当时法律顾问处已分出了一部分人在长途汽车站办公。

当年南昌市看守所设在老福山附近的一条巷子里。从长途汽车站走过去，也不过是十几分钟。刑事案件会见被告需要两个人，人手不够时，随便拉上一个行政人员陪同也可以，行政人员出具法律顾问处的工作证就行了。

法律顾问处在长途汽车站设办公室的缘由是：当年的长运公司聘请南昌市法律顾问处的律师做顾问，长运公司内部设有法律顾问室，就设在长途汽车站三楼。王人松、邓南生两人是长运公司顾问室的顾问，也是南昌市法律顾问处的兼职律师。法律顾问处随着人员的增加，花园角办公场所日显拥挤，经沈浩大主任与长运公司协商，长运公司不仅将其原有的法律顾问室提供给我们，还特意再腾出一间办公室给我们使用。后来南昌市法律顾问处拆分成一所、二所，长途汽车站三楼的两间办公室便成了一所的办公场所。

肆

为迎接全国首次律师资格统一考试，省司法厅在江西省政法干部学校开办了律师培训班。1986 年 3 月左右，就传说要进行全国律师资格统一考试，但需要考试的人员范围没有确定,按最初的传说,法律顾问处很多人都需要参加考试,连沈浩大主任似乎都不例外。于是沈主任也参加这一期为迎接律师资格统考开办的培训班。法律顾问处田英等多人也参加了培训班，在法律顾问处兼职的人员也有参加的，记得有市总工会的小彭等。

当时法律顾问处有一辆老式伏尔加轿车，由于沈主任也参加了培训班，我们也就有搭顺风车的机会，享受一下主任待遇。后来政策逐渐明朗，像沈主任这样老资格的，是不用参加统考的。值得一提的是，1986 年毕业的大学生免考，彭喜根正好赶上了。除了这一届外，以后的大学生就没有免考的待遇了。

律师实务是由汤忠赞律师主讲，由于汤忠赞律师实务经验丰富，成功案例多，结合办案实际，讲的都是引人入胜的实务干货。尤其是汤忠赞律师讲课幽默风趣，又充满激情，更具有鼓动性、激励性，让初入律师行业的新人，对律师事业充满了好奇和向往，提升了自信，坚定了信念。

培训班是有收获的，10 月的考试，我得以顺利通过，考到了 312.3 分，超过 240 分的及格线 70 多分。当时调入南昌市法律顾问处的新手有 3 人参加，我和肖志顺利通过。

伍

这篇论文被《南昌政法》刊发推荐，我当时是不知道的。当年沈主任布置写论文，我写了这篇《论律师工作的社会效益与经济效益的关系》，至今不知道这篇论文怎么到了市政法委，也许是沈主任提供推荐的，也许是局里哪个处室谁提供推荐的。改制前的国办所，自沈浩大当主任后，财务开始实行自收自支，在编专职律师按创收的 10% 提取效益工资，到改制前几年，则由 10% 提高到了 30%，再提到了 60%。经济创收，成了律所的主要话题，也是一个主要的考核指标。在此背景下，我觉得律所在追求经济效益的同时，不可偏废社会效益，律所毕竟还应当有社会责任和担当，于是我有感而发写了这篇文章。

陆

照片的场景是南昌市第一律师事务所广场东路的办公楼内。1986 年底，南昌市法律顾问处拆分为南昌市第一律师事务所和南昌市第二律师事务所。花园角的办公楼留给了二所，长途汽车站成了一所的办公场所。据说拆分时达成了一个协议，就是南昌市法律顾问处唯一的一辆老式伏尔加轿车归一所，花园角的办公楼归二所。可见当年一辆破旧轿车的分量。

1991年，一所出资在广场东路购买了位于二楼的一层办公楼，还有一间临街店面、一间车库。在当年律所自己出资，不要国家拨款，自己购买办公场所是不多见的，一所也因此名声在外，更是南昌律师行业对外的一个展示窗口。正因如此，引来了司法部领导的亲临考察和指导。司法部领导是在南昌市司法局胡潮局长的陪同下来一所的，由沈浩大主任接待。照片上的办公室，是一间文秘办公室，当时我有幸在场，留下了这张照片。

以上旧事细说，或有记忆差异，但能够给关注南昌律师行业发展历史的热心人士提供一点素材，倍感乐意。更期盼《南昌律师二十年》在徐会长的操劳下，早日面世。

闲话律师代书

文 / 徐建章

曾经看到一个很有趣的故事。说古时有个讼师很有名。一次，有个富人非常想状告他的一个仇人，希望讼师帮他写个诉状。讼师听他叙述案情后，觉得控告的依据不足。按当时的法律，如果控告失实，控告人将要反坐，帮写状子的讼师也要连坐。讼师不想帮他写，但富人再三恳求，并答应以20两银子作为报酬。讼师无法拒绝20两银子，思考再三，心生一计。他对富人说，你明天中午到我家来拿诉状吧。第二天中午，富人急急忙忙赶到讼师家，却大吃一惊！当时正值6月热天，富人却看到讼师家的堂屋中间正放着一盆熊熊燃烧的炭火，而讼师穿着一件羊皮大袄，头戴一顶厚厚的帽子坐在桌前，正等他呢。讼师见他进来，也不作声，将写好的状子交给他，就让他回去了。

不久，富人因为诬告，果然被官府追究责任。当然，官府也要追究写诉状的人。在严刑拷打中，富人就将讼师招了。官府传讼师到堂审问，讼师一点也不慌张。

他一口否定帮富人写过诉状。官府传富人来当面对质。讼师质问富人：你说我帮你写的，有什么证据？富人说：那天中午天气炎热，你家正烧着炭火，你还披着一件羊皮棉袄、戴着帽子。县官一听，富人肯定在胡说八道，立马放了讼师。

这个故事还有其他版本。但不管哪个版本，说的都是古时讼师代书的事。

众所周知，中国自古就对讼师深恶痛绝，把讼师贬称为“讼棍”，也一直禁止讼师代人诉讼，否则构成犯罪。唯一让讼师在诉讼活动中稍有余地的就是书面诉状制度，即代书。当时统治者为抬高诉讼门槛，减少民间诉讼，规定除杀人、放火等紧急情况允许口头“喊禀”即喊冤外，都必须提供书面诉状。但即使是代书，也有严格的要求。

宋代时，当事人必须到官府指定的“书铺”里找专人代写。代写诉状是受到约束的。如，“状钞中紧切处不得揩改”，即重要的地方不允许涂改；“不得添借语言、多入闲辞及论诉不干己事”，即只能叙述有关事实，不能多写与本案无关的任何话，更不能添油加醋，诬告陷害。

还有，诉状统一用的是楷体字。这就是上面故事中所说的讼师的忌讳。但即使是讼师代书，留下来的相关故事也多半是贬讼师的。

不过，即使在如此恶劣的环境下，讼师的才能仍然有用武之地。在流传的讼师的正面故事中，有不少用“惜墨如金”的文字帮助了他人。

传说有个富家的年轻儿媳，丈夫死后想另寻夫君，但公公不允许，强迫她守寡。儿媳向一个讼师求助，讼师帮她写了只有 16 个字的诉状：氏年十九，夫死无子，翁壮而鳏，叔大未娶。

几句话，把年轻寡妇的难处归纳得一清二楚。县官一看，马上开恩允许她改嫁。

另一个故事说的是一个小偷，深夜潜入人家家中盗窃，将已经睡熟少妇的手镯褪下偷走。

事后少妇家人告状用的是“揭被夺镯”一词，县官认为事小而将小偷轻罚。

家人不服找到某讼师，讼师只将诉状改为“夺镯揭被”，结果知府说“夺镯且揭被，罪上加罪”。

知府认为小偷还有调戏妇女情节，当然罪不容恕。

由此可见，代书是非常有讲究的，代书的水平是多么重要！

时间移到现代。曾经在邮局门口，有一种特殊的职业，就是专为他人代写书信。在那个年代，代写书信，帮助很多不识字和不会书写的人解决了书面表达的烦恼。

在律师尚未盛行的年代，代写书信的人也附带帮人写一些诉状和涉及法律问题的其他文书。我就在某邮局门口亲眼见过。但涉及法律问题，其专业性顿时变强，没有受过专门的法律训练是写不好的。只会写书信的人，写到法律的东西就显得不够规范，也不符合有关司法机关的文书标准。因此，代写书信的人显然无法满足委托人的需要。这样，律师代书就出现了，涉及法律的代书很快被专业的律师取代。

所谓律师代书，浅显地说，就是律师代当事人书写各种法律文书，本质上，与古时讼师的代书没有区别。

代书的范围很广，包括起诉状、答辩状、上诉状、遗嘱、各种合同和协议，有的当事人也会请律师代写举报信、控告信等，不一而足。当然，那些请了律师做案件代理人的，法律文书包含在委托范围内，无须另外请律师代书。

曾经，代书是律师的一项独立业务。我在写《南昌律师二十年》的过程中，采访的老律师几乎都谈到过代书的经历。而在江西律师的早期，代书的收入甚至占整个律师业务收入的不小比例。

有一个非常有意思的现象。在恢复律师制度后的一段时期，当时的法律顾问处或律师事务所，都会聘请一位老律师坐在专门辟出的一个房间。这位老律师的全部工作，一是接待当事人咨询，二是为有需要的当事人代书。

最早的南昌市法律顾问处，在花园角 11 号办公时期，聘请的是曾经在 20 世纪 50 年代做过律师、时年已逾 80 岁的徐干生先生。

1986 年南昌市法律顾问处分拆后，这里成为南昌市第二律师事务所的办公场所。南昌市第二律师事务所聘请的是一个叫王训贤的老律师。

我没有见过徐干生先生，但王训贤律师我是见过的。我记得我所在的南昌市第一律师事务所二部，即南昌市长途汽车站三楼，一度也有个姓尹的老律师坐在那专门代书。

不知从什么时候开始，律师事务所门口，已经再也看不见专门负责咨询和代书的老律师了。

这种情况的出现，大概与律师业务的发展变化相关。

一是律师机构已经很少开设在那些接近寻常街巷处,而是进了高楼大厦。“高大上”化了的律师事务所，普通求助者很难找到。

二是这些年，人情社会发展更加迅速和深入，遇到有事的当事人，都喜欢通过熟人找律师，都相信熟人找的律师。因此，专门代书的业务市场在萎缩。

三是代书收入很少，对于律师事务所已经忽略不计，律师和律师事务所对代书业务不感兴趣，更不重视。还有，有些“高大上”的律师事务所将代书也“高大上”了，代书转为非诉讼业务。自然，收费也要按非诉讼标准，一份普通代书可能天价收费。

更主要的是，律师事务所已经找不到那些愿意专门代书的律师了。传统意义的律师代书业务，已经逐渐淡去，成为一代人的记忆。

我在做律师的初期，也经常为人解答咨询和代书。回首往事，这些经历，让我受益匪浅。通过接待各种不同的委托人，让我对社会和人性有了更深刻的了解和认识。同时，通过代书，锻炼了自己的书写能力。

那时，经常是委托人站在你面前，等着你帮他写完他需要的法律文书。你作为代书律师，必须做到“立等可取”，还要写出符合其需要的文书。

千万不要以为这个请你代写法律文书的委托人没有文化或不懂法律就可以随便糊弄！你代书的好坏，他（她）看了或听你读了后，立马就有反应。好，他们会露出欣喜和赞赏之色；不好，就会要求再三修改。

我经常听到委托人说：“徐律师，写得太好了！把我想的甚至没有想到的都写出来了！”此时，我心中会有一种得意和满足感。

我开始并不知道代书的作用。我对代书的看法，是随着代书产生的效果而逐渐改变的。代书，很多律师是会轻视的，但代书确实能帮到委托人。别小看了一纸法律文书,有的时候还真能扭转乾坤。我通过代书,曾经帮助到很多的人。记忆深的也有几件。

90 年代初，有个老人找到我，叙述了他的遭遇。原来，他的儿子因为顶撞了所在乡的派出所所长，被该派出所所长开枪打死了。他认为儿子平时没有做过任何违法的事，人却被无缘无故打死太冤！事后，该派出所所长因为有关领导和部门的袒护，只被判了缓刑，还保留了公职，更过分的是，对受害人家属，他一分钱不赔偿。老人不服，到处告状。但因为不会表达，此事很久都没有得到回应。时间一长，当地有关部门对他越来越不理睬。

我很同情老人，帮他写了一份控告状。标题大意是：杀人不担责，法律何在？控告无人理，正义何存？副标题提出了请求依法追究原某派出所所长无故枪杀无辜百姓的法律责任。

我写控告状时，总结了一套自己的经验，即除了内容简明扼要，还要注意通过标题把问题实质点出，让人看后一目了然。我知道，控告状是要引起领导注意的，如果标题词不达意，领导看不出问题；如果内容太多，领导没有时间看。

老人拿着我写的控告状去申冤。在省政府门口时，恰巧被当时的吴省长看到了。老人没有想到的是，吴省长内心有包青天情节，竟然亲自接见了他！问清楚情况后，吴省长派了一个处长专门开车将老人送到所在县的有关部门。有关部门一看，以为老人与省长有什么特殊关系，立马态度大变。对老人问长问短，还招待老人吃住。最后，那个派出所所长不得不出来赔礼道歉，在说尽了好话安慰老人后，赔偿了 2 万多元。这在当时是一笔不小的钱。

另一件事也发生在 90 年代。南昌福州路有个很有名的西餐馆名曰金棕榈西餐厅。该餐厅的厨师是几个年轻未婚的姑娘，她们的厨艺是从外地学来的。每天工作完后，晚上她们就一同回到租在二七北路城中村的房子。

一天晚上，姑娘们已经睡熟。突然，急促而粗暴的敲门声将她们从梦中惊醒。随后闯进来好几个男人，自称是警察，一开口就说她们租在这里是卖淫，并不由分说地把她们带上了吉普车。最后，姑娘们被带到附近某县的某镇派出所，先是让她们做笔录，要她们承认卖淫。但姑娘们自己编也编不出所谓“卖淫”的事实。他们实在逼不出什么东西，就把她们身上的钱全部掏出来，摊到每个人 600 元，说是罚款。然后，把她们放回南昌。

几个姑娘吓得不得了，不敢去上班，都躲在房子里哭。她们的老板赵先生发现厨师没来上班，一问才知道遇到乱执法的情况，十分气愤。老板是我朋友，就请我去提供法律帮助。我想了想后，就代这些姑娘写了一份对这些“警察”的投诉信，让她们分别寄给了市公安局纪检和某县政法委等机关。

几天后，我得到消息，那些“警察”都因此被查处。所谓“警察”，其实只有一个是真正的警察，其他人都是派出所聘请的联防队员。他们不但非法扣押无辜者，强行对这些没有任何违法行为的姑娘进行“罚款”，还越界跨区域执法。最后的结果是，那些聘请的联防队员都被开除回家了，真警察也受到了处分。有关机关还向姑娘们道了歉，归还了姑娘们的钱。

这事如果放到现在似乎不可想象，可能要追究那些家伙的刑事法律责任。

当然，律师代书也有忌讳。我一直坚守着一个原则：没有事实根据乱告黑状的坚决不写。这是一个负责任的律师的底线。因此，我没有因代书惹过一起麻烦。

后记

我为什么写《南昌律师二十年》

放在全国，南昌律师是低调的，甚至是沉默的。无论是从GDP主义角度审视，还是从南昌律师这群人的整体性格特征来看，他们都是很容易被忽略的。不得不说，经济的相对落后，一定程度上制约了南昌律师的见识；而南昌人不事张扬的个性也让镜头无法向他们身上聚焦。

但这不能否定南昌律师本身的能力。有一个例证是从南昌走出去的律师大多在事业上风生水起。正合了南昌作家、诗人程维引用南昌民间所言："南昌宁（人）窝在本地是一条虫，出了南昌都变成龙。"

即使是在南昌执业的律师，能力也不见得真比其他地方差。按时髦的说法，经济发达地方的律师处在连猪都可以吹上天的风口，他们拥有更多的机会和资源，他们没有做好才不正常。而南昌律师处在背风处，风很难吹到他们身上，但只要有一缕微风吹来，他们就会随风舞动。这不，随着近几年南昌经济的加速发展，南昌律师的发展明显加快，律师人数和质量都在快速提升，引得那些全国性大所都纷纷投来关注的目光，好多家都来开办分所。

很多年轻的律师尤其是近些年开始执业的律师不知道，其实，在律师制度恢复和发展初期，经济因素的决定作用尚不明显，南昌律师曾经并不显得落后，在某些方面的创举甚至领先过全国律师行业。比如 1984 年、1985 年在国内率先开始的律师资格考试，比如 1991 年在全国最早举办的全省律师辩论赛。我还听欧阳原处长（省厅律师管理处）说，江西在律师党建方面也一度走在全国前面，是最早得到司法部嘉奖的全国八个律师协会之一。

南昌律师曾经的那段历史，现在的年轻律师脑海中都是空白的，或者偶尔听到一言半句。岁月是如此的无情，人的记忆又是如此的不靠谱！南昌律师中早期的那批人，比如我认识的徐若英、张马力、沈浩大、王一帆、赖必堂等已经过世，他们也曾经“叱咤风云”，但已经为很少人记得，鲜有人提起。对那些年有关律师的记忆，放在全国也一样吧。记得八九十年代，当时法律界最著名的杂志《民主与法制》经常刊登全国有名的律师的事迹。我依然记得多次被该杂志宣传的上海滩最有名的郑传本和李国机律师（这本著名的杂志当时是在上海），他们的故事当时广为流传。如今，斯人已去，又有多少人记得？！即使是 2000 年律师制度改革，这么重大的事件，现在也同样有很多律师不了解。每当我聊到自己知道和经历的关于律师、律师事务所的那些往事时，总能引起年轻律师们的好奇心。我接触的年轻律师中，不少人还是对以往的那段历史感兴趣的。有时，他们会追问，南昌律师那些年是怎么走过来的？当时发生了什么？他们后来怎么啦？正是年轻律师们的追问，才引起我的关注和思考：我们这些年纪大的律师难道不应该告诉他们、回答他们的疑问吗？！

那么，以什么样的方式回答他们呢？

1979年，新中国律师制度恢复，到2019年，正好是40周年。有人说，中国律师走过的这40年是不平凡的40年，我完全赞同。为什么这样说？我认为我们国家的律师制度在1979年以前没有真正得到重视。或许有人会说，新中国在50年代也设立过律师制度啊！是的，是设立过几年，但旋即取消了。大家要知道，公检法设立的时间一直比律师长。律师制度尚未设立就有公检法，而取消律师制度时，公检法也并没有立即取消。直到1979年律师制度“恢复”，律师才开始作为法治的一种力量，慢慢被视为法庭三角中的一角，尽管很多时候仍然尴尬。律师制度恢复后，律师们为争取权利经历了一段艰难的过程，经历了国家法治观念的转变和调整。我们应当记住的是，当初那些从各种岗位转到律师职业的人，为我们做了开拓性的工作。有个老律师跟我讲了一个真实的故事，以此说明他们那一代律师的艰难：某基层法院有个刑事案件开庭，是第一次有被告人请律师。法院院长无法接受律师们为“坏人”辩护，开庭当天竟站在法院门口，以“一夫当关”之勇阻挡律师们进法庭辩护，还义愤填膺指责律师们缺乏党性原则。律师们搬出法律与院长“舌战”，最后经过有关部门协调，法院才不得不让律师们辩护。这样的故事在今天已然是笑话。正是最初的那些律师们的付出，才让这个职业一步步走向社会的各个方面，到今天，缺少了律师，人们反会觉得不正常。当下我们律师在工作中仍然有许多的困惑和不满，我们仍然应该学习那些前辈律师百折不挠的精神，继续为完善我们的律师制度而努力。

我们想把那些发生在南昌的我们身边的关于律师的往事告诉今天的年轻律师，也应该为那些曾经为了律师事业作出贡献和努力的老律师们留下一点什么。有人提议，可不可以写成一段历史，编一本南昌律师发展的书？我认为这个主意不错，静下心来一想，写历史固然好，但绝不是轻易能写好的，这必须具备一定条件。我理解最起码有：一是要有单位或人来组织；二是要有充分的素材和资料；三是要有人来写，要有一定经费保障。

这件事本来由律协做是顺理成章的，可是真正要做时，才发现很难落实。由此渐渐又没有了声音。

2018年6月前后，我又听到有人提起这件事，这让我再次思考了这个问题。我想，既然律师协会不好做，如果由我个人来编写一段简单的发展过程，挖掘一些历史资料，为今后真正编写的人提供素材，这可不可以?

我一时冲动，竟然不自量力打算起来。遇到几个原来的老同事，我不知天高地厚地把我的想法告诉了他们，并希望他们为我提供一些素材，比如能引起大家关注的那些年的资料、图片、重大事件、故事等。随即，我在7月左右向与我有微信联系的部分老同事分别发了一份“关于恳请您为南昌律师简史编写提供宝贵素材的邀请函”,并表明了我的想法。谁知老同事季春华律师非常有心，很快写了一篇从南昌市法律顾问处到第一律师事务所的回忆文章，并把我的想法也披露了，在豫章律师事务所公众号发表。这篇文章引起很多人的共鸣。但这也好比将了我一军。此时,虽然尚未开始,我就越来越感觉写这段历史的困难。可如果不写下去似乎又无法交代。于是乎，才有了这本不全面、不成熟，但却真实的《南昌律师二十年》。